RÉUSSITE ASSP

NOUVEAU RÉFÉRENTIEL

Bac Pro ASSP

2de | 1re | Tle

Bloc 1

Bloc 2

Bloc 3

Bloc 4

Entretien Service Nutrition

Sous la coordination d'**Annie Brun**

Cathy Chabane
Ingrid Grossi
Stéphanie Guttin
Florence Huneau
Benoît Kalman
Mireille Léon
Alice Mathieu
Pascale Piollat
Pauline Trémolet-Pradel

FOUCHER

Référentiel ASSP
Tableau synoptique des savoirs associés

Bloc 1 Accompagner la personne dans une approche globale et individualisée

Techniques professionnelles	L'accompagnement de la personne dans une approche globale et individualisée La communication professionnelle en lien avec l'accompagnement de la personne
Nutrition – Alimentation	Les indications alimentaires : allergies alimentaires et intolérance au gluten
Sciences médico-sociales	Les besoins et attentes de la personne Les rythmes de vie La politique de santé publique et la législation sociale Le maintien à domicile L'enfant La personne âgée La personne en situation de handicap La personne malade La personne majeure vulnérable La bientraitance – La maltraitance Le projet individualisé ou personnalisé, le projet de vie, le projet d'accompagnement La relation personne aidante/personne aidée
Biologie – Physiopathologie	L'appareil cardiovasculaire/La glycémie et les diabètes/L'œil

Bloc 2 Intervenir auprès de la personne lors des soins d'hygiène, de confort et de sécurité, dans les activités de la vie quotidienne

Techniques professionnelles	L'hygiène professionnelle Les techniques de soins d'hygiène et de confort La surveillance de l'état de santé de la personne L'entretien de l'environnement proche de la personne : entretien et bionettoyage, matériels et appareils d'entretien, stérilisation, tri du linge, organisation des circuits Les techniques de services des repas, des collations
Nutrition – Alimentation	Les indications alimentaires : régimes, textures Le comportement et les habitudes alimentaires : qualité organoleptique La qualité sanitaire des aliments : toxi-infections alimentaires
Sciences médico-sociales	La personne âgée La personne malade La fin de vie et la mort
Biologie – Physiopathologie	L'organisation générale du corps humain La peau Le système cardiovasculaire L'appareil excréteur

Savoirs associés traités dans cet ouvrage.

Conception graphique : Anne-Danielle Naname/ADN
Composition : STDI
Dessins/Infographies : Vincent Landrin (p. 14, 56, 64, 75, 79, 95, 112, 113, 114, 128, 137, 154, 186, 197, 201 et 206), Corédoc (p. 123 et 124)

ISBN 978-2-216-16588-9

Référentiel ASSP

Tableau synoptique des savoirs associés

Bloc 3 Travailler et communiquer en équipe pluriprofessionnelle

Techniques professionnelles	La santé au travail L'ergonomie La coordination d'une équipe de bionettoyage L'entretien de l'environnement de la personne : Concepts de propreté, d'hygiène – Facteurs et méthodes – Dégradations et salissures – Contrôles des opérations et des résultats – Éléments de connaissances communs aux techniques – Classification des locaux – Matériels et équipements à entretenir – Produits de nettoyage et de désinfection – Stockage et rangement – Facteurs d'hygiène et de confort des locaux
Sciences médico-sociales	Le contexte et les obligations professionnelles dans le secteur sanitaire et médico-social – La qualité Le travail en équipe – La gestion d'équipe – Le tutorat La communication interprofessionnelle
Microbiologie	La diversité du monde microbien Les bactéries Les virus
Biologie – Physiopathologie	Le système locomoteur Les infections associées aux soins, les infections nosocomiales

Bloc 4 Réaliser des actions d'éducation à la santé pour un public ciblé, dans un contexte donné

Techniques professionnelles	L'adaptation de l'environnement de la personne : Agencement et équipement des locaux pour l'accessibilité, la sécurité Les techniques de soins d'hygiène, de confort et de sécurité Les actions d'éducation à la santé
Nutrition – Alimentation	Les sources nutritionnelles : Différents constituants alimentaires et leurs rôles – Groupes d'aliments L'alimentation rationnelle : Besoins nutritionnels et apports – Alimentation du nourrisson, de l'enfant, des adolescents, des adultes, des personnes âgées – Équilibre alimentaire Les comportements et habitudes alimentaires : Éducation alimentaire – Troubles de l'alimentation
Sciences médico-sociales	La politique de santé publique et la législation sociale La famille – L'enfant – La personne âgée – L'adolescent – La personne en situation de handicap
Biologie – Physiopathologie	La cellule La peau Le système nerveux L'oreille Les appareils génitaux L'appareil respiratoire L'appareil digestif Le système immunitaire Les explorations et moyens diagnostiques

Savoirs associés traités dans cet ouvrage.

Sommaire

Sommaire

Les ressources numériques

Des liens vers des vidéos	Des liens pour enrichir les documents du manuel.	#vidéo Le bionettoyage (2'29") foucherconnect.fr/22en01
Des exercices interactifs	Des quiz et exercices supplémentaires de fin de chapitre disponibles sous forme interactive pour bien réviser.	Le + numérique foucherconnect.fr/22en30 Quiz Exercice interactif
Des synthèses rédigées / **Des synthèses audios**	Des synthèses rédigées disponibles également en version MP3 pour mieux mémoriser.	Le + numérique foucherconnect.fr/22en31 Synthèse rédigée et audio

LES LIENS FOUCHERCONNECT

Le manuel papier s'enrichit de ressources numériques

foucherconnect.fr

GRATUIT !
Accessible SANS INSCRIPTION.
EN LIGNE sur www.foucherconnect.fr

Concepts de propreté et d'hygiène

TD 1
Bloc 3

OBJECTIFS 1. Définir propreté et hygiène 2. Justifier les objectifs de l'hygiène 3. Différencier nettoyage et bionettoyage

Activité 1 La propreté et l'hygiène

DOC 1 La propreté visuelle et l'hygiène... de quoi s'agit-il ?

La propreté visuelle

- La propreté visuelle est l'absence de salissures, c'est-à-dire l'absence de poussières, de taches, de traces pour un lieu, une pièce visibles à l'œil nu.
- Elle nécessite la mise en œuvre de procédés de nettoyage grâce à un dépoussiérage et un lavage des sols et des surfaces.
- La propreté visuelle intervient directement dans la qualité de l'accueil et participe au bien-être et à la sécurité du résident, lors des soins, pendant les repas et sur son lieu de vie.

L'hygiène ou la propreté hygiénique

- L'hygiène, ou la propreté hygiénique, est un ensemble de mesures destinées à prévenir les infections et l'apparition de maladies infectieuses par des actions portant essentiellement sur l'empêchement ou la limitation de la contamination microbienne avant, pendant et immédiatement après tous les soins.
- Elle est obtenue lors d'un bionettoyage grâce à l'utilisation d'un désinfectant sur une surface propre pour assainir l'environnement et donc préserver la santé des personnes.
- Elle est particulièrement importante :
  - dans le domaine de l'alimentation, afin d'éviter les toxi-infections alimentaires collectives (TIAC) ;
  - dans le domaine des soins, pour éviter les infections liées aux soins.

1 **(Doc 1)** Souligner la définition de « propreté visuelle » et de « l'hygiène ».

2 **(Doc 1)** Relier chaque situation d'entretien au but recherché.

Situations d'entretien

- Lavage des sols dans une chambre d'un résident •
- Désinfection d'un plan de change en crèche •
- Dépoussiérage de la table de chevet dans la chambre du malade •
- Désinfection à la vapeur des sanitaires dans la salle de bains d'un patient de l'hôpital •

But recherché

- La propreté visuelle 
- L'hygiène 

3 **(Doc 1)** Déduire les objectifs de la propreté et de l'hygiène.

Propreté : ....

Hygiène : ....

....

Activité 2 Les objectifs de l'hygiène

DOC 2 L'hygiène dans les différents services

L'hygiène en restauration collective 
→ Elle consiste, lors de la transformation des denrées et lors de la distribution des repas, à empêcher la multiplication des micro-organismes (moisissures, levures, bactéries, virus) responsables de l'altération des denrées (acidification, putréfaction, fermentation) et des toxi-infections et à veiller à en ajouter le moins possible.

L'hygiène hospitalière 
→ C'est l'ensemble des mesures visant à prévenir la transmission d'agents pathogènes entre patients, de patients à soignants et de soignants à patients dans les établissements de santé, pour lutter contre les infections associées aux soins dont les infections nosocomiales à l'hôpital, afin d'assurer la sécurité microbiologique des patients.

L'hygiène en multi-accueil 
→ Elle permet la prévention des infections. L'application des règles d'hygiène est essentielle pour prévenir les maladies transmissibles en collectivité, en luttant contre les sources de contamination et en réduisant les moyens de transmission.

4 **(Doc 2)** Souligner les objectifs de l'hygiène dans les services : en restauration collective, à l'hôpital, en multi-accueil.

Activité 3 Le nettoyage, le bionettoyage

DOC 3 Les différences entre deux techniques d'entretien : nettoyage et bionettoyage

Techniques d'entretien	Définition	Propreté
⇨ **Nettoyage**	Opération d'entretien et de maintenance des locaux et des équipements permettant d'assurer un aspect agréable (notion de bien-être) et un niveau de propreté (notion d'hygiène).	…………
⇨ **Bionettoyage** ▷ **#vidéo** **Le bionettoyage** (2'29") foucherconnect.fr / 22en01	Procédé destiné à réduire temporairement la contamination biologique des surfaces. **Bionettoyage = nettoyage** (avec un détergent) et un rinçage à l'eau claire (évacuation des salissures et des produits utilisés) + **application d'un désinfectant.** **Méthode séparée** ⇒ Utilisation de deux produits distincts pour le nettoyage et l'élimination des micro-organismes. **Méthode combinée** ⇒ utilisation d'un seul produit qui est à la fois détergent et désinfectant.	…………

5 **(Doc 3)** Souligner, dans le tableau, les définitions du nettoyage et du bionettoyage.

6 **(Doc 1 et 3)** Indiquer dans le tableau le type de propreté correspondant à ces techniques d'entretien.

7 **(Doc 3)** Différencier le bionettoyage du nettoyage en précisant pour chacun son objectif et le(s) produit(s) utilisé(s).

……………………………………………………………………………………………

……………………………………………………………………………………………

……………………………………………………………………………………………

Opérations de nettoyage : facteurs et méthodes

TD 2
Bloc 3

OBJECTIFS **1.** Définir un mode opératoire, un protocole, une procédure et justifier l'application **2.** Justifier l'obligation d'un mode opératoire, d'un protocole, d'une organisation méthodique du travail **3.** Expliquer l'interdépendance des facteurs dans les opérations de nettoyage **4.** Justifier les actions mises en œuvre dans une technique

Activité 1 Un mode opératoire, un protocole : qu'est-ce que c'est ?

DOC 1 L'intérêt de l'organisation méthodique du travail, d'un protocole et d'un mode opératoire

Les pratiques d'entretien sont formalisées au moyen d'outils tels que l'organisation méthodique du travail, protocoles, procédures, modes opératoires… pour éviter les contaminations, les infections liées aux soins et pour assurer le suivi de la traçabilité.

L'organisation méthodique du travail
⇨ planifie les opérations de nettoyage.
La périodicité des opérations de nettoyage permet d'éviter la contamination des locaux, planifiée en fonction du degré de salissures et de contamination. L'organisation méthodique du travail permettra une traçabilité. À domicile, on parle de planning d'entretien, pour planifier les opérations d'entretien courantes et spécifiques.

Un protocole
⇨ désigne le descriptif technique qui énonce les conditions, les règles, les tâches à exécuter et leur déroulement ou les consignes à observer dans certaines situations ou pour la réalisation d'un acte.
En milieu hospitalier, les protocoles sont formalisés par un groupe de travail de soignants et validés par un médecin référent du CPIAS (*Centre d'appui pour la prévention des infections associées aux soins*), dans le but d'uniformiser et d'harmoniser les pratiques de soins (pour promouvoir la qualité des soins).

Un mode opératoire
⇨ détaille les opérations à effectuer pour une activité (d'entretien ou de soins) précise, à un poste déterminé, méthodiquement ordonnées, afin de réaliser une tâche spécifique ;
⇨ décrit une série d'actions à mener et correspond au « comment » d'une procédure qui est la manière spécifiée d'accomplir une activité.
Il peut être illustré ou présenté sous forme de fiches servant de guide méthodologique compréhensible par tous.
Cette description doit être validée, remise à jour périodiquement et lors de chaque évolution technique, scientifique, législative.

Une procédure
⇨ définit l'objectif de l'entretien, la fréquence d'entretien, le matériel, tout en expliquant rapidement les étapes à réaliser pour l'entretien.

1 **(Doc 1)** Cocher les affirmations suivantes selon leur rapport à l'un des outils.

	Protocole	Mode opératoire
Doit être validé par le CPIAS		
Décrit une liste d'opérations à effectuer		
Doit être remis à jour régulièrement		
Descriptif technique des étapes à réaliser		
Permet d'uniformiser les pratiques de soins		
Peut être illustré		
Sert de guide méthodologique et chronologique pour réaliser une tâche précise		

2 **(Doc 1)** Définir les termes ci-dessous.

Mode opératoire : ……………………………………………
……………………………………………
……………………………………………
……………………………………………

Protocole : ……………………………………………
……………………………………………
……………………………………………

Procédure : ……………………………………………
……………………………………………
……………………………………………

3 (Doc 1) Relier les documents ci-dessous aux outils correspondants.

Documents

Centre Hospitalier De …………..	ENTRETIEN DES LITS DOUCHES	CLIN-120 Version 1	
		Date de validation : 21/03/20N	Page 1/1

1. **Objectif**
Assurer la toilette de l'hospitalisé avec du matériel propre et désinfecté.

2. **Entretien entre 2 personnes à doucher**
– bien rincer ;
– évacuer l'eau de rinçage ;
– appliquer le détergent-désinfectant (douchette rouge) sur toute la surface du lit-douche ;
– laisser agir 15 minutes ;
– rincer abondamment ;
– désinfecter les douchettes (cf. produit pour surfaces hautes).

3. **À la fin de la séance des toilettes du matin […]**

Entretien d'une chambre	Quotidien	Hebdomadaire	Mensuel	Trimestriel
Évacuation des déchets	✗			
Surfaces horizontales et accessoires	✗			
Extérieur du mobilier, lit, sièges	✗	✗		
Intérieur mobilier, placard		✗	✗	
Vitres				✗
Lavage mécanisé des sols		✗	✗	

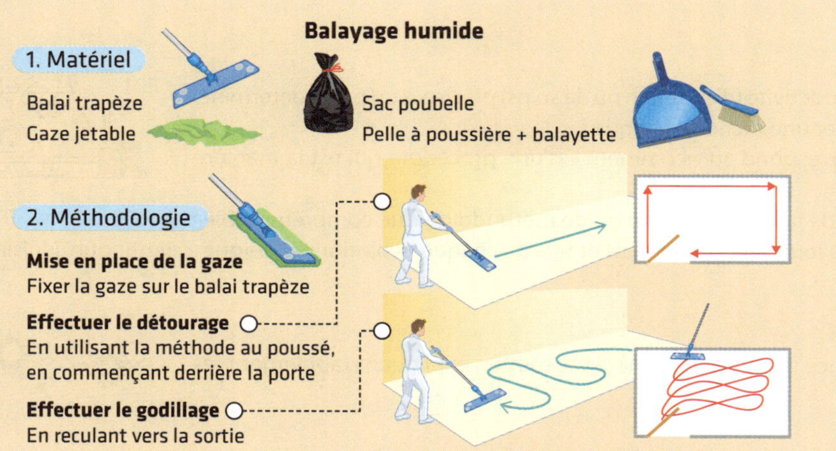

Source : https://formation-consulting.com/v1/pdf/le_nettoyage_des_chambres_en_ehpad.pdf

Outils

- Mode opératoire
- Protocole
- Organisation méthodique du travail

4 (Doc 1) Indiquer l'intérêt de chacun des outils puis justifier leur obligation.

• L'organisation méthodique du travail : ……………………………………………………………
……………………………………………………………………………………………………

• Le protocole : ……………………………………………………………………………………

• Le mode opératoire : ……………………………………………………………………………
……………………………………………………………………………………………………

• Justification : ……………………………………………………………………………………
……………………………………………………………………………………………………
……………………………………………………………………………………………………

Activité 2 Les facteurs indispensables au nettoyage

DOC 2 Le cercle de Sinner

Quatre facteurs d'efficacité d'une action de nettoyage ont été décrits par Herbert Sinner : action mécanique, action chimique, température et temps d'action.

L'eau chaude favorise la détergence d'un produit et en augmente les différents pouvoirs (pouvoir mouillant, séquestrant).

Cercle de SINNER

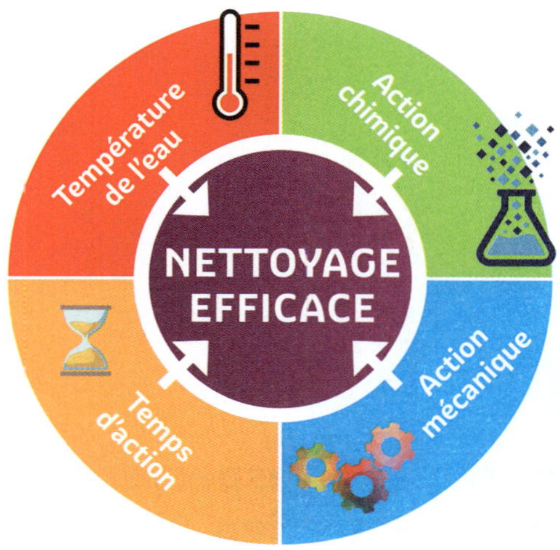

C'est l'action du produit détergent. Un dosage correct du produit est nécessaire en fonction de la nature, de la quantité de la salissure à éliminer, du support, de la méthode de lavage et la dureté de l'eau pour une bonne efficacité.

La durée de contact accroît le pouvoir nettoyant du produit chimique permettant d'éliminer les salissures.

C'est l'action apportée par l'utilisation de matériel pour créer un frottement ou une pression pour décoller les salissures. (Brosse, raclette, lavette, nettoyeur haute pression...)

Les différentes méthodes d'entretien font intervenir en synergie ces **4 facteurs d'efficacité du nettoyage**. Ces facteurs étant liés entre eux, afin d'obtenir un résultat équivalent, la diminution d'un facteur doit être compensée par l'augmentation d'un autre. Ainsi, moins de produit chimique nécessite une action mécanique plus importante ou un temps d'action augmenté ou une température plus importante ou la combinaison de ces trois paramètres en proportion.

5 **(Doc 2)** Relever les quatre facteurs du nettoyage et leurs rôles.

Composantes	Rôles
....	....
....	....
....	....
....	....

6 **(Doc 2)** Cocher les actions mises en œuvre pour chaque activité d'entretien.

	Température	Temps action	Action mécanique	Action chimique
Passer l'aspirateur dans une chambre à domicile.				
Réaliser un lavage du sol dans le couloir de l'hôpital au balai rasant.				
Réaliser un entretien des miroirs de la salle de bains à l'hôpital à la vapeur sous pression.				
Réaliser un balayage humide avec une gaze pré-imprégnée dans la chambre à l'EHPAD.				
Bionettoyer les sanitaires de la crèche avec détergent désinfectant et brosse W.-C.				

7 **(Doc 2)** Expliquer l'interdépendance des différents facteurs des opérations de nettoyage, en prenant appui sur l'entretien à la vapeur du miroir dans la salle de bains.

....

....

....

....

....

8 Expliquer l'interaction des facteurs intervenant lors du lavage à la main de la vaisselle encrassée en réduisant l'action mécanique, en vous appuyant sur le cercle de Sinner.

....

....

....

....

....

....

Cercle de Sinner appliqué au lavage manuel de la vaisselle

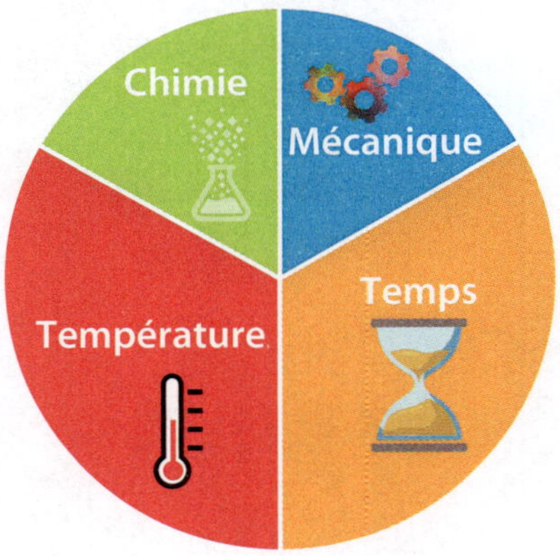

Activité 3 Les différentes règles à respecter lors des activités d'entretien

DOC 3 Les précautions à prendre lors de l'entretien d'un bloc sanitaire en EHPAD

Entretien d'un bloc sanitaire

Chronologie

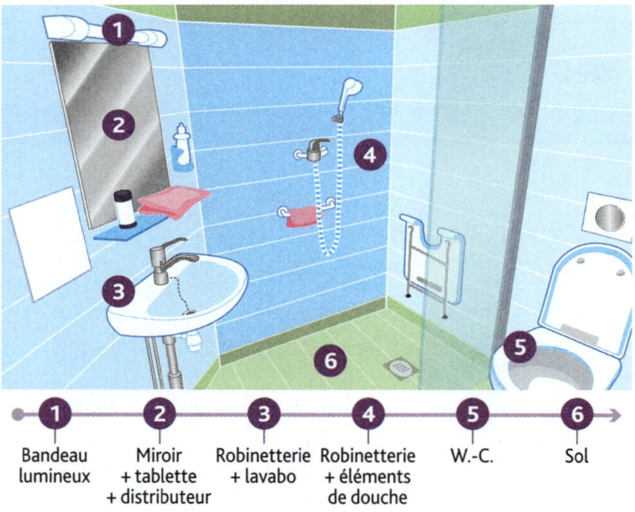

Précautions

- Respecter l'ordre des opérations du haut vers le bas.
- Utiliser un détergent désinfectant prêt à l'emploi.
- Utiliser des lavettes de couleurs différentes.
- Respecter le temps d'action du produit précisé sur l'étiquette.
- Effectuer le bionettoyage de toutes les parties de la zone lavabo avec la lavette verte.
- Bionettoyer la douche de haut en bas.
- Bionettoyer la zone W.-C. avec la lavette rouge.
- Terminer par le lavage du sol.

9 **(Doc 3)** Retrouver les actions mises en œuvre pour l'entretien du bloc sanitaire.

....

....

....

10 **(Doc 3)** Justifier les précautions à prendre lors de l'entretien du bloc sanitaire.

....

....

....

Dégradations et salissures

TD 3
Bloc 3

OBJECTIFS **1.** Différencier dégradations, salissures et déchets **2.** Indiquer la classification des différentes salissures et leur nature

Activité 1 Les dégradations, les salissures et les déchets

DOC 1 Les dégradations, salissures et déchets : de quoi s'agit-il ?

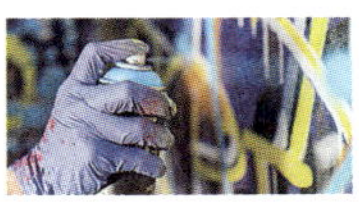	*Graffitis sur un mur*	Une dégradation correspond à la destruction ou à l'altération d'un matériau. Elle peut être réversible, le matériau revient à son état initial après traitement (ex. : tags sur un mur) ou irréversible (rayure, corrosion, poinçonnement).		*Rouille sur une canalisation*
	*Poussière*	Les salissures correspondent à des taches ou à des traces de saleté en surface ou en profondeur qui altèrent l'aspect ou le toucher des supports (textiles, plans de travail, équipements, matériaux…) et des sols. Une salissure peut être retirée.	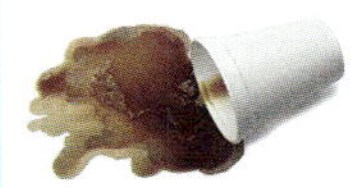	*Tache de café*
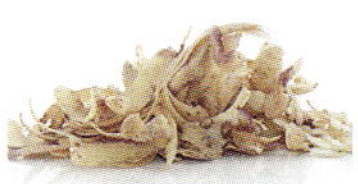	*Épluchures*	Un déchet est une substance ou un objet dont on veut se séparer ou dont on doit se séparer. Un déchet est volumineux, recyclable pour la plupart et, parfois, fermentescible.		*Pot de yaourt*

1 **(Doc 1)** Souligner les définitions des différents termes : dégradations, salissures, déchets.

2 **(Doc 1)** Relier les images aux termes correspondants.

Déchets • Dégradations • Salissures

Graffitis

Bocaux et bouteilles

Sable sur serviette

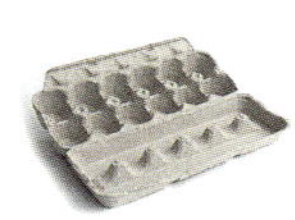
Boîte d'œufs

Chaussettes sales

Emballage plastique

Vin sur tapis

Peinture écaillée

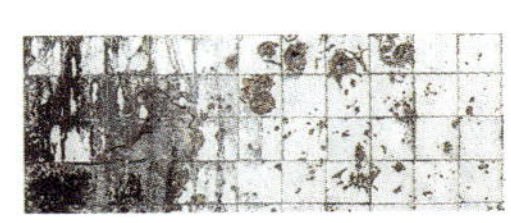
Faïence sale

Chocolat sur vêtements

Déchets • Dégradations • Salissures

3 **(Doc 1)** Expliquer les différences entre déchets et salissures.

……………………………………………………………………………………………………

……………………………………………………………………………………………………

……………………………………………………………………………………………………

4 **(Doc 1)** Citer les types de dégradations.

……………………………………………………………………………………………………

……………………………………………………………………………………………………

Activité 2 Les salissures adhérentes et non adhérentes

DOC 2 Les types de salissures

Les salissures

- **Adhérentes :** imprégnées dans les surfaces
  Ex. : jus de fruits, tache de graisse, colle, chewing-gum…
- **Non adhérentes :** déposées sur les surfaces
  Ex. : cheveux, miettes de pain, poussière…

Salissures		Adhérentes	Non adhérentes
	*Poussières*		
	*Traces sur miroir*		
	*Tache de café*		
	*Sable*		

5 **(Doc 2)** Souligner les termes qui permettent de différencier les deux types de salissures.

6 **(Doc 2)** Repérer le type de salissure en cochant la case correspondante dans le tableau ci-contre.

Activité 3 La classification des salissures

Les salissures sont classées selon leur origine ou selon leur nature chimique.

DOC 3 L'origine des salissures

Les salissures peuvent être **d'origine minérale**, c'est-à-dire provenant du sous-sol et de matériaux naturels, synthétiques ou artificiels.			Les salissures peuvent être **d'origine organique** et proviennent des êtres vivants (humains, animaux, végétaux).		
Exemples de salissures minérales			Exemples de salissures d'origine organique		
	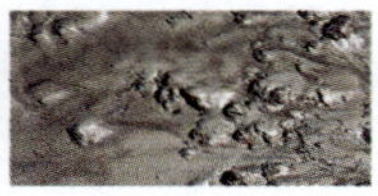			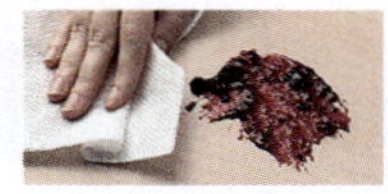	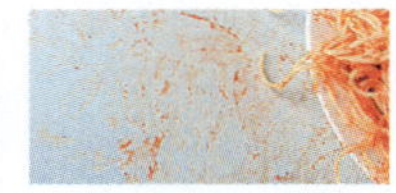
Poussière	*Boue*	*Tartre*	*Miettes de pain*	*Confiture*	*Résidus protéinés*

DOC 4 La nature chimique des salissures

La nature chimique des salissures détermine les moyens à mettre en œuvre pour les éliminer.

pH acide							pH neutre	pH basique ou alcalin						
0	1	2	3	4	5	6	7	8	9	10	11	12	13	14

- Les salissures minérales et les résidus très sucrés.
- Les salissures organiques, les dépôts frais de protéines et de graisses.
- Les salissures organiques, les graisses cuites ou carbonisées.

7 **(Doc 3 et 4)** Associer la nature chimique et l'origine de chacune des salissures ci-dessous.

Salissures	Nature			Origine	
	pH < 7 (acide)	pH = 7 (neutre)	pH > 7 (basique)	Minérale	Organique
Terre					
Sucre					
Sang					
Graisses cuites					
Urine					
Tartre					

Contrôles des opérations et des résultats

TD 4
Bloc 3

OBJECTIFS
1. Indiquer et justifier les différents contrôles à effectuer et les matériels adaptés
2. Énoncer les critères de contrôle visuel

Activité 1 Les contrôles visuels

DOC 1 Le contrôle visuel de la qualité de l'entretien

Le contrôle visuel s'inscrit dans une démarche qualité. Une fois l'opération effectuée, il convient d'évaluer la qualité du travail réalisé. Cette évaluation s'effectue d'abord par un contrôle visuel.

Contrôle visuel

Où ?
- Sur la surface à nettoyer.

Méthode ?
- Observation objective de la surface après chaque entretien.

Par qui ?
- Agent d'entretien ou service qualité (contrôle).

Comment ?
- Matériels adaptés.

Pourquoi ?
- Assurer le bien-être et le confort des résidents, des familles, des professionnels.
- Se conformer aux protocoles et modes opératoires.
- Améliorer la qualité partout et tout le temps, remédier aux dysfonctionnements.

Moyen :
- Grille d'évaluation ou de contrôle (traçabilité).

Le Bassoumètre
Est composé d'un cadre qui définit l'aire de prélèvement et d'un chariot mobile placé dans ledit cadre et sur lequel on place un tampon de prélèvement.
Mesure l'empoussièrement.

Le Brillancemètre
Permet de mesurer la brillance ou l'éclat d'une surface.

L'échelle de Bacharach
Basée sur un nuancier de gris allant de la note 0 à 10.
Le zéro (blanc) = propreté optimale.
Permet de quantifier les poussières sur sol dur.

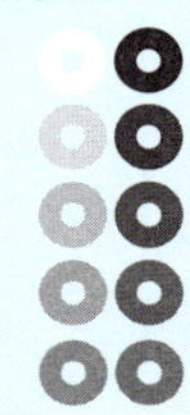

DOC 2 Extrait d'une évaluation de la propreté visuelle de la chambre d'un résident

Service : USLD*......... N° chambre : 12.................................... Nom agent : M. Dumont....
Date évaluation : 06/12/.... Heure évaluation : 11 h 20.... Nom évaluateur : Mme Robert....

Éléments à observer	Critères d'évaluation	Seuils	Note **
Chambre :			
Sol	Déchets/empoussièrement taches	Absence	1
Lit, table de chevet, armoire, luminaire…	Empoussièrement	Absence	0
Sonnette, télécommande, téléphone	Empoussièrement	Absence	1
Salle de bain :			
Lavabo et trop-plein, W.-C.	Tartre/traces/coulures	Absence	1
Miroir	Traces	Absence	0
Douche et bonde	Taches/tartre/traces	Absence	1
Luminaires, VMC	Empoussièrement	Absence	1

* **USLD :** Unité de soins longue durée. ** **Note :** 0 = non conforme ; 1 = conforme.

https://www.cpiasbfc.fr/guides/prec_standard/entretien_locaux/guide_entretien_locaux_19.pdf

1 **(Doc 1)** Préciser l'action finale d'un agent d'entretien après un nettoyage et justifier.

....

....

❷ **(Doc 1)** Présenter le contrôle effectué à la suite des opérations de nettoyage.

....

....

❸ **(Doc 2)** Indiquer les points à vérifier lors de l'évaluation visuelle des opérations de nettoyage.
Citer le critère observable. Préciser si l'entretien est conforme.

....

....

Activité 2 Les contrôles microbiologiques

DOC 3 La procédure et l'objectif des contrôles microbiologiques

Contrôle microbiologique
- Démarche qualité
- Prélèvements microbiologiques
- Désinfection et bionettoyage (exemples de lieux : bloc opératoire, service de stérilisation, cuisine collective…)

Méthode

Matériel stérile
- Ne jamais toucher la face gélosée ou l'écouvillon avec les doigts.
- Refermer immédiatement après le prélèvement.

- Par empreinte gélosée : pression constante (environ 10 s) ; une lame gélosée ou une boîte de Petri contenant une gélose sur la surface à contrôler.
Gélose : une substance nutritive ayant la consistance d'un gel. C'est un milieu sélectif favorisant la prolifération et le développement des bactéries.

- Par écouvillonnage : passer un écouvillon sur la surface à prélever.
Écouvillon : un instrument en forme de tige en métal ou en bois comportant à une extrémité une gaze ou plus rarement du coton. Il permet d'effectuer des prélèvements dans un but diagnostique.

Lame gélosée pour des surfaces lisses et planes, plusieurs orientations possibles.

Gélose contact (boîte de Pétri) pour des surfaces lisses et planes.

Écouvillon Pour des surfaces difficiles d'accès.

Incubation en étuve à 37 °C de 24 h à 48 h

Au laboratoire

Interprétation des résultats : recherche qualitative (présence ou absence) et quantitative (nombre) de micro-organismes sur des surfaces ou des équipements), puis comparer le résultat obtenu après incubation à une norme établie.

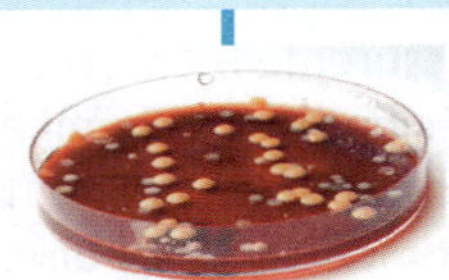

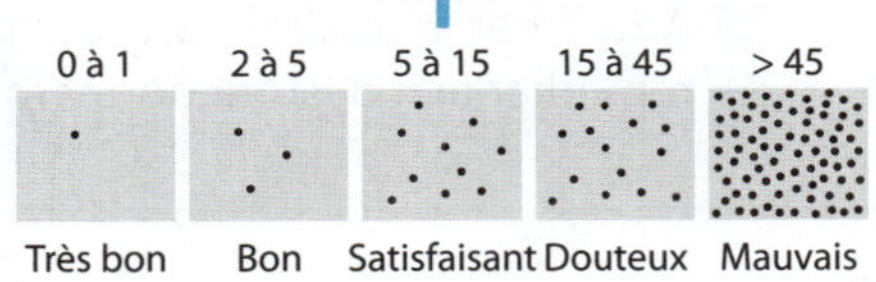

- Résultat conforme : respect des protocoles.
- Résultat non conforme : non-respect des protocoles.

Les établissements recherchent la présence éventuelle de bactéries pathogènes (*Salmonella*, *Staphylococcus aureus*…), afin de mettre en place les mesures visant à limiter les risques de contaminations qui pourraient provoquer des infections liées aux soins en milieu hospitalier ou des toxi-infections alimentaires collectives en restauration collective. Ces contrôles permettent d'évaluer la qualité microbiologique de l'environnement, de sensibiliser et de motiver les personnels.

❹ **(Doc 3)** Proposer les moyens adaptés aux prélèvements dans la salle de bains de la chambre du malade au niveau du siphon du lavabo et de la faïence. Justifier. Puis souligner l'intérêt des contrôles microbiologiques.

....

....

Se tester

Principes généraux des opérations d'entretien

Le + numérique
foucherconnect.fr/22en30
Quiz
Exercice interactif

Exercice 1 Cocher les cases en fonction du résultat obtenu.

	Propreté visuelle	Hygiène
Balayage humide du hall d'entrée de l'hôpital		
Bionettoyage des sanitaires dans une chambre en EHPAD		
Dépoussiérage d'un meuble à la crèche		
Désinfection à la vapeur d'une chambre lors de la sortie du patient		

Exercice 2 Relier les outils de formalisation du nettoyage à leur définition.

Protocole •	• Description des opérations successives à effectuer
Procédures •	• Planification des activités
Mode opératoire •	• Mention des règles, des activités à exécuter et de leur déroulement
Organisation méthodique du travail •	• Indication de l'objectif, de la fréquence et du matériel pour l'entretien

Exercice 3 Cocher les cases correspondant aux items.

	Salissures							Déchets	Dégradations
	Adhérentes	Non adhérentes	Nature			Origine			
			pH < 7 (acide)	pH = 7 (neutre)	pH > 7 (basique)	Minérale	Organique		
Poinçonnement (parquet)									
Sable sur le paillasson									
Épluchures de carottes									
Graisses cuites (poêle)									
Urine sur le body									

Exercice 4 Relier les matériels et les critères aux contrôles (visuel et microbiologique) correspondants.

Matériels adaptés	Types de contrôle	Critères
Bassoumètre •	• Contrôle visuel •	• Absence de micro-organismes pathogènes
Lame gélosée •	• Contrôle microbiologique •	• Absence de poussières
Écouvillon •		• Se conformer à une norme

À retenir

Le + numérique foucherconnect.fr/22en31

Synthèse rédigée et audio

Les concepts de propreté et d'hygiène

La propreté
- La propreté visuelle → Aspect d'une surface après nettoyage.
- L'hygiène → Résultat après **bionettoyage**.

L'hygiène a pour but d'éviter la propagation des micro-organismes.

Les opérations de nettoyage : facteurs et méthodes

Quatre outils de formalisation des opérations :

Protocole : énoncé des règles, les activités à exécuter et le déroulement.
Mode opératoire : description des opérations successives à effectuer.
Organisation méthodique du travail : planification des activités.
Procédure : définition de l'objectif, de la fréquence et du matériel pour l'entretien.

Ils sont obligatoires pour assurer le bon déroulement des entretiens et la traçabilité.

L'interdépendance entre les facteurs de nettoyage

Quatre facteurs agissent en synergie. S'il manque l'un des quatre facteurs, les trois autres le compensent pour que le nettoyage soit efficace.

Le cercle de Sinner

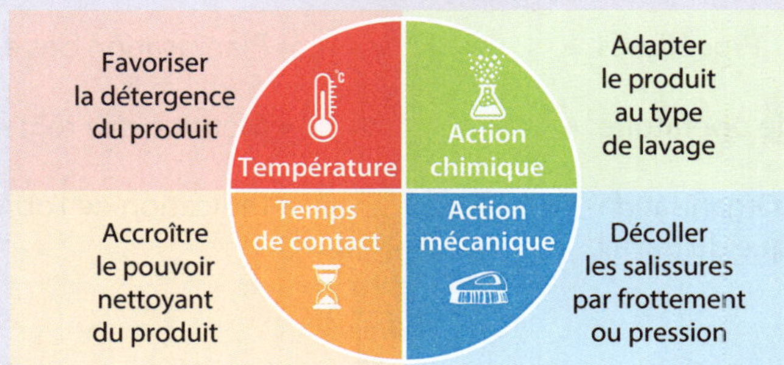

Les dégradations et salissures

Salissure : tache ou trace de saleté en surface ou en profondeur qui modifie l'aspect ou le toucher d'une surface. →
- Origine : organique ou minérale.
- Classification : adhérentes ou non adhérentes.
- Nature : le pH varie selon la salissure.

Dégradation : destruction ou altération d'un matériau qui peut être réversible ou non réversible. → Ex. : mur fissuré.

Déchet : substance ou objet dont on veut se séparer ou dont on doit se séparer. →

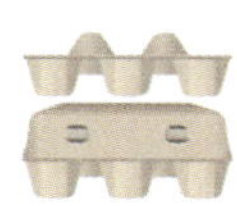

Les contrôles des opérations et des résultats

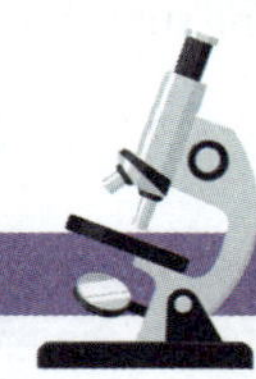

	Contrôle visuel	Contrôle microbiologique
Objectifs	• Vérifier l'absence de taches, de traces, de coulures, de poussières, de détériorations… • Obtenir un environnement propre et agréable.	• Identifier les micro-organismes de l'environnement. • Sensibiliser et motiver les personnels pour éviter les contaminations et les différentes infections associées.
Méthodes, moyens	⇨ Outils pour mesurer l'encrassement : Bassoumètre, échelle de Bacharach… • Comparaison à un nuancier. Les résultats sont comparés à un nuancier et reportés sur une grille d'évaluation propre à chaque type de local.	• Prélèvements d'environnements ciblés avec lame gélosée, gélose de contact ou écouvillon. • Recherche qualitative (présence ou absence) et quantitative (nombre) de micro-organismes sur des surfaces et des équipements. Les résultats sont interprétés pour valider ou modifier des procédures.

Principes généraux de mise en œuvre des techniques d'entretien

TD 5
Bloc 3

OBJECTIFS **1.** Identifier les différents types d'EPI et en justifier l'usage **2.** Identifier le protocole selon le contexte professionnel **3.** Préciser les critères de choix d'une technique **4.** Justifier le choix et dosage des produits en respectant l'intégrité des matériaux et de l'environnement, du matériel, plans de nettoyage et bionettoyage **5.** Justifier la fréquence des opérations selon le secteur d'activité et les contraintes **6.** Identifier et justifier la procédure mise en œuvre dans l'entretien d'une chambre suite à isolement

Activité 1 Le bon usage des équipements de protection individuelle (EPI)

DOC 1 Les EPI dans les contextes d'entretien de l'environnement de la personne

Informations à destination des professionnels de santé des établissements médico-sociaux (EHPAD, FAM, MAS, SSIAD). L'utilisation des équipements de protection individuelle doit être impérativement associée à une observance stricte de l'hygiène des mains. Le contexte évolue du moins contagieux en zones 1 et 2 ⇨ vers des expositions plus contagieuses et plus contaminantes en zones 3 et 4.

La tenue professionnelle (**FT1**, p. 25) est portée avant d'entrer dans le service et complétée selon le niveau de risque par des EPI.

Niveau de risque	Tablier plastique jetable	Masque chirurgical	Masque FFP2	Visière de protection	Gants à usage unique
1. Sans contact avec le résident	✖	✔	✖	✖	✔
2. Avec contact sans risque d'exposition aux liquides biologiques	✔	✔	✖	✖	✔
3. Avec contact et risque d'exposition aux liquides biologiques	✔	✔	✖	✔	✔
4. À risque infectieux	tablier + charlotte	✖	✔	✔	✔

✔ utilisé ✖ non utilisé

DOC 2 Extrait d'un protocole en chambre de patient contagieux

Tâche à effectuer : bionettoyage du lit souillé (selles, liquides, vomis) d'un patient contagieux.

Protocole	Consignes
① **D'entrée dans la chambre d'un patient contagieux**	↓ Réaliser l'hygiène des mains Mettre : - Charlotte - Gants à usage unique - Masque chirurgical ou FFP2 - Lunettes de protection ou visière de protection - Tablier plastique
② **De sortie de la chambre**	Réaliser l'hygiène des mains (avant, après évacuation des DASRI) et jeter les déchets (tablier, gants, visière de protection, masque) dans un sac DASRI (déchet d'activité de soins à risque infectieux).

1 **(Doc 1 et 2)** Indiquer les éléments à prendre en compte pour le choix des EPI.

....

....

2 (Doc 1 et 2, FT1) Relever et classer les équipements de protection individuelle utilisés pour l'entretien et justifier l'intérêt de chacun des équipements et du lavage des mains.

Ordre	1	2	3	4	5
EPI					
Justification					

Activité 2 La mise en œuvre des techniques d'entretien

DOC 3 Les principes de bases de réalisation des techniques d'entretien

❶
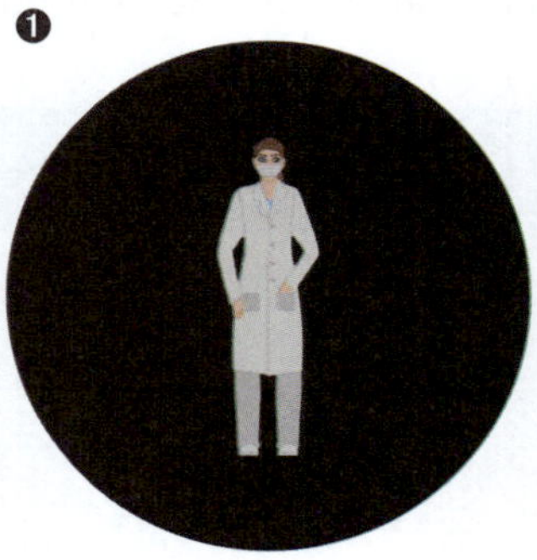

❸
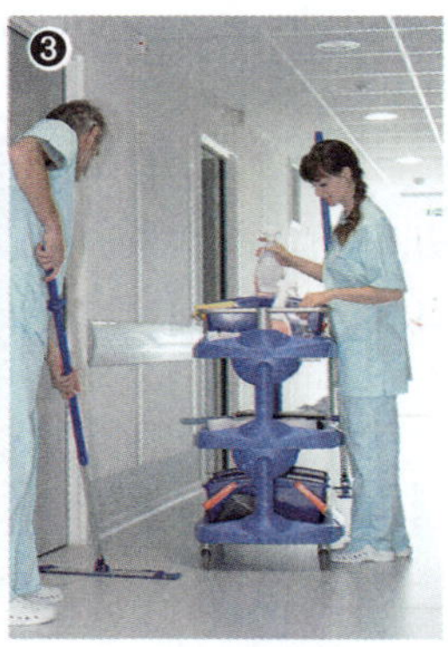

❻

❹

❺

Chronologie des étapes

❶ Bandeau lumineux — ❷ Miroir + tablette + distributeur — ❸ Robinetterie + lavabo — ❹ Robinetterie + éléments de douche — ❺ WC — ❻ Sol

❷ Planning de nettoyage

Surface matériel	Fréquences	Produits	Matériel utilisé	méthode	Personnel	Observations

3 (Doc 3) Identifier les principes de base pour la réalisation des techniques d'entretien.

Avant entretien	❶	
	❷	
	❸	
Pendant entretien	❹	
	❺	
	❻	
Après entretien	❼	Nettoyer et désinfecter matériel et accessoires.
	❽	Stocker dans un local adapté (**TD10**).

DOC 4 La périodicité des opérations de bionettoyage à l'hôpital

Comparaison des fréquences des entretiens selon les zones (TD6 Les zones à risques)

Entretien	Pluriquotidien		Quotidien		hebdomadaire		Mensuel		Départ patient	
Zones	2	4	2	4	2	4	2	4	2	4
Évacuation des déchets et du linge sale		x	x	x					x	x
Surfaces horizontales et accessoires : poignées de porte, interrupteurs, téléphone		x	x	x					x	x
Extérieur du mobilier, lit, siège		x	x						x	x
Sanitaires, lavabos		x	x							x
Intérieur du mobilier, placard					x	x			x	x
Vitres							x	x		
Balayage humide des sols		x	x						x	x
Lavage des sols		x	x						x	x
Lavage mécanisé des sols									x	x

4 **(Doc 4)** Expliquer et justifier la périodicité des entretiens.

....

....

DOC 5 Un exemple d'entretien préconisé en zone 2 par le CPIAS*

Il convient d'adapter le produit à la surface à nettoyer, au degré de salissures, au risque infectieux tout en préservant l'environnement. La microfibre augmente l'action mécanique. Pour le sol, la tendance évolue vers une place prépondérante des produits détergents, voire à l'absence de produit. Le nettoyage et la désinfection peuvent faire appel à des facteurs mécaniques ou thermiques (**TD15 Technique de bionettoyage à la vapeur**, p. 69). L'alternance d'utilisation des produits détergents et détergents-désinfectants évite la résistance des micro-organismes. Elle est à déterminer selon les zones à risques. Le produit choisi doit combiner l'efficacité avec une toxicité minimale pour l'utilisateur.

* CPIAS : Centre d'appui pour la prévention des infections associées aux soins.

Surfaces hautes sèches		
Quotidien	**Hebdomadaire**	**Semestriel/Annuel et au départ du résident**
Évacuation déchets et linge sale. **Nettoyage-désinfection** des surfaces horizontales mobiles et fixes, poignées, interrupteurs, sonnettes, téléphones, appareils médicaux, mobiliers, lits, barrières de lit, supports poubelles, etc.	**Nettoyage avec détergent. Dépoussiérage approfondi** de l'ensemble de la pièce et du mobilier (extérieurs des mobiliers, surfaces de portes, toiles d'araignées, etc.). Nettoyage possible avec un appareil vapeur.	**Nettoyage-désinfection** des intérieurs des mobiliers, placards, portes, grilles de ventilation. **Nettoyage** des vitres, lavage des rideaux. **Nettoyage** des surfaces verticales (murs, portes, etc.). Nettoyage possible avec un appareil vapeur.

https://www.cpiasbfc.fr

5 **(Doc 5)** Indiquer les critères de choix d'une technique, des produits et matériels d'entretien.

....

....

....

....

....

DOC 6 Une démarche de développement durable

Les produits d'entretien et de désinfection présentent un risque pour les professionnels et pour les usagers. Ces produits sont responsables de contaminations de l'air intérieur, des eaux, des organismes aquatiques… La prise en compte de démarches environnementales nécessite la révision des protocoles pour assurer l'évolution des pratiques. En préambule des plans de nettoyage, les nouvelles préconisations des établissements sanitaires et médico-sociaux préconisent le choix de produits d'entretien de qualité écologique respectueux de l'environnement : des produits avec un ou plusieurs labels, faiblement dosés, sans odeur et respectueux des matériaux, en vérifiant la composition d'ingrédients.

6 **(Doc 6)** Souligner les critères de choix de ces produits et justifier.

....

....

....

....

....

Activité 3 La planification des activités d'entretien

DOC 7 Un exemple de contexte professionnel quotidien

Entretien de 10 chambres individuelles du 1er étage dans le service de médecine générale de l'hôpital de proximité.

Situations dans les chambres en début de matinée	
Chambre 1 : patient parti à la radio.	Chambre 6 : patient post-opératoire (col du fémur).
Chambre 2 : patient post-opératoire (varices).	Chambre 7 : patient avec une escarre au talon avec une BMR.
Chambre 3 : patient avec une escarre au talon.	Chambre 8 : patient en séance de kinésithérapie.
Chambre 4 : patient avec une infection pulmonaire grave et dénutri.	Chambre 9 : patient avec une escarre au sacrum.
Chambre 5 : patient sortant après un isolement.	Chambre 10 : patient grippé.

7 **(Doc 1 et 7)** Proposer le planning d'entretien des 10 chambres ce jour et le justifier.

Ordre	Planning d'entretien	Justification/patients	Règle générale
1	....	....	....
2	....	....	....
3	....	....	....
4	....	....	....
5	....	....	....

8 **(Doc 1 à 7, FT10, p. 91 et FT11, p. 97)** Commenter et justifier les actions conduites lors de l'entretien d'une chambre d'un patient à la suite de l'isolement.

Actions	Commentaires/Préconisations	Justifications
Suivre le planning de bionettoyage	....	....
Mettre les EPI	Ajouter les EPI à la tenue professionnelle :	....
Aérer la pièce	Prévoir 30 minutes avant l'entretien de la pièce.	....
Évacuer les déchets et le linge	....	....
Entretenir la salle de bains et les W.-C.	....	....
Entretenir le mobilier de la chambre	....	....
Entretenir le sol	....	....

Adopter une tenue professionnelle correcte

FICHE TECHNIQUE 1

OBJECTIF Adopter une tenue professionnelle correcte

1 Les étapes préalables

La tenue professionnelle est un incontournable

LA TENUE EST PROPRE ET REPASSÉE À CHAQUE PRISE DE POSTE.

Le textile est choisi pour ses qualités hygiéniques : pouvoir absorbant pour la transpiration, pouvoir respirant pour éviter les macérations, facile à entretenir (Le coton blanc peut bouillir et subir des chlorations).

Tenue vestimentaire de référence pour l'entretien des locaux et du linge

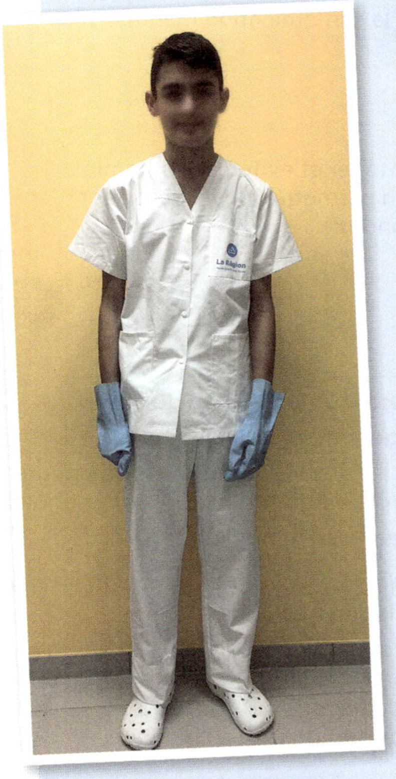

Descriptif	Principes
Tunique	> **Protéger** des projections liquides et du risque chimique.
+	
Pantalon	
+	
Gants réutilisables	> **Protéger** les mains du risque chimique.
+	> **Protéger** du risque chimique en cas d'éclaboussures de produit.
Chaussures fermées antidérapantes faciles à nettoyer	> **Éviter** les chutes sur sol glissant.

Suivant le secteur professionnel, la tenue professionnelle peut être adaptée tout en respectant les principes de la tenue de référence.

Par exemple, en milieu hospitalier, elle est complétée par *un masque* (*protéger* des infections respiratoires aiguës en cas de toux du personnel, grippe), des lunettes de *protection*, un *tablier plastique à usage unique/surblouse à manches longues* (protéger des projections de liquides biologiques ou chimiques).

2 La mise en tenue

Matériel

- Tenue professionnelle en fonction de l'activité (voir descriptif)

Produits

- Gants réutilisables et savon pour les mains

ÉTAPES PRÉALABLES

- Avoir une hygiène personnelle correcte
- Porter des sous-vêtements propres
- Avoir les cheveux propres et courts ou attachés. Avoir les ongles courts, sans vernis, sans faux ongles

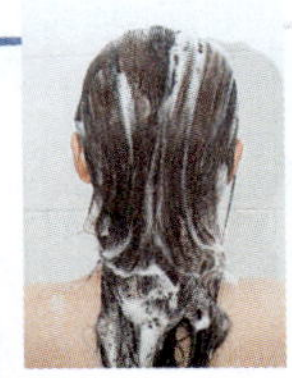
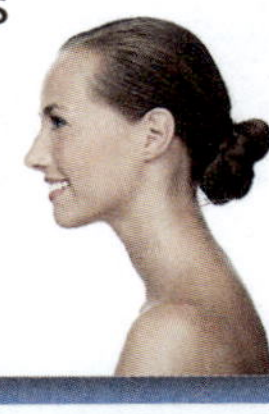
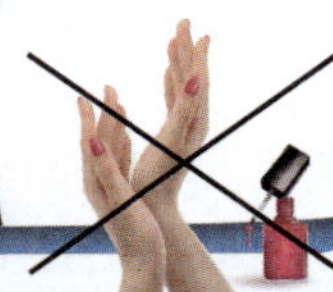

PRINCIPES DE BASE

- Limiter la prolifération des micro-organismes
- Limiter les mauvaises odeurs
- Limiter la contamination
- Limiter le risque de chutes de cheveux
- Éviter la constitution de dépôts créant des réservoirs de micro-organismes

Succession des opérations	Exigences	Justifications
	> **Retirer** tous les bijoux : bagues et bracelets, montre, boucles d'oreilles, piercings, collier…	> **Éviter** la contamination manuportée. > **Éviter** que ces bijoux contaminent les préparations.
	> **Enlever** la tenue de ville et les sous-vêtements dépassant de la tenue professionnelle (manches longues, foulard, écharpe…).	> **Limiter** la contamination de la tenue professionnelle par les micro-organismes présents sur la tenue personnelle.
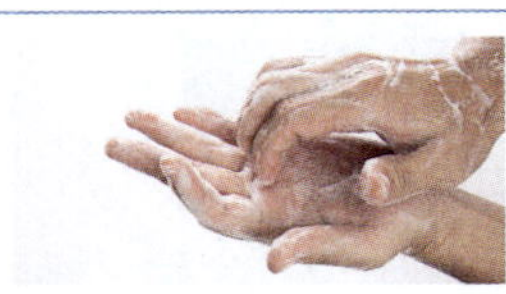	> **Se laver** les mains FT2.	> **Éviter** la contamination manuportée.
	> **Mettre** la tenue propre et adaptée à l'activité.	> **Se protéger** et **éviter** les contaminations tout en permettant le respect des règles d'ergonomie.
	> **Mettre** des chaussures propres, confortables, fermées sur le dessus, antidérapantes, facilement nettoyables.	> **Limiter** la contamination du milieu. > **Protéger** dos, pieds et jambes. > **Éviter** les risques de chutes et de brûlure (thermique et/ou chimique) par éclaboussures. > **Permettre** un nettoyage régulier.
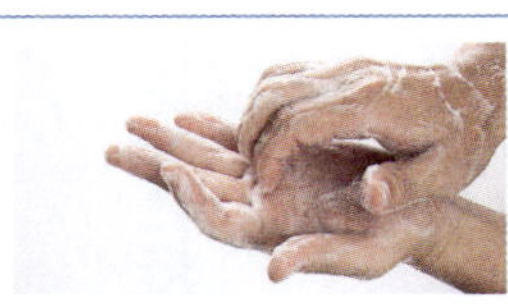	> **Se relaver** les mains	> **Éliminer** les micro-organismes sur les mains après les manipulations.
	> **Mettre** des gants réutilisables pour effectuer l'entretien des locaux.	> **Se protéger** du risque chimique.

Autocontrôle	Opération complémentaire
> **Vérifier** que la tenue est complète et mise correctement en la contrôlant dans un miroir.	> **Laver** et **repasser** la tenue après chaque utilisation.

Effectuer le lavage des mains et entretenir des gants de ménage

FICHE TECHNIQUE 2

OBJECTIF Effectuer le lavage des mains et l'entretien des gants afin de diminuer le risque de transmission des infections et limiter le risque de contamination chimique

1 Le lavage simple des mains en entretien des locaux

Matériels

- Poste de lavage des mains
- Papier à usage unique en distributeur
- Poubelle équipée d'une commande non manuelle

Produits

- Savon doux liquide à usage fréquent
- Eau

ÉTAPES PRÉALABLES

> **Vérifier** le poste de lavage des mains.

PRINCIPES DE BASE

Recommandations : se laver les mains.
> **AVANT d'effectuer** une nouvelle tâche.
> **Avant d'enfiler des gants de ménage** pour un entretien des locaux.
> **APRÈS chaque opération contaminante ou salissante** : passage aux toilettes, toux, mouchage.

Respecter les consignes d'utilisation des produits (dosage, température de l'eau, date limite d'utilisation).

#vidéo
Hygiène des mains, lavage simple mov (1'43")
foucherconnect.fr/22en13

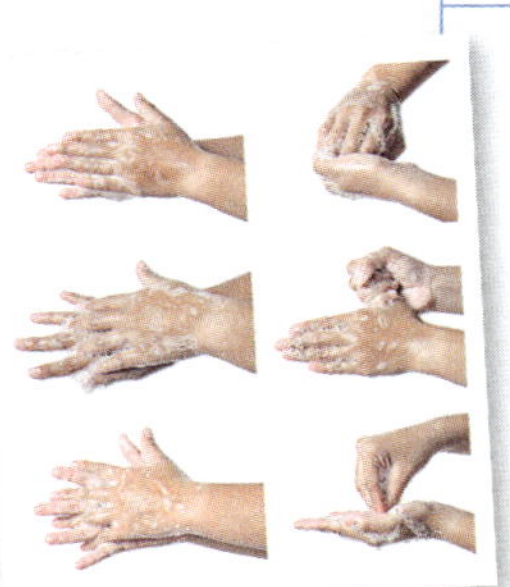

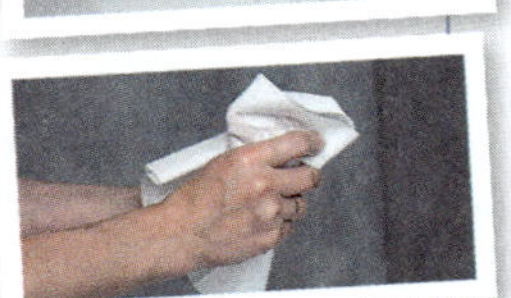

Succession des opérations	Exigences	Justifications
> **Mouiller** mains et poignets.	> **Passer** les mains sous l'eau courante.	> **Préparer** l'action du savon.
> **Appliquer** une dose de savon liquide. > **Savonner, masser.**	> **Savonner** dans l'ordre : Paume contre paume, paume main droite sur dos main gauche et vice-versa, paume contre paume, doigts entrelacés, friction en rotation en mouvement de va-et-vient, les doigts joints dans la paume de la main opposée, friction des poignets. > **Respecter** un temps de savonnage de 15 secondes.	> **Éliminer** les salissures sur toute la surface des mains et sous les ongles.
> **Rincer** à l'eau.	> **Rincer** abondamment sous l'eau courante.	> **Éliminer** toute trace de produit, de salissures.
> **Sécher** au papier à usage unique.	> **Tamponner** sans frotter les mains puis les poignets. > **Jeter** les essuie-mains dans la poubelle sans la toucher.	> **Éliminer** toute trace d'eau. > **Éviter** l'irritation de la peau due aux lavages et essuyages fréquents des mains. > **Éviter** de contaminer les mains.

Opérations complémentaires	Autocontrôles visuels
En cas de commande manuelle de l'eau : fermer le robinet avec le dernier papier utilisé, sans contact avec le robinet.	> **Vérifier** l'absence de salissures persistantes sous les ongles et sur la peau. > **Vérifier** le séchage.

Le lavage des mains se réalise de la même manière avant de procéder au service des repas.

2 L'entretien quotidien des gants de ménage réutilisables

Résistants aux produits chimiques

Résistants aux micro-organismes

Porter des gants assure la protection du personnel lors de la plupart des actions d'entretien afin d'éviter tout risque de contamination chimique et bactérienne (l'utilisation de produits de nettoyage peut à terme avoir des effets nocifs ou allergisants sur la peau).

- > **Choisir** des gants **EN 374-3** (*résistance à la pénétration de l'eau, de l'air, des micro-organismes, bactéries et champignons, mais aussi à la pénétration et la perméation des produits chimiques, avec une étanchéité d'au moins 30 minutes*).
- > **Mettre** les gants sur des mains propres et sèches, donc lavées avant de mettre les gants de ménage.
- > **Changer** les gants régulièrement, selon la fréquence d'utilisation et dès qu'ils sont poreux.
- > **Ne pas stocker** les gants de ménage dans les poches de la tenue de travail.
- > **Utiliser** une paire de gants qui reste personnelle.
- > **Procéder** à une désinfection (lavette + détergent désinfectant) à chaque changement de tâche ou de lieu et en fin de journée, conformément au protocole préconisé ci-dessous.
- > **Entretenir** régulièrement les gants.

D'après Guide d'entretien des locaux en établissement médico-sociaux.

Matériels

Bassine, étendage à linge, pinces à linge

Produits

Détergent, eau, talc

PRINCIPES DE BASE

- > **Contrôler** l'état de propreté du matériel.
- > **Respecter** les consignes d'utilisation du produit (dosage, température de l'eau…).

ÉTAPES PRÉALABLES

- > **Se mettre** en tenue professionnelle.
- > **Préparer** le matériel et les produits.
- > **Vérifier** l'état des gants et éliminer tout gant usé ou déchiré.

Succession des opérations	Exigences	Justifications
> **Laver** l'extérieur des gants.	> **Enfiler** les gants. > **Les tremper** dans un bain de lavage (détergent eau tiède). > **Les frotter** l'un contre l'autre.	> **Éliminer** les salissures et les produits.
> **Laver** l'intérieur. > **Rincer.**	> **Replier** chacun des gants complètement en tirant sur l'extrémité de chaque doigt. > **Tremper** dans l'eau savonneuse, frotter. > **Rincer** abondamment.	> **Garder** la souplesse des gants pour un usage facilité. > **Éliminer** les salissures et le produit détergent.
> **Faire sécher** les gants à l'envers.	> **Étendre** l'ouverture vers le bas. > **Retourner** après séchage de l'intérieur. > **Sécher** l'extérieur du gant.	> **Faciliter** le séchage. > **Éliminer** toute zone humide. > **Éviter** le développement de moisissures.

Opérations complémentaires éventuelles	Autocontrôles
> **Parfaire** le séchage en talquant l'intérieur des gants en les secouant pour répartir la poudre. > **Laisser agir** quelques heures, retirer le talc en retournant les gants.	> **Vérifier** l'absence de salissures, de traces de produits. > **S'assurer** d'un séchage complet.

Se tester

Le + numérique
foucherconnect.fr/22en86
Quiz
Exercice interactif

Exercice 1 Associer l'équipement de protection individuel à la justification correspondante en inscrivant les chiffres de 1 à 4 dans les cases.

Principes généraux de mise en œuvre des techniques d'entretien

 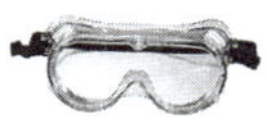 1

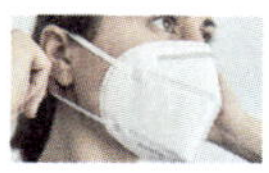  2

 3

 4

- ...... / ...... Avoir une protection supplémentaire contre le risque biologique et infectieux.
- ...... Éviter la contamination par les cheveux mal attachés.
- ...... Éviter la contamination manuportée.

Exercice 2 Indiquer l'ordre chronologique des principes de base de la réalisation des tâches d'entretien d'une chambre en les numérotant de 1 à 8.

....	Préparer son chariot et le laisser à l'extérieur de la chambre.
....	Réaliser les entretiens du haut vers le bas, du plus propre au plus sale, du moins contaminé au plus contaminé, en utilisant des gants.
....	Insister sur les points de contact à risque.
....	Stocker matériel et produits dans un local adapté.
....	Vérifier le planning d'entretien.
....	Nettoyer et désinfecter le matériel et accessoires.
....	Ouvrir la fenêtre pour aérer.
....	Mettre la tenue professionnelle avant d'entrer dans le service.

Exercice 3 Cocher la bonne case.

Affirmations	Vrai	Faux
Le choix des EPI se fait en fonction du niveau de risque à prévenir, du contexte de travail et de l'activité ou de la tâche à réaliser.		
Le lavage des mains au préalable permet de limiter le risque de contamination de la tenue professionnelle et n'est pas utile après l'entretien.		
La périodicité des entretiens n'est pas établie en fonction des zones à risques mais en fonction des salissures et des besoins pour éviter les infections associées aux soins.		
Le produit d'entretien est choisi en fonction de la surface à nettoyer, du degré de salissures, du risque infectieux en alternant différents produits d'entretien.		
Après l'entretien de la chambre d'un patient à l'isolement, les déchets sont mis dans deux sacs jaunes DASRI et le linge contaminé est mis dans un sac hydrofuge puis dans un sac rouge fermé pour être évacués.		
Dans l'entretien en sortie de chambre d'un patient à l'isolement, il n'est pas utile d'effectuer le bionettoyage des murs et le matelas.		
Dans l'organisation des entretiens, il faut commencer par la chambre du patient le moins contagieux pour terminer par celle du patient le plus contagieux.		

CHAPITRE 2

À retenir

Le + numérique foucherconnect.fr/22en87

Synthèse rédigée et audio

Mettre ses EPI après avoir mis sa tenue professionnelle et s'être lavé les mains

Zones 1 et 2
Gants
Masque chirurgical

Zones 3 et 4
Charlotte
Tablier plastique
Lunettes ou visière de protection

Appliquer les principes de base de réalisation des techniques d'entretien

- Vérifier le planning d'entretien.
- Évacuer les déchets et le linge.
- Préparer son chariot et le laisser à l'extérieur de la chambre.
- Ouvrir la chambre pendant l'entretien.
- Insister sur les points de contact à risque…

Choisir la technique, matériel et produit

- Suivant la zone, l'entretien peut être quotidien ou pluriquotidien.
- La technique est choisie en fonction du degré des salissures, du matériau selon les préconisations des protocoles.
- Le matériel d'entretien est choisi en fonction du degré de salissures et de la technique choisie.
- Le produit choisi doit être écoresponsable, sans risque pour la santé de l'utilisateur, des patients et sans risque pour l'environnement.

Réaliser les entretiens des chambres

Entretenir toujours :
Du plus propre au plus sale.
Du moins contaminé au plus contaminé.
Du haut vers le bas.

Entretenir dans l'ordre :
La salle de bains et les W.-C.
Le mobilier de la chambre.
Le sol.

En sortie, après un isolement

- Rajouter les EPI (zone 4).
- Aérer 30 minutes avant l'entretien de la pièce.
- Placer les déchets dans deux sacs jaunes fermés DASRI.
- Placer le linge dans un sac hydrofuge fermé dans la chambre, puis en sac de transport rouge filière « linge contaminé ».
- Bionettoyer en plus les murs, le matelas avec un nettoyeur vapeur.
- Désinfecter le sol avec le robot de désinfection.

Zones à risques

TD 6
Bloc 3

OBJECTIF 1. Définir les différentes zones à risques infectieux

Activité 1 Les différentes zones à risques

DOC 1 La classification des locaux selon le risque infectieux

Une **zone à risque de biocontamination** est un lieu défini et délimité dans lequel les personnes et/ou les produits sont particulièrement vulnérables à la contamination.

La lutte quotidienne contre les infections liées aux soins est primordiale. Chaque espace ou service d'un établissement de santé est compartimenté en fonction des exigences de propreté pour les surfaces et les équipements qui dépendent des critères suivants : la vulnérabilité du patient à la biocontamination, la nature et la durée des soins qui lui sont prodigués.

Les établissements de soins peuvent être découpés en quatre zones selon les risques infectieux, définies à l'hôpital par le CPias (Centre d'appui pour la Prévention des infections Associées aux Soins).

La classification selon le niveau de risque infectieux permet :
- ☐ de définir la fréquence d'entretien à effectuer pour chaque type de locaux ;
- ☐ de construire un calendrier d'entretien ;
- ☐ d'adapter le choix des méthodes, des matériels et des produits.

Zone 1 Risque faible	**Zone à risque faible ou négligeable** (zone ouverte à toutes les populations, n'accueille pas de malades, lieu public, collectivité). Elle nécessite un entretien quotidien, avec des produits d'entretien courants pour obtenir une propreté visuelle.
Zone 2 Risque modéré	**Zone à risque modéré** (zone où les malades ne sont ni infectés ni très sensibles). Elle nécessite un entretien quotidien, avec des produits détergents-désinfectants et du matériel décontaminé pour obtenir une propreté visuelle et microbiologique.
Zone 3 Risque élevé	**Zone à risque infectieux élevé** (zone de soins de malades infectés ou sensibles à l'infection, certains secteurs de plateaux techniques). Elle nécessite un entretien quotidien ou pluriquotidien, avec des produits détergents-désinfectants et du matériel décontaminé, pour couper la chaîne de la transmission croisée, afin d'obtenir une propreté visuelle et microbiologique.
Zone 4 Très élevé	**Zone à risque infectieux très élevé** (zone de soins de malades hautement sensibles). Elle nécessite un entretien quotidien ou pluriquotidien pour obtenir l'« ultra-propreté », avec des produits détergents-désinfectants et du matériel décontaminé ou stérile pour obtenir une propreté visuelle et microbiologique de haut niveau.

1 **(Doc 1 et 2)** Relier les différentes zones au niveau de risque correspondant.

Zones	Niveau de risque
Chambre d'un résident •	• Zone à risque 1
Bureaux •	• Zone à risque 2
Urgences •	• Zone à risque 3
Psychiatrie •	• Zone à risque 4
Réanimation •	
Bloc opératoire •	
Salle d'activités à l'EHPAD •	
Service des grands brûlés •	

Activité 2 Les différentes précautions à prendre dans l'activité professionnelle

DOC 2 Les lieux classés selon les différentes zones à risques

Lieux \ Zones	1 **Risques minimes**	2 **Risques moyens**	3 **Risques sévères**	4 **Très hauts risques**
Hôpital 	Service administratifs	Consultation externe	Soins intensifs, réanimation	Service de brûlés
	Bureaux	Salles de réveil	Urgences	Bloc opératoire
	Halls	Maternité	Pédiatrie	Néonatalogie
	Chambre de soins standard	SSR	Chirurgie	Service de greffe
		Psychiatrie	Biberonnerie	Oncologie
EHPAD 	Chambre d'un résident sans soins	Chambre résident avec soins	Salle de bains, sanitaires	
	Hall d'entrée	Salle d'activités : ergothérapeute, animation	Chambre du résident en précautions complémentaires d'hygiène	
Multi-accueil/crèche 	Bureau Hall d'entrée	Salle d'animation Salle de sieste Salle de change	Biberonnerie Cuisine	

2 **(Doc 1 et 2)** Déterminer, pour chaque situation, le type d'entretien préconisé et justifier son intérêt.

Lieux d'activité	Type d'entretien préconisé	Justifications
Hall d'entrée en EHPAD		
Chambre d'un résident avec des soins à l'EHPAD		
Pédiatrie		
Bloc opératoire du CHU		
Salle d'activité à la crèche		

3 **(Doc 1 et 2)** En déduire la définition des zones à risques.

Organisation des circuits dans les locaux

TD 7
Bloc 2

OBJECTIFS **1.** Analyser les risques de bio-contaminations lors des circulations et les mettre en relation avec les mesures réglementaires **2.** Définir la marche en avant **3.** Définir un circuit **4.** Justifier l'intérêt de la mise en œuvre des circuits

Activité 1 La nécessité des circuits en secteurs de santé

DOC 1 Les circuits en structure

Un circuit est un itinéraire de circulation organisé en milieu professionnel pour le personnel, le matériel, les produits ou les déchets, afin d'éviter les contaminations croisées et de prévenir la transmission des infections liées aux soins (infections nosocomiales). La maîtrise des différents circuits en secteurs de santé constitue une démarche nécessitant l'application de règles et méthodes de travail.

Au niveau des locaux

Aménagement satisfaisant au principe de la « **marche en avant** » ⇨ C'est une organisation des étapes de fabrication permettant de répondre aux exigences de la réglementation UE n° 852/2004 : plan de circulation des personnels, du linge (*le linge souillé présentant des risques infectieux, chimiques et toxiques, ne croise jamais la livraison du linge propre*), des déchets (*trajet spécifique pour les déchets d'activités de soins à risque infectieux*), des aliments, des locaux et du matériel de préparation en cuisine, notamment l'élimination des conditionnements souillés.

Cheminement vers des zones de plus en plus propres ⇨ Mesures pour ne pas recontaminer un produit assaini.

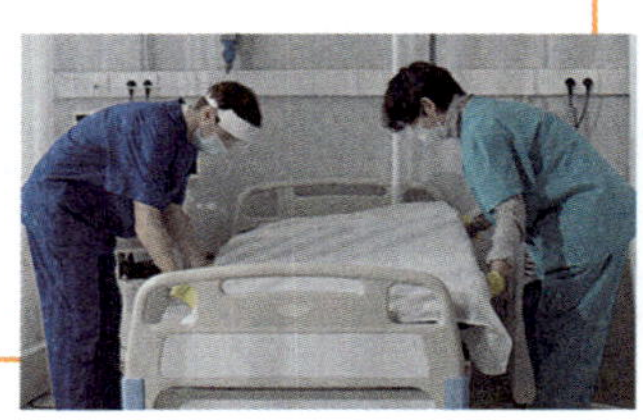

Au niveau du personnel

Une circulation est adaptée aux différents circuits horizontaux (*les couloirs, les galeries*) et verticaux (*les escaliers, les ascenseurs*). Ces circuits sont conçus de façon à limiter la transmission des micro-organismes portés par les patients, le personnel ou les visiteurs présents en structure de soins.

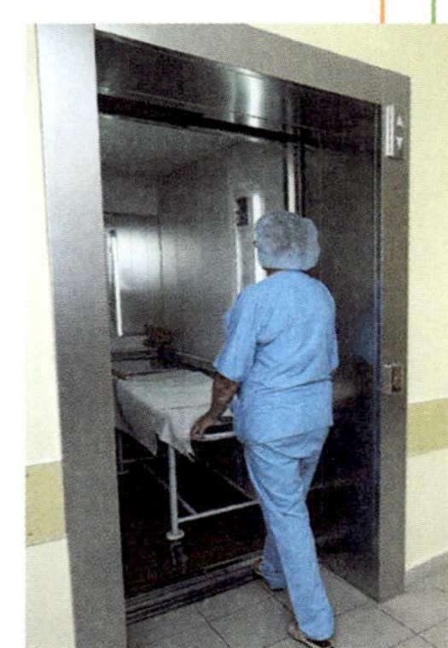

1 **(Doc 1)** Relever les sources possibles de contaminations éventuelles qui nécessitent le respect des différents circuits.

Consignes à respecter	Sources possibles de contamination
Respecter certains circuits de circulation des personnes : ascenseurs réservés au personnel soignant, au transport des malades alités…	
Respecter la marche en avant en cuisine.	
Respecter les circuits établis pour protéger les patients, le personnel de soins, les agents chargés de l'élimination des déchets, l'environnement.	

2 **(Doc 2)** Souligner les justifications des circuits en EHPAD.

DOC 2 Les circulations en EHPAD

Le nombre et l'implantation des locaux, des couloirs, des ascenseurs doivent faire l'objet d'une étude sur les flux logistiques (linge, repas, soins) et sur les circulations des personnes pour faciliter ces flux. Pour les bâtiments à étage, prévoir au minimum deux ascenseurs, dont un dédié aux activités de service. Au moins un des ascenseurs doit permettre de transporter un lit accompagné par deux personnes.

Pour éviter les risques sanitaires à l'égard de l'environnement et des populations exposées (résidents, personnels de soins, agents chargés de l'élimination des déchets), il doit exister au moins un local de stockage du linge sale, un pour le linge propre par unité de vie et un local de stockage des DASRI situé en retrait des unités de vie ; il doit être accessible par les véhicules de collecte, de même pour le local de stockage des déchets ménagers.

DOC 3 La marche en avant en cuisine de collectivité

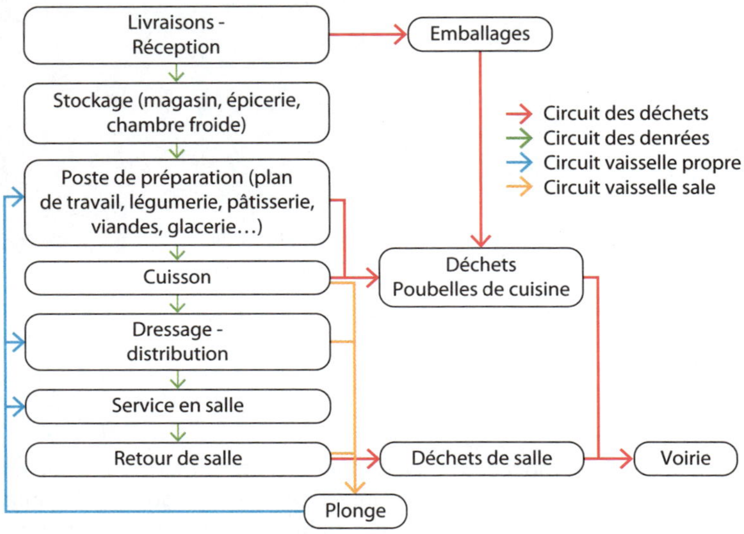

DOC 4 La marche en avant en services de soins

Le **principe de marche en avant** est aussi appliqué en milieu hospitalier dont les critères spécifiques **fluidifient et sécurisent le parcours du patient** à chaque étape de sa prise en charge. Le patient ne revient pas sur ses pas tout au long du parcours de soins, évitant ainsi les croisements avec d'autres flux.

Les circuits du linge sont planifiés, propre et sale, dans le temps et/ou l'espace afin d'éviter tout croisement de linge. Les locaux de stérilisation sont conçus selon ce principe : éviter les circulations inutiles, tant du personnel que des objets. Les zones de travail (lavage et conditionnement) doivent être cloisonnées entre elles.

3 **(Doc 3)** Définir le principe général de la marche en avant.

....

....

Activité 2 Le circuit du linge à l'hôpital

DOC 5 Le circuit du linge

Chambre du patient Linge sale →	Couloirs Collecte et pré-tri →	Acheminement par monte-charge spécifique →	Blanchisserie tri - lavage - essorage
Literie et linge hôtelier Linge d'hôpital du patient	Linge contaminé en sacs de couleur identifiée	Linge évacué rapidement	Finition du linge propre : séchage, repassage, pliage
Utilisation du linge propre	← Distribution	← Réception et stockage du linge propre dans le secteur utilisateur	← Emballage

DOC 6 La méthode RABC en blanchisserie collective

Linge ⇨ Méthode « **RABC*** » en blanchisserie

La fonction blanchisserie est organisée pour traiter le linge de façon adaptée. Les procédures concernent le circuit, la collecte, le transport, la manutention et le traitement du linge souillé. La méthode d'analyse des risques et de la maîtrise de la biocontamination et du contrôle des biocontaminations (RABC)* permet de limiter les zones d'incertitude et de mettre en place des mesures de prévention.

* RABC : Risk.Analysis.Biocontamination.Control system

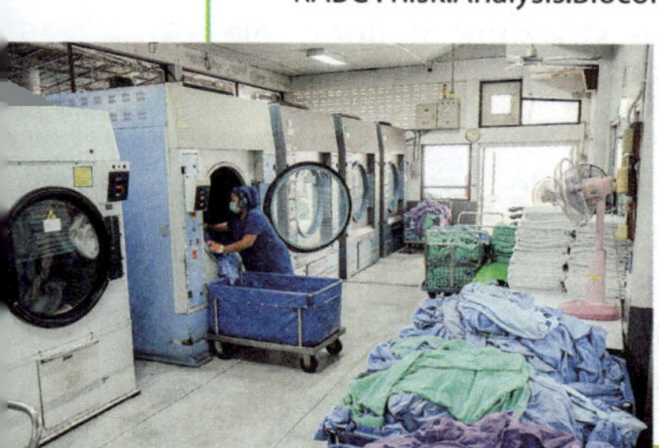

#vidéo Le service de blanchisserie du CHU de Grenoble (2'53'') foucherconnect.fr / 22en02

#vidéo La blanchisserie centrale de l'AP-HP Paris (2'20'') foucherconnect.fr / 22en03

4 **(Doc 4 et 5)** Dégager les trois principes respectés pour le traitement du linge à l'hôpital.

....

....

....

....

....

5 **(Doc 4 et 5)** Définir un circuit.

....

....

....

....

....

Se tester

Le + numérique
foucherconnect.fr/22en48
Quiz
Exercice interactif

Exercice 1 Cocher, suivant les lieux, la zone correspondante puis l'entretien à réaliser.

Les zones à risques

Lieux	Zones				Entretien quotidien		Entretien pluriquotidien
	1	2	3	4	Détergent	Détergent-désinfectant	Détergent-désinfectant
Halls administratifs							
Chirurgie							
Oncologie							
Pédiatrie							
SSR							
Chambre d'un résident sans soins							
Chambre d'un résident avec soins							
Bloc opératoire							
Réanimation							

Exercice 2 Relier les actions réalisées en structure aux règles à respecter dans un circuit.

Les circuits en structure

- Le linge propre est stocké dans un local différent du linge sale.
- Le chariot de linge propre ne croise jamais le chariot de linge sale.
- Les risques de contamination biologique dans le domaine de l'entretien et du nettoyage des textiles professionnels doivent être évalués et contrôlés.
- En cuisine collective, un déchet ne se retrouve jamais en contact avec un produit sain.
- Les visiteurs empruntent un ascenseur différent de celui utilisé par les soignants transportant les malades vers une unité de soin.
- Les dispositifs médicaux souillés sont lavés, désinfectés, stockés et redistribués en un point différent de leur livraison.
- La préparation des plats est contrôlée (température, hygiène de locaux, des personnels, des matériels…), afin d'assurer la sécurité alimentaire en **cuisine** centrale et en restauration.
- Le produit (linge, aliment…) n'effectue jamais de retour en arrière.

- Séparer les secteurs dits « sales », ou contaminants, des secteurs propres.
- Respecter le principe de la marche en avant.
- Respecter les mesures réglementaires (méthodes HACCP et RABC).

CHAPITRE 3

À retenir

Le + numérique foucherconnect.fr/22en49

Synthèse rédigée et audio

Les zones à risques

Elles sont définies en 4 zones selon le niveau de risque infectieux.

Zone 1 : risques minimes ou faibles
- Pas de malades
- Entretien quotidien
- Usage de produits d'entretien courant
- ⇨ Propreté visuelle

Zone 2 : risques moyens et modérés
- Malades ni infectés, ni très sensibles
- Entretien quotidien
- Usage de produits détergents-désinfectants
- ⇨ Propreté visuelle et microbiologique

Zone 3 : risques sévères ou élevés
- Malades infectés ou sensibles à l'infection
- Entretien quotidien ou pluri-quotidien
- Utilisation de produits détergents-désinfectants
- ⇨ Propreté visuelle et microbiologique pour couper la chaîne de transmission croisée

Zone 4 : zone à très haut risques
- Malades hautement sensibles
- Entretien quotidien ou pluriquotidien
- Usage de détergents-désinfectants
- ⇨ Propreté visuelle et microbiologique de haut niveau grâce à l'ultrapropreté

Les circuits dans les locaux

Itinéraires de circulation en milieu professionnel

concernent : Personnel – Matériel – Produits – Déchets

Éviter les contaminations croisées

Prévenir les infections liées aux soins

Différents principes

Marche en avant	Méthode « HACCP »	Méthode « RABC »	Plans de circulation
Tous secteurs	Cuisine	Blanchisserie	Personnels
Suivre le sens de circulation des linge, déchets, aliments	Analyser les dangers et les points critiques pour mieux les maîtriser.	Analyser les risques et maîtriser la biocontamination.	Suivre les plans verticaux et horizontaux.

Exemple : le circuit du linge

DANS LES SERVICES UTILISATEURS

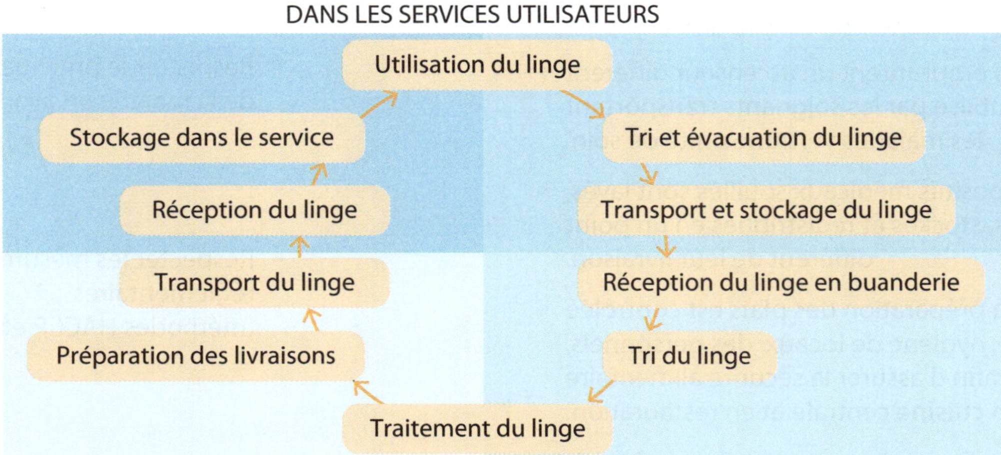

EN BUANDERIE

Détergents, désinfectants, détergents-désinfectants

TD 8
Bloc 3

OBJECTIFS **1.** Expliquer les principales caractéristiques des produits d'entretien, leurs principales propriétés et leur mode d'action **2.** Justifier le choix des produits **3.** Justifier les règles et précautions d'utilisation, indiquer les conditions de rangement et conservation des produits et les règles de sécurité à respecter **4.** Identifier les pictogrammes concernant les risques chimiques et énumérer les risques toxicologiques ou chimiques

Activité 1 Les détergents

DOC 1 Le mode d'action d'un détergent

Les **détergents** sont des produits chimiques permettant d'éliminer les salissures adhérentes sur une surface.

Ils sont composés de différentes molécules : tensio-actifs, eau, adjuvants… Les constituants actifs des détergents sont les **tensio-actifs** qui peuvent être d'origine biologique ou issus de la pétrochimie.

Les tensio-actifs, appelés également surfactants ou agents de surface, possèdent une partie apolaire hydrophobe (qui fuit l'eau) ▬ et est attirée par les graisses (lipophile) et une partie polaire hydrophile (attirée par l'eau) ◯.

DÉTERGENCE

Pouvoir ....

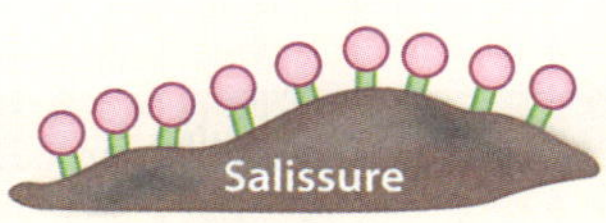

La partie **hydrophobe** du **tensio-actif** fuit l'eau et se fixe sur la salissure alors que la partie **hydrophile** s'insère entre les molécules d'eau.

Pouvoir ....

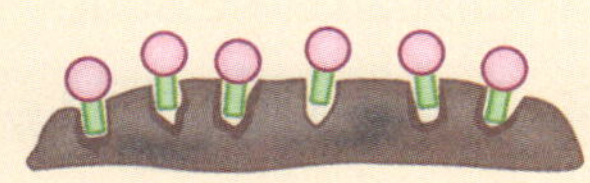

Les tensioactifs pénètrent dans la salissure et la fragmentent en **micelles**. On obtient une émulsion. Les salissures sont donc décollées du support.

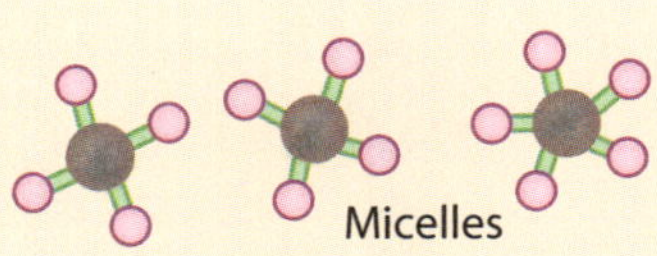

Les tensio-actifs maintiennent les **salissures dispersées** dans l'eau. Les salissures ne peuvent pas se redéposer et sont facilement éliminées.

Pouvoir ....

Les tensio-actifs forment une **mousse qui enveloppe les salissures** afin de faciliter leur élimination.

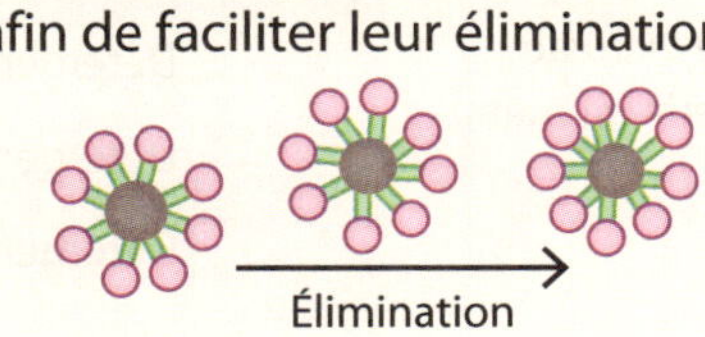

Pouvoir ....

Autres caractéristiques

Facilité d'élimination par rinçage à l'eau claire du détergent chargé des impuretés ←	....
Capacité d'une molécule à être dégradé sous l'action d'organismes vivants présents dans les milieux naturels ←	....

1 **(Doc 1)** Nommer la molécule active d'un détergent et indiquer ses caractéristiques.

....

....

2 **(Doc 1)** Replacer, dans le document 1, les propriétés d'un détergent :

Pouvoir émulsifiant – Rinçabilité – Pouvoir dispersant et anti-redéposition – Pouvoir moussant – Biodégradabilité – Pouvoir mouillant

DOC 2 Choix d'un produit en fonction du pH (potentiel hydrogène) d'un produit

Acide						Neutre			Alcalin					
0	1	2	3	4	5	6	7	8	9	10	11	12	13	14

Rincer après le nettoyage (acide) — Rincer après le nettoyage (alcalin)

Avec un **produit au pH acide,** on enlève les salissures minérales (accumulation de calcaire, rouille), le thé, le café, les résidus sucrés (pH 5 à 6), l'urine (pH 6 à 7).

Avec un **produit au pH neutre**, on enlève les salissures organiques fraîches (peu adhérentes).

Avec un **produit alcalin (au ph basique)**, on enlève les salissures organiques adhérentes (graisses sèches ou cuites…).

Le pH du produit doit être adapté aux matériaux qui constituent le revêtement à entretenir.

D'après https://cfsalubrite.com/utile-de-connaitre-lechelle-de-ph

3 **(Doc 2, Annexe 1, p. 211 à 214)** Repérer et justifier le détergent adapté pour réaliser les opérations d'entretien en complétant le tableau ci-dessous.

Opérations d'entretien à réaliser	Choix du détergent	Justification
Retirer les traces fraîches d'œufs sur un adaptable en matériau thermoplastique.	☐ Détergent au pH acide ☐ Détergent au pH neutre ☐ Détergent au pH alcalin	....
Retirer la graisse brûlée sur la lèchefrite en métal émaillé du four.	☐ Détergent au pH acide ☐ Détergent au pH neutre ☐ Détergent au pH alcalin	....
Retirer le tartre incrusté sur la robinetterie en métal chromé.	☐ Détergent au pH acide ☐ Détergent au pH neutre ☐ Détergent au pH alcalin	....

4 **(Doc 1 et 2, Annexe 1, p. 211 à 214)** Classer les critères de choix d'un produit d'entretien.

	Critères	
Prix/m^2 à entretenir	Efficacité	Non-toxicité
Absence d'allergènes	Sécurité	Adaptation aux salissures
Composition	Respect de l'environnement	Emballage recyclable
Éco-label	Coût d'utilisation	Biodégradabilité

Activité 2 Les désinfectants et les détergents-désinfectants

DOC 3 Les désinfectants

Objectif des désinfectants	Éliminer de façon momentanée les micro-organismes présents sur un support inerte		
Action	Tuer les bactéries	Tuer les levures et moisissures	Tuer ou inactiver les virus
Spectre d'activité	Bactéricide	Fongicide	Virucide
Norme AFNOR	EN 1276 EN 1040	EN 1650 EN 1275	EN 14476

Un détergent-désinfectant (DD) est une association de composés détergents et désinfectants qui permet d'obtenir un gain de temps dans les opérations d'entretien, de réduire les espaces de stockage des produits et de garantir l'opération de nettoyage, préalable indispensable à toute désinfection. Certains produits comportent la mention « à usage alimentaire » et peuvent être utilisés sur toute surface en contact avec des aliments ou pouvant être en contact direct ou indirect avec la cavité buccale.

D'après Guide de l'entretien des locaux en établissement médico-social CPias BFC/Réseau IDEHT BFC

5 **(Doc 3)** Souligner la définition d'un produit désinfectant. Puis nommer l'opération préalable à toute opération de désinfection. ....

6 **(Doc 3)** Indiquer l'intérêt de choisir des produits combinés détergents-désinfectants.

....

....

7 **(Doc 3)** Justifier l'utilisation d'un produit comportant la mention « à usage alimentaire » dans les opérations d'entretien ci-dessous.

Opérations d'entretien	Justification
Entretien des jouets en crèche	....
Entretien des tables des repas	....

DOC 4 Un extrait d'étiquette de produit désinfectant

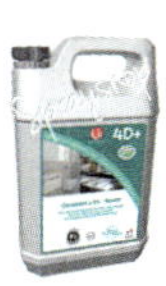

4D+U_2

✓ À base d'acide lactique, 100 % d'origine végétale
✓ Formulé sans dérivés pétroliers ou additifs chimiques
✓ Biodégradabilité ultime sur 100 % de la formule

Détergent désinfectant détartrant dégraissant multi-surfaces. À 20 °C, bactéricide selon EN 1276 ; levuricide selon EN 1650 avec contact pendant 15 mi ; virucide selon EN 14476 avec contact 5 min. Applicable sur toutes surfaces, utilisable en lavage manuel ou trempage. Rincer obligatoirement sur les surfaces en contact avec les aliments.

MODE D'EMPLOI : S'utilise en lavage manuel, dilution à 2 %.
En lavage mécanique à 1 %.
Appliquer la solution sur la surface. Laisser agir de 5 à 15 minutes. Brosser si nécessaire, puis rincer à l'eau claire.
En cas de surdosage, une usure précoce du matériel et une pollution non désirée de l'environnement pourraient avoir lieu.
En cas de sous-dosage, l'opération pourrait manquer d'efficacité.

8 **(Doc 4)** Indiquer le spectre d'activité du produit « 4D+U_2 ».

....

....

9 **(Doc 4)** Encadrer les informations relatives à l'intérêt environnemental du produit « 4D+U_2 ».

10 **(Doc 4, Annexe 2, p. 215)** Indiquer les dangers liés à l'utilisation du produit 4D+U_2.

....

....

....

....

11 **(Doc 4)** Relier les conséquences possibles du surdosage et du sous-dosage du détergent-désinfectant.

- Surdosage
- Sous-dosage

- Usure précoce du matériel
- Inefficacité du produit
- Augmentation du coût d'utilisation
- Pollution
- Perte de temps

12 **(Doc 4)** Relier les précautions d'utilisation et de conservation des produits aux justifications correspondantes.

Précautions d'utilisation

- Laisser agir 5 à 15 minutes.
- Rincer à l'eau claire.
- Éviter les projections oculaires et le contact avec l'épiderme.

Justifications

- Produit nocif pour la peau et les muqueuses.
- Temps nécessaire à la destruction des micro-organismes.
- Étape nécessaire à l'élimination du reste de produit et micro-organismes.

Précautions de conservation

- Utiliser avant la date de péremption indiquée.
- Conserver à une température inférieure à 40 °C.
- Ne pas jeter le produit dans les égouts.
- Ne pas mélanger avec d'autres produits.

Justifications

- Produit toxique pour les organismes aquatiques.
- Au-delà de cette température, la chaleur détériore le produit.
- Une réaction chimique éventuelle peut se produire.
- Durée maximum d'efficacité du produit.

Activité 3 Une technologie alternative en désinfection

DOC 5 L'ozone aqueux stabilisé

Avec l'**ozone aqueux stabilisé**, plus besoin de stocker, de mélanger ou de jeter de produits chimiques, de s'inquiéter de leurs effets corrosifs sur les surfaces et équipements à entretenir. Un générateur transforme le dioxygène de l'air (O_2) en ozone (O_3) puis l'injecte dans l'eau froide pour obtenir une solution d'eau ozonée stabilisée. Cette solution d'eau ozonée stabilisée a une efficacité antimicrobienne sur un large spectre de micro-organismes. Elle désinfecte les surfaces par oxydation des bactéries, champignons et virus, en agissant sur la paroi cellulaire des bactéries, les spores de bactéries, les moisissures, les protéines de la capside des virus, sur l'ADN et l'ARN des micro-organismes.

L'ozone aqueux est efficace pendant plusieurs jours et se retransforme simplement ensuite en eau et en dioxygène, composés non toxiques.

https://www.lenntech.fr/bibliotheque/ozone/desinfection/ozone/ozone-desinfection-mecanisme.htm

13 **(Doc 5 et 3)** Préciser le spectre d'activité de l'ozone aqueux stabilisé.

....

....

14 **(Doc 5)** Souligner, dans le document, les autres intérêts de l'utilisation de l'ozone aqueux.

Détartrants, abrasifs, agglutinants

TD 9
Bloc 3

OBJECTIFS 1. Expliquer les principales caractéristiques physico-chimiques, les propriétés et le mode d'action des produits 2. Justifier le choix des produits 3. Justifier les règles et précautions d'utilisation 4. Indiquer les conditions de rangement et de conservation des produits et les règles de sécurité à respecter 5. Identifier les pictogrammes concernant les risques chimiques 6. Énumérer les risques toxicologiques ou chimiques

Activité 1 Les caractéristiques des différents produits

DOC 1 Les produits d'entretien

Les détartrants

Spray, gel, poudre…
- **Mode d'action** : élimine les dépôts calcaires (tartre).
- **Principe actif** : acide (pH<7).

Provoque un dégagement gazeux toxique dès qu'il entre en contact avec le chlore.

Les abrasifs

Poudre, crème, tampon, boule…
- **Mode d'action** : détache toute salissure très adhérente de son support par frottement ou usure.
- **Principe actif** : grains de minéraux, fibre, inox.

Raye les surfaces fragiles.

Légende :
- Action mécanique
- Action physico-chimique

Les agglutinants

Spray, gaze pré-imprégnée…
- **Mode d'action** : réunit et enrobe les poussières sur un support intermédiaire pour éviter leur dispersion dans l'air.
- **Principe actif** : huile minérale ou végétale.

N'enlève pas les taches adhérentes.

1. **(Doc 1)** Compléter le tableau suivant.

Produits	Abrasif	Agglutinant	Détartrant
Principe actif			
Mode d'action			
Type d'action			
Salissures à enlever			

2. **(Doc 1)** Relier chaque exemple de produit à sa catégorie.

Crème à récurer	**Abrasif**	Anticalcaire pour surface vitrée
Gel W.-C.	**Agglutinant**	Dépoussiérant en spray
Gaze pré-imprégnée	**Détartrant**	Tampon à récurer

3 **(Doc 1, Annexe 2, p. 215)** Identifier les risques liés à l'utilisation de chaque produit.

Abrasif	Agglutinant	Détartrant

4 **(Doc 1)** En déduire leurs conditions de stockage en reliant les préconisations au/aux produits(s) correspondant(s).

- Abrasif
- Agglutinant
- Détartrant

- Stocker dans des zones éloignées le détartrant et l'eau de Javel.
- Conserver dans l'emballage d'origine ou utiliser un contenant de même nature.
- Tenir éloigné de la chaleur.

Activité 2 Le choix d'un produit d'entretien

5 **(Doc 1, Annexe 1, p. 211 à 214)** Indiquer, dans le tableau ci-dessous, le type de produit ou de matériel adapté à chaque situation et justifier votre réponse.

Situation professionnelle	Produit ou matériel à utiliser	Justification
Entretien du lavabo en résine avec dépôt de tartre.		
Entretien du W.-C. en céramique avec salissures anciennes fixées à l'extérieur.		
Dépoussiérage des sols en collectivité.		

6 **(Annexe 2, p. 215)** IExpliquer l'intérêt de choisir des produits ne comportant pas le symbole ci-contre.

Activité 3 Les conditions d'utilisation et de stockage d'un produit

DOC 2 Les recommandations d'emploi d'un détartrant – Modalités pratiques d'utilisation

- Ne pas utiliser pur.
- Temps de contact : il est fonction de l'entartrage mais corrosion possible si le contact est prolongé (supérieur à 1 heure). Puis rincer abondamment.
- Porter des lunettes de protection et des gants de ménage.
- Diluer obligatoirement à 10 % dans l'eau froide. Le surdosage peut entraîner une altération de la surface à entretenir. Le sous-dosage peut annuler l'action attendue.
- Tenir compte du délai d'application ; cela garantit l'efficacité du nettoyage et réduit la nécessité de frotter pour obtenir le résultat.
- Mélanger un produit acide et un produit alcalin provoque des réactions chimiques dangereuses. Le mélange d'un détartrant avec de l'eau de Javel libère des vapeurs toxiques de chlore.

7 **(Doc 2)** Souligner les informations justifiant les consignes de dilution du produit, surligner les consignes justifiant le respect du temps de contact du produit, et celles justifiant l'importance de ne pas mélanger un détartrant avec un produit chloré.

8 **(Doc 2)** Justifier le port de lunettes et de gants lors de l'utilisation d'un détartrant.

Stockage des produits d'entretien et des matériels

TD 10
Bloc 3

OBJECTIFS 1. Énoncer les règles de sécurité et d'hygiène pour le rangement des produits d'entretien et des matériels
2. Définir la notion de stock

Activité 1 Des produits d'entretien à stocker et à ranger

DOC 1 Les règles d'hygiène et de sécurité à prendre avec les produits d'entretien

Les règles de stockage et de rangement sont indispensables pour :
- Conserver l'efficacité du produit.
- Éviter la rupture des stocks.
- Limiter les risques d'accident avec les produits d'entretien dangereux pour la santé et l'environnement.
- Faciliter l'organisation du travail.

Le stockage nécessite :
– la vérification des dates de péremption ;
– l'étiquetage des récipients (si reconditionnement en volumes de bidons inférieur à 10 litres) pour une gestion optimale des stocks.

La conservation requiert :
– un éloignement des sources de chaleur ;
– un endroit ventilé ;
– le maintien dans l'emballage d'origine pour éviter les émanations de vapeurs.

Le rangement se fait :
– immédiatement après utilisation, en refermant hermétiquement les bidons et en ne laissant pas traîner d'emballage vide ayant contenu des produits d'entretien ;
– par famille dans les bacs de rétention afin d'éviter le mélange de produits incompatibles ;
– dans une armoire sécurité anti-feu, fermée à clé et ventilée pour les produits inflammables.

1 **(Doc 1)** Compléter la fiche de gestion des produits ci-dessous (H : hygiène – S : sécurité)

Règles	H	S	Justifications
Stockage			
Conservation			
Rangement			

2 DOC La gestion des stocks

La gestion des stocks consiste à planifier et à mettre en œuvre une méthode pour maximiser l'utilisation et la rotation des produits et matériels. Elle consiste à avoir la quantité nécessaire au bon moment. Pour s'en assurer, il faut connaître parfaitement l'état des stocks, d'où l'intérêt de la « fiche de stock » qui permet de déterminer la quantité adéquate à commander et ainsi d'éviter :
– le surstockage (trop de produits) qui immobilise des fonds et des surfaces de stockage ;
– la rupture de stock (manque de produits) qui ne permet pas un bon respect des protocoles d'hygiène, d'entretien ou de soins.

❷ **(Doc 2)** Définir la notion de stock et de gestion des stocks.

....

....

....

....

....

....

❸ **(Doc 2)** Souligner les éléments consécutifs à une gestion défaillante des stocks.

Activité 2 Le stockage des produits et matériels d'entretien

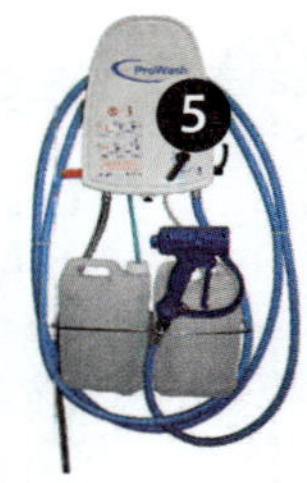
5

3 DOC L'organisation type du local d'entretien des locaux

1

❶ Cette signalisation limite l'accès aux professionnels habilités.

❷ Dimension minimale du local : 6 m², pour réaliser l'entretien des matériels après usage, le stockage des matériels et des produits, la gestion des stocks. Un secteur sale et un propre pour faciliter la circulation des personnes et des matériels.

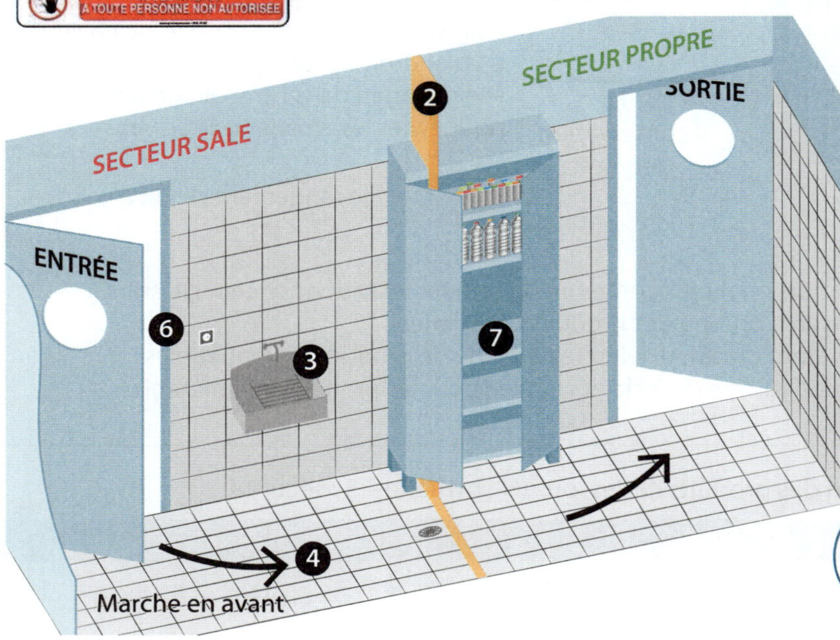

❸ Vidoir suspendu à 60 cm du sol (*avec point d'eau pour le remplissage pour le lavage et l'évacuation de l'eau et des produits*).

❹ Les équipements : siphon au sol, les revêtements lisses ou carrelés facilitent les entretiens et l'évacuation des eaux, produits et salissures.

❺ La centrale de nettoyage avec mélangeur proportionnel limite les manipulations.

❻ Prises électriques à 110 cm du sol.

❼ Armoire ventilée fermée à clé.

❽ Bacs de rétention.

❾ Matériels rangés selon leur fonction.

8

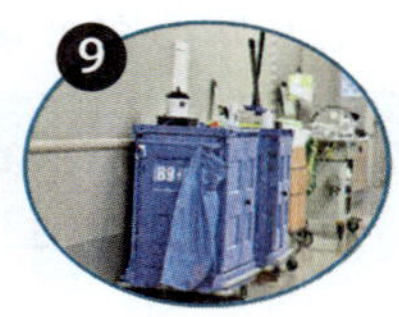
9

❹ **(Doc 1 et 3)** Compléter la fiche ci-dessous.

Fonctionnement du local d'entretien : des règles à respecter	
Conseils	**Justifications**
Règles d'hygiène	
❷	....
❸ et ❹	....
❸ et ❹	....
❺	Faciliter le nettoyage des surfaces du local.
Règles de sécurité	
❶	....
❷	....
❻	Éviter tout risque.
❼	....
❽	....

Produits de nettoyage et de désinfection

Se tester

Le + numérique
foucherconnect.fr/22en52
Quiz
Exercice interactif

Exercice 1 Cocher la case correspondant à chaque mode d'action d'un détergent.

Mode d'action	Mouillant	Émulsifiant	Moussant	Dispersant	Antire-déposition
Fragmentation de la salissure					
Fixation du détergent sur la salissure					
Enveloppement des salissures					
Mise et Maintien en suspension					

Exercice 2 Retrouver le détergent dont le pH est adapté pour traiter les différentes salissures.

Détergent à	pH acide	pH neutre	pH basique
Salissures organiques fraîches peu adhérentes			
Salissures organiques adhérentes			
Salissures minérales			

Exercice 3 Indiquer deux intérêts d'utiliser des désinfectants qui ne soient pas d'origine chimique.

....

Exercice 4 Relier les règles d'hygiène ou de sécurité à la justification correspondante.

Le stockage des produits et matériels d'entretien

- Distinguer deux zones : zone sale et zone propre.
- Prévoir des prises électriques en hauteur adaptées.
- Placer les produits par famille dans les bacs de rétention.
- Prévoir une centrale de nettoyage avec mélangeur.

- Faciliter la charge des équipements sans risque d'électrocution.
- Respecter la marche en avant, limiter tout risque de contamination.
- Stocker les produits compatibles ensemble.
- Faciliter le nettoyage des surfaces du local.

Exercice 5 Indiquer la règle correspondante à l'aide d'une croix.

Règle de	Stockage	Conservation	Rangement
Assurer une gestion optimale des stocks			
Évacuer les bidons vides			
Maintenir dans l'emballage d'origine			
Éloigner des sources de chaleur			
Fermer hermétiquement les bidons			

À retenir

Le + numérique foucherconnect.fr/22en53

Synthèse rédigée et audio

Les produits de nettoyage et de désinfection

Choisir le produit en fonction :

de l'action à réaliser :
- Retirer les salissures grasses → Détergent
- Détruire les micro-organismes → Désinfectant
- (Détergent + Désinfectant = Détergent-désinfectant)
- Amalgamer les salissures adhérentes incrustées → Abrasif
- Amalgamer les salissures non adhérentes sans les disperser → Agglutinant
- Éliminer le calcaire → Détartrant

du type de salissure à éliminer :
- Salissures organiques fraîches → Produit pH 7
- Salissures organiques adhérentes → Produit pH > 7
- Salissures minérales → Produit pH < 7

des matériaux à entretenir :
- Résistance aux agents chimiques
- Résistance à l'abrasion
- Résistance à l'eau

de l'usage des surfaces à entretenir :
- Contact avec la peau de l'usager
- Contact alimentaire
- Sans contact avec la peau

de la sécurité de l'utilisation :
- Pour l'environnement
- Pour l'usager

Utiliser le produit en veillant à :
- respecter le mode d'emploi (dosage, temps d'action, rinçage, ne pas les mélanger entre eux) ;
- utiliser les équipements de protection individuelle (gants, lunettes…) ;
- aérer la pièce pendant l'utilisation.

Le stockage des produits et des matériels d'entretien

Stocker le produit ⇨ Gérer les stocks pour éviter les risques de rupture.

Conserver le produit ⇨ Éloigner des sources de chaleur pour éviter les émanations de produits toxiques et les risques d'accident.

Ranger le produit ⇨ immédiatement après utilisation pour faciliter l'organisation du travail.

Le local d'entretien

Des règles d'hygiène ⇨ distinguer zone propre et sale, carreler les sols et surfaces, placer un vidoir suspendu, un siphon pour respecter la marche en avant et limiter la contamination.

Des règles de sécurité ⇨ afficher des panneaux de signalisation, dimensionner le local, intégrer une armoire ventilée pour assurer la circulation des matériels, des personnes en toute sécurité.

Matériels d'entretien manuel des locaux et des équipements

TD 11 Bloc 2

OBJECTIFS 1. Expliquer la fonction globale des matériels et des appareils 2. Identifier les consignes d'utilisation, de nettoyage, de maintien en état 3. Énumérer les règles de sécurité à respecter 4. Justifier la fréquence des opérations d'entretien

Activité 1 Le matériel de dépoussiérage manuel des sols

DOC 1 Dépoussiérage des sols durs et lisses

Le **dépoussiérage des sols** signifie éliminer les salissures non adhérentes. C'est une étape préalable incontournable pour permettre une meilleure efficacité du lavage. Dans les lieux de vie, un dépoussiérage manuel (dit balayage humide) des sols sera réalisé quotidiennement avec un balai trapèze et des gazes pré-imprégnées.

Balai trapèze

- Manche aluminium (léger) télescopique avec rotule d'articulation à la semelle de 360°, pour déplacement ergonomique.
- Semelle articulée, en forme de trapèze avec sur le dessus plusieurs points d'ancrage permettant de fixer la gaze pré-imprégnée.
- Semelle mousse à proscrire car peu hygiénique : préférer les semelles caoutchouc à lamelles, facilement lavables.

Gazes pré-imprégnées

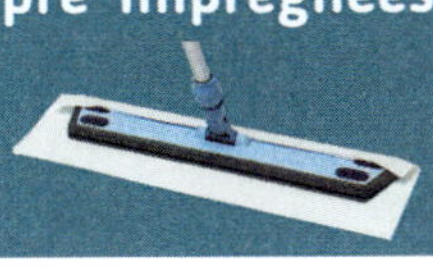

- À usage unique, non tissées, pré-imprégnées d'une huile minérale sèche (agglutinant) pour coller et emprisonner les poussières les plus fines mais aussi les poils et autres salissures volatiles.
- Précautions :
  - Étirer la gaze puis la fixer sur le balai trapèze dans les encoches.
  - La gaze, une fois positionnée au sol, ne doit pas être soulevée afin d'éviter de remettre en suspension les poussières.
  - Les mettre en place au fur et à mesure.
  - Une gaze par local ou plus selon la superficie.
  - Une fois récupérées, refermer le sac contenant les gazes afin d'éviter leur assèchement.

Un balai à poils, pour réaliser un dépoussiérage des sols, est non-conforme car très peu de salissures sont récupérées. Les particules sont remises en suspension et retombent après le passage du balai.

Entretien

- Les gazes à usage unique seront éliminées dans les déchets ménagers en dehors de l'isolement septique.
- Les gazes réutilisables seront envoyées en blanchisserie ou lavées en machine à laver.
- Le balai doit être nettoyé après chaque utilisation pour éviter l'encrassement et les contaminations.

Pour l'usage au domicile, des matériels comparables sont à disposition en grande surfaces et magasins spécialisés.

D'après https://www.cpiasbfc.fr/guides/prec_standard/entretien_locaux/guide_entretien_locaux_19.pdf

1 **(Doc 1)** Surligner la fonction globale du matériel.

2 **(Doc 1)** Souligner la fréquence de l'entretien du matériel et sa justification.

3 **(Doc 1)** Énumérer deux règles à respecter lors de l'utilisation du balai trapèze.

....

....

Activité 2 Les matériels de lavage ou de bionettoyage des sols et surfaces

DOC 2 L'organisation du chariot d'entretien

Toute opération de lavage ou de bionettoyage des sols sera précédée d'un balayage humide. Pour réaliser l'entretien des sols et des surfaces en milieu collectif, il est nécessaire de disposer d'un **chariot d'entretien** soigneusement préparé. Il ne doit jamais rentrer dans la pièce à nettoyer. Le chariot d'entretien, en acier inoxydable ou en plastique, se compose de différents plateaux. Il doit être adapté aux besoins des utilisateurs.

Le matériel doit être en bon état de fonctionnement et conforme aux règles de sécurité.

Le chariot doit être bien organisé et approvisionné en fonction des besoins et des techniques d'entretien retenues dans l'établissement. Les étages supérieurs sont réservés au matériel propre. L'étage inférieur est réservé au matériel souillé. A minima, l'équipement doit comporter :

- **Sur le haut, le matériel propre** : seaux ou bacs pour le nettoyage des surfaces, produits, lavettes.
- **À l'étage médian**, la réserve propre avec papier toilette, gants, mais également les seaux ou bacs pour le lavage des sols (imprégnation des bandeaux)…
- **Bacs ou tiroirs** pour le stockage des produits et autres consommables.
- **Support sacs à déchets** type DAOM (déchets assimilés aux ordures ménagères) avec sac poubelle.
- **Sur les côtés**, système de fixation pour les balais.
- **Au bas**, on retrouve la partie sale.

Ne pas oublier le panneau de sécurité « sol mouillé » à positionner une fois le lavage ou le bionettoyage effectué dans les parties communes.

Le chariot d'entretien est complété par :

Des lavettes

→ En microfibre pour le dépoussiérage ou le nettoyage des surfaces.

Bandeaux de lavage (ou mops)

→ Pour l'entretien du sol à raison d'un bandeau par chambre pour éviter les contaminations croisées.
→ Bandeaux de lavage en microfibre, plus ou moins absorbants (à poche ou à velcro) plus ou moins adaptés au sol très souillé.

Des balais de lavage rasants ou à plat

→ Avec manche télescopique : s'adapte à la morphologie de l'agent, limite la flexion du tronc lors du nettoyage des tables, limite l'élévation des bras lors du nettoyage des murs et des fenêtres.
→ Léger, en aluminium et boule de préhension.

4 **(Doc 2)** Surligner les consignes d'utilisation du chariot.

5 **(Doc 2)** Indiquer au moins deux consignes de sécurité et d'hygiène pour l'utilisation du chariot d'entretien en milieu hospitalier et justifier.

....

....

....

....

DOC 3 Différents types de chariots d'entretien

#vidéo
Le chariot d'entretien (6'21")
foucherconnect.fr/22en10

Chariot de ménage utilisé en école

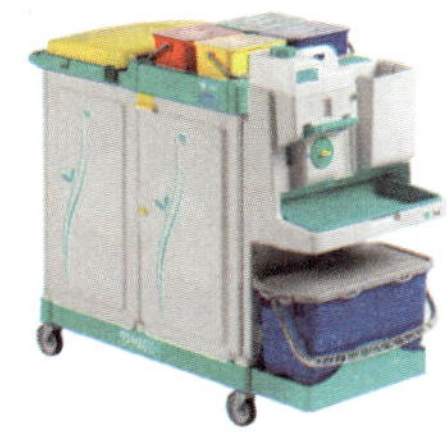

Chariot de ménage utilisé en milieu hospitalier

Matériel pour la méthode des « deux seaux »

Presse :
- au-dessus du seau rouge, pour essorer le bandeau de lavage.

Plusieurs seaux :
- petits seaux pour l'entretien des surfaces, situés en hauteur et grands seaux pour l'entretien du sol.
Par convention : seau bleu pour la solution de lavage et seau rouge pour l'eau de rinçage.

Matériel pour la méthode par pré-imprégnation

Bandeaux de lavage prêts dans bac de trempage contenant la solution

Grille d'essorage → au-dessus d'un grand seau

Seau rouge de récupération des bandeaux sales (avec filet).

6 (Doc 3) Expliquer la fonction globale du chariot d'entretien et comparer le matériel de chaque méthode.

....

....

....

....

....

DOC 4 La remise en état du chariot d'entretien

Le chariot et les accessoires seront nettoyés ou bionettoyés quotidiennement à la fin des entretiens, afin de maintenir en état le matériel et pour éviter toute contamination croisée.

- L'entretien peut se faire avec la méthode vapeur pour limiter l'utilisation de produits.
- Les bandeaux de lavages (ou mops), lavettes réutilisables seront envoyés en blanchisserie ou lavés en machine à laver.
- Le balai doit être nettoyé après chaque utilisation.
- Un entretien approfondi est réalisé hebdomadairement.
- Les entretiens « quotidiens » et « hebdomadaires » doivent faire l'objet d'une traçabilité.
- Le matériel est ensuite rangé dans un local prévu à cet effet.

7 (Doc 4) Souligner, dans le document, la consigne de maintien en état du matériel utilisé pour le bionettoyage des surfaces et du sol. Justifier la fréquence d'entretien du chariot.

....

....

....

....

....

Activité 3 Les microfibres dans les lavettes et bandeaux de lavage

DOC 5 Les lavettes en microfibre

L'écologie et le développement durable sont deux préoccupations majeures dans notre société. Ainsi, le choix du matériel utilisé lors des opérations d'entretien est évalué et vise à maîtriser les impacts sur l'environnement grâce à une sensibilisation du personnel, une formation sur les produits, sur les économies d'énergie, de l'eau, la réduction des déchets, du tri.

Les microfibres sont constituées de fibres extrêmement fines (diamètre < 0,01 mm), en polypropylène, polyamide, polyester ou autres matières synthétiques dérivées du pétrole. Les fibres offrent deux propriétés principales qui expliquent leur efficacité :
– une exceptionnelle action mécanique,
– une forte capacité d'absorption.

Lavettes en microfibres

La fibre « splittée » (obtenue par tissage spécial permettant de séparer les fibres polyester et polyamide et augmentant la surface et donc la capacité d'absorption) récure au plus profond des microporosités de la surface traitée, puis absorbe et séquestre les salissures, graisses et poussières à l'intérieur du réseau dense de filaments.

Coupe d'un filament de microfibres :
Structure en quartier d'orange

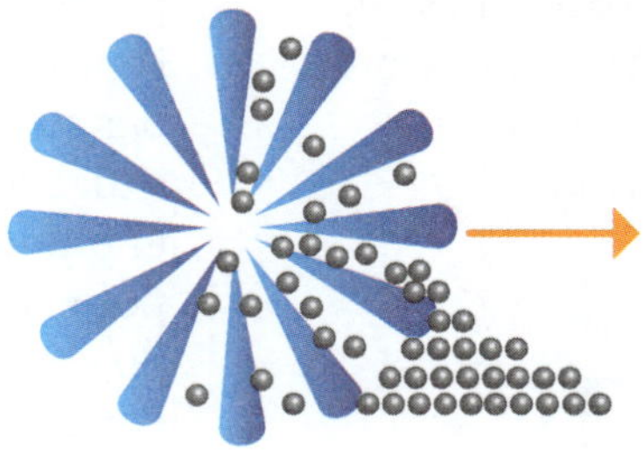

L'action mécanique est augmentée par la structure de la fibre en quartier d'orange.

L'absorption de l'eau et des salissures est favorisée par des phénomènes d'électricité statique et de capillarité. Il ne reste pas ou peu d'excédent d'eau sur la surface.

Des essais ont montré qu'un simple essuyage humide permettait une réduction de 95 à 99 % des micro-organismes.

Grâce à leurs structures différentes, chaque microfibre a un usage bien précis : lavage du sol plus ou moins sales, des surfaces vitrées, des meubles… Elles sont à utiliser sèches ou humides. Il est donc indispensable de regarder l'étiquette, afin d'obtenir une efficacité optimale.

Les microfibres sont résistantes aux produits chimiques et à l'usure, mais ne supportent pas l'eau de Javel. Bien que chères à l'achat, elles sont économiques à l'usage, car la consommation de détergent est réduite. Le nettoyage est plus rapide et plus efficace. Contrairement aux fibres en coton, elles ne rejettent pas de particules dans l'atmosphère.

Les bandeaux de lavages (ou mops), lavettes en microfibre réutilisables seront envoyés en blanchisserie ou lavés en machine à laver après utilisation à 60 °C minimum pour éliminer définitivement toute trace de saletés, de micro-organismes et les éventuelles odeurs incrustées. Ne jamais utiliser d'adoucissant qui dépose une fine pellicule sur les tissus lavés et qui annule l'effet électrostatique.

8 **(Doc 5)** Expliquer la fonction globale des lavettes en microfibre.

....

....

....

9 **(Doc 5)** Indiquer l'intérêt de ce matériel.

....

....

....

....

10 **(Doc 5)** Souligner les consignes d'utilisation.

11 **(Doc 5)** Surligner les consignes de nettoyage puis justifier la fréquence des opérations d'entretien.

....

....

....

Appareils d'entretien des locaux et des équipements

TD 12

Bloc 2

OBJECTIFS **1.** Expliquer la fonction globale des matériels et des appareils **2.** Identifier les consignes d'utilisation, de nettoyage, de maintien en état **3.** Énumérer les règles de sécurité à respecter **4.** Justifier la fréquence des opérations d'entretien

Activité 1 Les appareils de dépoussiérage par aspiration

DOC 1 L'aspirateur professionnel

Le dépoussiérage par aspiration est une alternative au dépoussiérage manuel (balayage ou essuyage humide). Les salissures déposées sur des revêtements (sols et parois) durs, souples ou textile sont récupérées grâce à la dépression créée par l'appareil.

Matériels	Accessoires			
• Sac récupérateur en papier ou bac de récupération des poussières. • Suceurs ou buses adaptées aux différentes opérations. • Filtre HEPA « haute efficacité pour les particules de l'air » qui retient les particules fines et les micro-organismes des poussières rejetés par l'aspirateur.	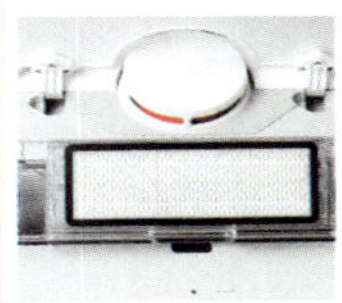 **Filtre HEPA**	 **Filtre panier**	 **Jeu de buses**	 **Sachet de filtre papier**

Utilisation de l'appareil
• Installer l'accessoire adapté à l'entretien souhaité. • Brancher l'appareil. • Appuyer sur le bouton on/off pour allumer l'appareil. • Régler le débit d'air pour réduire ou augmenter la puissance d'aspiration : – Minimum pour les tissus délicats, voilages… – Maximum pour les sols à revêtements durs et les tapis encrassés. • Surveiller le voyant indiquant que le sac doit être changé ou le bac vidé. Précautions : • Utiliser l'appareil en absence des usagers pour éviter les nuisances sonores et les risques de chute avec le cordon. • Régler la longueur du tube télescopique à sa hauteur pour l'adapter aux besoins du professionnel et éviter les douleurs.

Entretien	Sécurité
Pour éviter l'encrassement et assurer le bon fonctionnement de l'appareil. • Après chaque utilisation : – Débrancher l'aspirateur. – Dépoussiérer par essuyage humide l'extérieur de l'appareil et le cordon électrique en l'enroulant au fur et à mesure. – Vérifier que les suceurs et flexibles ne sont pas obstrués, les nettoyer régulièrement. • De manière périodique : – Changer le sac une fois rempli aux deux tiers en le manipulant avec précaution pour limiter la remise en suspension des particules. – Vérifier et nettoyer régulièrement les filtres. Les changer si nécesaire (cf. recommandations du fabricant). – Nettoyer la cuve lors du changement de sac.	• Saisir la prise et non le cordon pour débrancher l'aspirateur. • Ne pas utiliser l'aspirateur pour aspirer des objets durs et pointus, ils pourraient endommager l'aspirateur ou le sac à poussières. • Ne pas utiliser l'aspirateur si une ouverture est obstruée pour éviter de l'endommager. • Faire attention au cordon pour éviter les risques de chute.

1. **(Doc 1)** Souligner d'un trait en pointillés la fonction globale de l'appareil.
2. **(Doc 1)** Souligner la fréquence de l'entretien de l'appareil et sa justification.
3. **(Doc 1)** Surligner deux règles à respecter lors de l'utilisation de l'aspirateur.
4. **(Doc 1)** Encadrer deux règles de sécurité pour l'utilisation et leurs justifications.

Activité 2 Un appareil pour le bionettoyage des sols et surfaces

DOC 2 Le nettoyeur vapeur

La méthode de nettoyage vapeur peut s'appliquer dans tous les locaux, à tous les mobiliers, à toutes les surfaces et équipements sanitaires. Elle ne laisse pas de résidus.

La vapeur d'eau sous pression a un pouvoir nettoyant très efficace. Elle fait fondre les graisses et nettoie en profondeur en éliminant :
- les souillures, résidus, biofilms grâce à la pression du jet de vapeur ;
- les micro-organismes (bactéries, virus, champignons…) par l'action thermique de la vapeur.

Le matériel du nettoyeur vapeur	Accessoires	Intérêts du procédé
 • Un appareil vapeur avec ou sans aspiration, qui produit une vapeur d'environ : – 140 °C avec une pression de 4 à 6 bars en sortie de chaudière ; – 95 °C avec une pression de 2,7 bars en utilisation. • Eau : suivre les recommandations du fabricant quant à la qualité de l'eau requise. • Accessoires adaptés et ergonomiques : flexible et poignées de commande, brosses, bonnettes… • Lavettes microfibre.	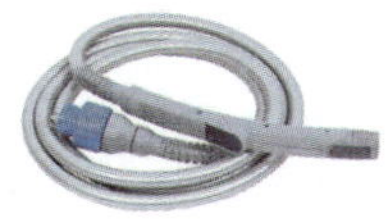 **Poignée ergonomique**  **Buse coudée**  **Support microfibre**	⇨ Écologique : faible consommation d'eau. ⇨ Non toxique : il n'utilise aucun produit chimique. ⇨ Il permet d'obtenir un entretien approfondi des surfaces en un seul passage. ⇨ Il respecte la norme PR NF T72-110 qui permet de déterminer l'activité bactéricide, fongicide, lévuricide, sporicide et virucide pour la désinfection des surfaces par voie aérienne.

Préparation et utilisation de l'appareil	Sécurité
• Remplir le réservoir d'eau chaude de préférence (temps de mise en chauffe de quelques minutes). • Brancher l'appareil. • Vérifier la propreté des accessoires. • Appuyer sur la mise en marche et mise en chauffe : un délai d'attente est nécessaire pour certains appareils. • Purger l'eau résiduelle des flexibles (au sol ou dans le réservoir) avant utilisation.	⇨ Ne pas diriger le jet de vapeur vers une personne. ⇨ Ne pas tirer sur le câble pour le débrancher. ⇨ Laisser refroidir le nettoyeur vapeur avant de le nettoyer ou de le ranger. ⇨ Pas d'ouverture de l'appareil si la cuve est sous pression.

Entretien du matériel	À prévoir
• Après chaque utilisation : – Vider, nettoyer la cuve de l'aspirateur. – Nettoyer, désinfecter l'ensemble des accessoires et l'extérieur de l'appareil avec une lavette. Sécher. – Retirer les accessoires, enrouler les flexibles et ranger. – Vérifier les anomalies et transmettre. **• Une fois par semaine à une fois par mois :** – Vidanger l'appareil selon la fréquence d'utilisation et la dureté de l'eau. – Détartrer en fonction de la dureté de l'eau (cf. recommandations du fabricant).	⇨ Vérifier et renouveler si nécessaire les accessoires. ⇨ Mettre en place une traçabilité de suivi de l'appareil. ⇨ Former les utilisateurs. ⇨ Assurer une maintenance préventive qui permet d'éviter les pannes de l'appareil. ⇨ Purger la chaudière (retirer le tartre).

#vidéo
Bionettoyage vapeur à l'hôpital (2'29")
foucherconnect.fr/22en18

5 **(Doc 2)** Surligner la fonction globale du nettoyeur vapeur.

6 **(Doc 2)** Souligner les règles de sécurité à respecter qui permettent d'éviter le risque de brûlure.

7 **(Doc 2)** Indiquer deux consignes de maintien en état de cet appareil et justifier.

……………………………………………………………………………………………………

8 **(Doc 2)** Justifier l'intérêt de l'utilisation d'un appareil vapeur pour le bionettoyage des surfaces.

……………………………………………………………………………………………………

……………………………………………………………………………………………………

……………………………………………………………………………………………………

Se tester

Matériels et appareils d'entretien des locaux et des équipements

Le + numérique
foucherconnect.fr/ 22en28
Quiz
Exercice interactif

Exercice 1 Le matériel d'entretien des locaux

› Nommer le matériel et l'appareil d'entretien des locaux spécifiques et le relier à sa fonction globale.

Fonctions	Noms du matériel ou appareil correspondant	Fonction globale
Matériel et appareil de dépoussiérage	.... •	• Emprisonner les poussières fines, les poils, les particules sur des sols durs et lisses.
	.... •	• Récupérer les salissures non adhérentes sur des revêtements (sols et parois) durs, souples ou textiles.
	.... •	
Matériel et appareil de lavage	.... •	• Produire de la vapeur pour éliminer les salissures adhérentes et les micro-organismes sur des sols, des surfaces, des matériaux et des équipements.
	.... •	• Mettre à disposition des produits, des matériels pour réaliser des opérations d'entretien adaptées et conformes.

Exercice 2 Les consignes d'utilisation et les règles de sécurité

› Identifier les recommandations respectées dans les situations professionnelles.

Situations professionnelles	Recommandations				
	Consigne de nettoyage	Consigne d'utilisation	Consigne de maintien en état du matériel ou de l'appareil	Fréquence des opérations d'entretien	Règle de sécurité
À 17 h, l'agent d'entretien de l'école enlève les objets durs et pointus à la main avant d'aspirer le sol.					
Après chaque entretien des chambres, l'agent de service hospitalier met à laver les bandeaux de lavage à 60 °C comme préconisé.					
Selon le protocole en usage, l'agent prépare le chariot d'entretien et assure son entretien après chaque utilisation.					
Après le bionettoyage du sol du couloir de l'EHPAD, le panneau « Attention sol mouillé » est installé.					
Avant de brancher l'appareil vapeur pour nettoyer et désinfecter le bloc opératoire, l'agent du service hospitalier remplit le réservoir d'eau.					

CHAPITRE 5

À retenir

Le + numérique foucherconnect.fr/22en29

Synthèse rédigée et audio

Les matériels et appareils de dépoussiérage du sol

Matériels et appareils de dépoussiérage

Balai pour le dépoussiérage humide

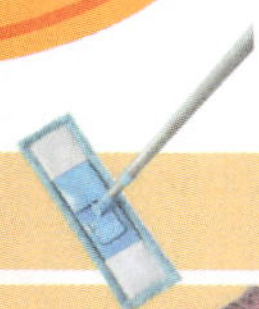

Balai trapèze

Gaze pré-imprégnée

Consignes :
- Étirer la gaze avant de la positionner.
- Régler le manche télescopique.
- Nettoyer le matériel après utilisation.
- Changer la gaze

Aspirateur professionnel

Consignes :
- Régler le tube télescopique.
- Régler le débit d'air en fonction de la puissance souhaitée.
- Vérifier que les suceurs et flexibles se soient pas obstrués après son utilisation.
- Vérifier et nettoyer régulièrement les filtres.
- Changer le sac si rempli aux 2/3.

À choisir silencieux (< 70 dB)

Sur sols lisses et surfaces rugueuses

Les matériels et appareils de lavage du sol et des surfaces

Matériel et appareil	Utilisation	Avantages	Objectifs	Consignes à respecter
Chariot d'entretien et ses accessoires 	• En milieu collectif.	– Facile à déplacer. – Pratique car réunit les produits et matériels utiles. – Ergonomique car évite les aller/retour et de se baisser trop souvent.	• Disposer des produits et matériels pour nettoyer ou bionettoyer les surfaces et matériaux.	⇨ Laisser à l'extérieur de la pièce à entretenir. ⇨ L'équiper de tous les éléments indispensables à l'entretien des surfaces : seaux, balai trapèze, balai à plat, produits, sacs poubelles, sacs linge sale, bandeaux de lavage, lavettes…
Appareil vapeur 	• En milieux familial et collectif.	– Non polluant car sans utilisation de produit chimique. – Économique : faible consommation d'eau. 	• Nettoyer et désinfecter les surfaces et les matériaux.	⇨ Manipuler avec précaution pour éviter tout risque de brûlure avec le jet de vapeur.
La microfibre 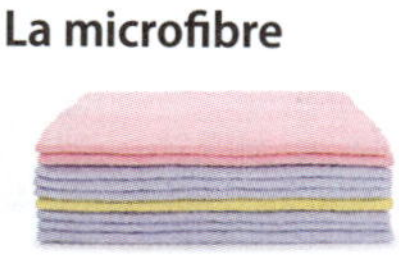	• En milieux familial et collectif.	– Action mécanique. – Capacité d'absorption optimale.	• Capturer les salissures, graisses et poussières.	⇨ Utiliser pour dépoussiérer, nettoyer ou bionettoyer une surface. ⇨ Positionner sur les différents balais (réservoir, à plat…) ou sur l'appareil vapeur.

Dépoussiérage

TD 13

Bloc 2

OBJECTIF Pour chacune des techniques, expliquer le principe ; justifier les différentes étapes ; indiquer les critères de qualité du résultat ; justifier les règles d'hygiène, de sécurité et les principes d'ergonomie.

Activité 1 Qu'est-ce que le dépoussiérage mécanique ?

#vidéo
J'apprends à passer et entretenir l'aspirateur (2'41")
foucherconnect.fr / 22en07

DOC 1 Le dépoussiérage mécanique

Le dépoussiérage mécanique est une opération d'entretien qui vise à éliminer par aspiration les salissures non adhérentes de petite taille (poussières, cheveux, miettes de pain, etc.) sur les sols et surfaces lisses (carrelage, parquet, etc.) ou textiles (moquette, tapis, etc.). Il est réalisé à l'aide d'un aspirateur, avec ou sans sac, à domicile. Le dépoussiérage mécanique peut être envisagé dans les établissements de santé, mais doit être mis en œuvre avec un aspirateur professionnel à sac équipé d'un filtre HEPA (filtre à particules aériennes à haute efficacité). Ce type d'appareil limite la propagation dans l'air des salissures et donc des micro-organismes en captant 99,95 % des particules très fines.

Pour limiter les risques liés au dépoussiérage mécanique et maintenir le matériel en bon état de fonctionnement, notamment en assurant une bonne aspiration, il est nécessaire de respecter un certain nombre de règles.

Aspirateur professionnel

Aspirateur sans sac pour domicile

Règles d'utilisation
- Ne pas cogner l'appareil contre les meubles.
- Vérifier l'absence d'objets dans les suceurs et tuyau.
- Débrancher sans tirer sur le fil.
- Se déplacer lentement lors du dépoussiérage.

Règles de sécurité
- Sécher la surface à entretenir pour limiter le risque d'électrisation.
- Ne pas laisser traîner le câble et le matériel pour éviter les risques de chute.

Règles d'ergonomie
- Régler le manche télescopique de manière à garder le dos droit.
- Pour dépoussiérer sous les meubles, poser le genou à terre et garder le dos droit.

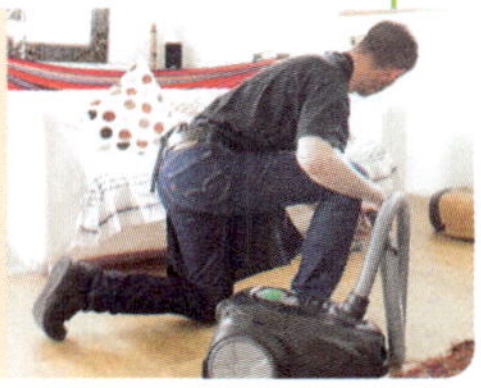

1 **(Doc 1)** Souligner, dans le texte, le principe du dépoussiérage mécanique.

2 **(Doc 1)** Relier chaque règle d'utilisation à la justification correspondante.

Règles d'utilisation
- Ne pas cogner contre les meubles •
- Vérifier l'absence d'objets dans les suceurs et le tuyau •
- Débrancher sans tirer sur le fil •
- Se déplacer lentement en commençant par le fond •

Justifications
- • Pour éviter d'endommager l'appareil
- • Pour permettre un dépoussiérage efficace

3 **(Doc 1)** Relever et justifier une mesure de sécurité et d'ergonomie.

	Mesures	Justifications
Sécurité	....	....
Ergonomie	....	....

Activité 2 Le dépoussiérage manuel des sols

#vidéo
Le balayage humide (1'58")
foucherconnect.fr / 22en08

DOC 2 Le balayage humide

Contrairement au dépoussiérage mécanique, le balayage humide ne s'applique que sur les sols lisses. C'est une technique de dépoussiérage privilégiée dans les établissements de santé, car elle permet de collecter à 90 % la poussière et les déchets répandus sur sol lisse et sec. Elle réduit ainsi les risques de contamination en diminuant la quantité de micro-organismes présents et permet de faciliter le lavage des sols. Cette technique est réalisée au moyen d'un balai trapèze équipé d'une gaze à usage unique antistatique ou pré-imprégnée d'une huile minérale (agglutinant) qui fixe les salissures non adhérentes.

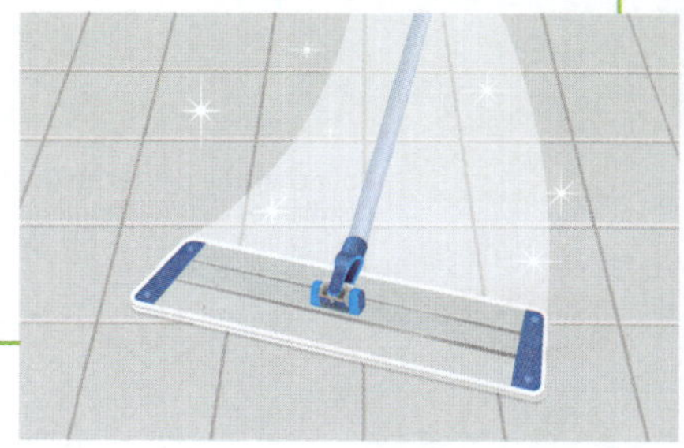

4 **(Doc 2)** Souligner, dans le texte, le principe du balayage humide.

5 **(Doc 2)** Indiquer, pour chaque affirmation, si elle est vraie ou fausse.

Le balayage humide - Affirmations	Vrai	Faux
Il peut être utilisé sur des sols en carrelage ou en linoléum.		
Il permet d'éliminer les traces de pas.		
Il permet de diminuer la quantité de bactéries sur les sols.		
Il est réalisé avant le lavage du sol.		
Il est réalisé avec une gaze réutilisable.		
Il est dit « humide » car il s'effectue avec des gazes imprégnées d'un liquide agglutinant.		

6 **(FT3, p. 57)** Présenter chaque méthode de balayage humide en complétant le tableau.

	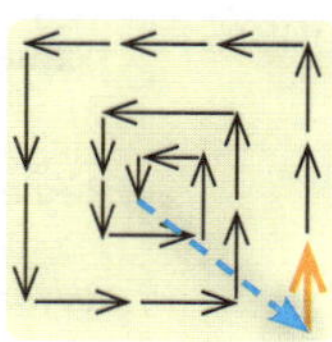	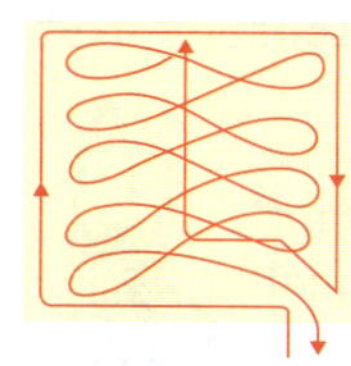
Méthode	....	....
Conditions d'utilisation	....	....
Caractéristique du balai trapèze	....	....

DOC 3 Plan d'une chambre en EHPAD

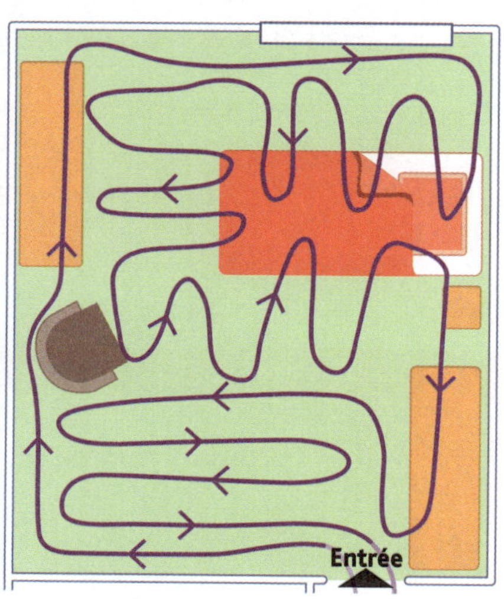

7 **(FT3, p. 57)** Flécher, sur le plan ci-contre, le trajet pour procéder au balayage humide de la chambre.

8 **(FT3, p. 57)** Justifier le trajet proposé.

....

....

....

9 **(FT3, p. 57)** Rappeler deux points de vigilance pour éviter de disséminer les poussières lors du balayage humide d'une chambre.

....

10 **(FT3, p. 57)** Relever la règle concernant la posture à adopter lors de la fixation de la gaze sur la semelle et la justifier.

....

....

....

Dépoussiérer les sols

FICHE TECHNIQUE 3

OBJECTIF Mettre en œuvre les techniques de dépoussiérage en respectant les règles d'hygiène, de sécurité, d'économie et d'ergonomie.

1 Le dépoussiérage mécanique du sol

Matériels
- Aspirateur + accessoires
- Poubelle

Consommables
- Sac aspirateur

ÉTAPES PRÉALABLES
- > **Se mettre en tenue** professionnelle FT1.
- > **Se laver** les mains FT2.
- > **Dégager, sécher** la surface et retirer les principaux déchets.
- > **Contrôler** l'état du matériel : état du cordon électrique, du filtre, du sac de poussière neuf.

PRINCIPES DE BASE
- > **Contrôler** l'état de propreté du matériel.
- > **Respecter** les consignes d'utilisation de l'appareil.

Succession des opérations	Exigences
> **Préparer le matériel**	> **Choisir** et **fixer** les accessoires adaptés. > **Régler** le manche télescopique de manière à garder le dos droit lors de l'opération. > **Régler** la brosse et la puissance selon la surface à dépoussiérer pour obtenir une aspiration optimale (brosse rentrée pour les surfaces textiles/brosse sortie pour les surfaces lisses).
> **Procéder au dépoussiérage mécanique**	> **Commencer** par le fond de la pièce afin de ne pas redéposer des salissures sur les surfaces dépoussiérées. > **Procéder** lentement par bandes parallèles qui se chevauchent et en reculant. > **Insister** sur les zones sales si nécessaire et utiliser l'accessoire adéquat. 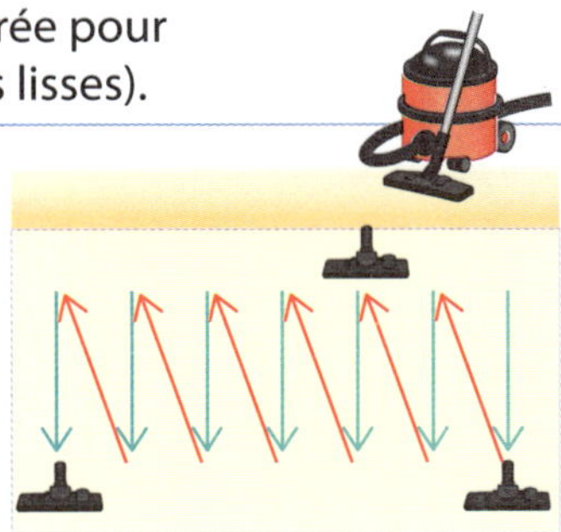

Autocontrôles visuels	Opérations complémentaires
> **Vérifier** l'absence de déchets et de salissure adhérente.	> **Réaliser** les actions correctives, si nécessaire, après les autocontrôles. > **Éteindre** l'appareil, débrancher, vérifier l'état du câble et l'enrouler. > **Entretenir** l'appareil : changer le sac ou vider le réservoir, nettoyer le filtre, la brosse, les suceurs et dépoussiérer le matériel par lavage humide. > **Ranger** le matériel dans un local adapté > **Se laver** les mains. > **Remettre** en place le mobilier déplacé pour l'opération.

2 Le balayage humide du sol

Matériels

- Balai trapèze avec une semelle en mousse ou en caoutchouc et adaptée à la surface (large pour les grandes surfaces et petite pour les surfaces exiguës)
- Poubelle, pelle, balayette
- Gants de ménage

Consommables

- Gaze(s) pré-imprégnée(s) à usage unique (pour une surface de 20 à 30 m²)

ÉTAPES PRÉALABLES

> **Se mettre en tenue** professionnelle FT1.
> **Se laver** les mains FT2.
> **Préparer** la surface à dépoussiérer : dégager, sécher la surface et retirer les principaux déchets.

PRINCIPES DE BASE

> **Contrôler** l'état de propreté du matériel.
> **Respecter** les consignes d'utilisation.
> **Ne jamais soulever** la semelle durant le dépoussiérage.
> **Ne pas effectuer** de marche arrière.
> **Changer** de gaze après chaque pièce.

Succession des opérations	Exigences
> **Fixer la gaze sur la semelle**	> **Déposer** la gaze à terre puis poser la semelle du balai dessus. > **Fixer** chaque coin de la gaze dans un point d'ancrage en veillant à bien la tendre. > Afin de limiter les douleurs au rachis, réaliser cette opération en posant le genou au sol et en faisant reposer le manche sur l'épaule.
> **Procéder au détourage**	> **Débuter** par l'entrée de la pièce. > **Avancer**, perpendiculairement aux plinthes, le balai tenu par l'extrémité du manche. > **Veiller** à ce que le grand côté du trapèze soit positionné dans le sens du déplacement du balai. > **Contourner** les meubles et objets encombrants et revenir à l'entrée de la pièce. 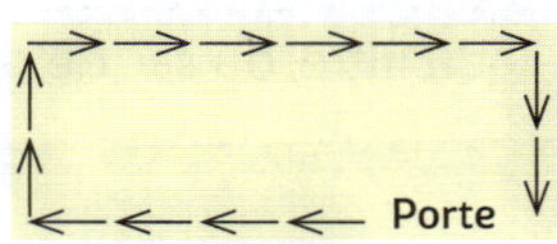
> **Procéder au dépoussiérage du centre de la pièce**	> Pour les petites surfaces ou les surfaces encombrées : se positionner au fond la pièce et réaliser la technique de la « godille » en reculant et en faisant des S. 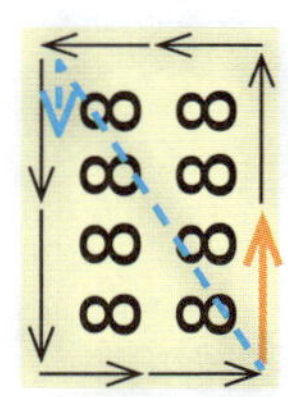 Ou : > Pour les grandes surfaces non encombrées : procéder à la méthode au « poussé » en avançant avec le balai tenu par l'extrémité du manche. > Lors de cette opération, bien garder le dos droit. Maintenir la semelle plaquée au sol et ne pas faire de marche arrière pour éviter de redéposer les salissures au sol. 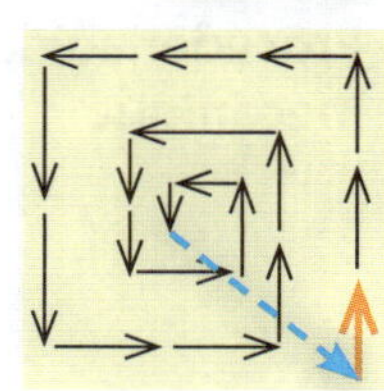
> **Évacuer la gaze**	> **Détacher** la gaze au sol en posant le genou au sol et en gardant le dos droit. > **Replier** la gaze en accordéon pour y enfermer les salissures. > **Évacuer** la gaze dans les déchets assimilés aux ordures ménagères (DAOM) à l'aide d'une balayette et d'une pelle.

Autocontrôles visuels	Opérations complémentaires
> Absence de déchet au sol. > Absence de salissure non adhérente au sol (poussières, cheveux, graviers, etc.).	> **Réaliser** les actions correctives, si nécessaire, après les autocontrôles. > **Ranger** les gazes neuves dans un sac fermé hermétiquement. > **Nettoyer** et ranger le matériel. > **Retirer** les gants et **se laver les mains**. > **Remettre en place** le mobilier déplacé pour l'opération.

Lavage manuel des sols et des surfaces

TD 14
Bloc 2

OBJECTIFS 1. Expliquer le principe de la technique et justifier les différentes étapes 2. Indiquer les critères de qualité du résultat
3. Justifier les règles d'hygiène, de sécurité et les principes d'ergonomie, d'économies et d'écoresponsabilité

Activité 1 Les principes généraux du lavage manuel des sols et surfaces

DOC 1 Les règles communes aux techniques de lavage manuel

Les techniques de lavage manuelles, qui ne nécessitent aucun matériel électrique, sont largement préconisées dans les plans de nettoyage des établissements de santé. En effet, en raison de leur coût réduit, de leur adaptabilité, de leur facilité de mise en œuvre et de leur efficacité, elles sont largement plébiscitées pour assurer la propreté et l'hygiène des sols et surfaces.

Lors de la réalisation de ces techniques, il convient de respecter un certain nombre de principes pour être efficace, assurer une bonne qualité du résultat, mais aussi pour se protéger des risques liés aux opérations d'entretien manuelles.

Mode opératoire
- Commencer par dégager la surface à entretenir.
- Laver d'abord les parties hautes.
- Procéder du plus propre vers le plus sale pour éviter les contaminations croisées.
- Procéder à l'entretien en lavant les extrémités puis le centre de la surface.

Produits et matériel
- Choisir le produit et le matériel adaptés aux types de salissures et aux matériaux.
- Contrôler et préparer correctement le matériel et les produits.
- Respecter le dosage et les règles d'utilisation du produit.
- Entretenir et ranger le matériel à la fin des opérations.

Règles d'hygiène et de sécurité
- Travailler en tenue professionnelle (gants, lunettes, chaussures…).
- Adopter des postures et gestes ergonomiques (dos droit, éviter les mouvements amples et répétitifs des épaules et poignets) pour limiter les troubles musculo-squelettiques (TMS).
- Ne pas pulvériser les produits sur les surfaces à traiter pour éviter de les inhaler.

Qualité du résultat
- Absence de salissures, de déchets.
- Absence d'eau et de traces.
- Absence de produit.

1 **(Doc 1)** Souligner les quatre intérêts des techniques d'entretien manuelles.

2 **(Doc 1)** Numéroter puis justifier les étapes de lavage d'une table dans l'ordre chronologique.

Ordre	Étapes d'entretien d'une table
....	Laver les pieds de la table.
....	Finir le lavage du plateau de la table par la partie la plus sale.
....	Laver les bords du plateau de la table.
....	Retirer tous les déchets ou objets gênants.
....	Laver le centre du plateau de la table.

Justification : ....

....

3 **(Doc 1)** Énoncer les critères de réussite de l'entretien d'une table.

....

....

Activité 2 Le lavage des sols

#vidéo
Le lavage manuel (0'30")
foucherconnect.fr / 22en19

DOC 2 Le lavage manuel des sols

Le lavage des sols est une opération d'entretien qui vise à éliminer les salissures adhérentes et à diminuer ou éliminer les micro-organismes. Elle doit être réalisée après un dépoussiérage des sols (balayage humide dans les Établissements médico-sociaux (EMS), dépoussiérage mécanique avec un aspirateur à domicile). Cette opération est mise en œuvre quotidiennement dans les établissements de santé et une à deux fois par semaine à domicile. Un matériel adapté sera privilégié selon les situations.

Balai plat et chariot à deux seaux
Matériel privilégié dans les EMS pour l'entretien de grandes surfaces. Il permet l'entretien grâce à une frange et une solution détergente diluée dans l'eau tiède.

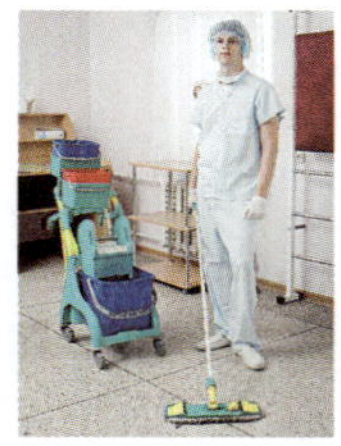

Balai plat et chariot avec franges imprégnées
Matériel privilégié dans les établissements de santé pour l'entretien des chambres. Il limite le port des seaux ainsi que la quantité d'eau et de détergent utilisée.

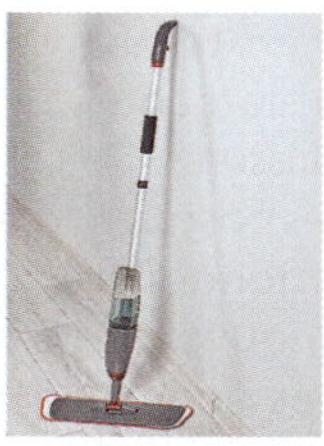

Balai réservoir
Balai d'appoint qui permet un lavage rapide et économique des petites surfaces dans les EMS.

Balai à franges
Matériel réservé à l'entretien des sols à domicile. Il est économique, mais ne permet pas d'atteindre le même niveau d'hygiène. Pour ces raisons, le balai plat sera privilégié à domicile.

4 **(Doc 2)** Indiquer, pour chaque affirmation, si elle est vraie ou fausse.

Affirmations	Vrai	Faux
Le lavage des sols vise à éliminer les poussières et autres salissures non adhérentes.		
Le lavage des sols est réalisé après un balayage humide.		
Le lavage des sols est réalisé tous les jours dans les établissements de soins.		
Dans les établissements de santé, le lavage est principalement réalisé avec un chariot à deux seaux ou avec des franges imprégnées.		
Le balai à franges utilisé à domicile permet un lavage avec un haut niveau d'hygiène.		

5 **(Doc 2, FT4)** Justifier un intérêt du lavage par imprégnation aux niveaux ergonomique et de sécurité.

....

....

6 **(Doc 2, FT4)** Schématiser le cercle de Sinner pour chaque technique de bionettoyage puis l'expliquer.

Bionettoyage à deux seaux	Bionettoyage par imprégnation
Explication :	**Explication :** ....

Activité 3 Le bionettoyage des surfaces

DOC 3 Les techniques de nettoyage des surfaces

Lors d'un entretien complet d'une pièce, il est important de respecter les processus en débutant du plus propre au plus sale et du haut vers le bas. Cette organisation permet ainsi d'éviter les transmissions croisées. Il est nécessaire d'adapter la technique de nettoyage et le type de produit (selon le type de surface, le type de salissures et la qualité recherchée).

#vidéo
Comment pratiquer le bio nettoyage avec quel produit et quel outil ? (0'00'')
foucherconnect.fr / 22en20

Type d'entretien	Mode opératoire	Matériel
Le **nettoyage** est réalisé sur des surfaces pour lesquelles la propreté et le confort de l'usager sont recherchés.	Cette opération consiste à : 1. Laver avec un détergent. 2. Rincer à l'eau claire.	
Le **bionettoyage combiné** est une méthode rapide pour éliminer temporairement les micro-organismes dans les zones à faible risque (1 ou 2) (ex. : chambre de résident).	Il consiste à : 1. Appliquer le détergent-désinfectant en une opération. 2. Rincer avec de l'eau claire.	
Le **bionettoyage séparé** permet une bonne élimination du biofilm et des micro-organismes. Il est préconisé pour les zones à haut risque (3 ou 4) (ex. : bloc opératoire, salle de soins).	Il est réalisé en 3 temps : 1. Lavage avec un détergent. 2. Rinçage avec de l'eau claire. 3. Désinfection avec un désinfectant ou un détergent désinfectant.	

7 **(Doc 3)** Justifier la nécessité de réaliser le nettoyage d'une surface du plus propre vers le plus sale.

....

....

8 **(Doc 3)** Relier chaque type d'entretien à son principe et à son objectif.

Principe
- Appliquer un détergent désinfectant puis rincer à l'eau claire.
- Laver avec un détergent puis rincer à l'eau claire.
- Laver avec un détergent, rincer puis appliquer un désinfectant.

Type d'entretien
- Nettoyage
- Bionettoyage séparé
- Bionettoyage combiné

Objectif
- Éliminer les micro-organismes dans les zones à faible risque.
- Éliminer les salissures.
- Éliminer les micro-organismes et le biofilm dans les zones à risque élevé.

9 **(Doc 3)** Justifier le type d'entretien mis en œuvre pour chaque situation.

Situations	Type d'entretien	Justification
Myla travaille dans un hôpital. Elle doit procéder à l'entretien d'un bloc opératoire.		
Kévin doit procéder à l'entretien du sol du domicile de Mme Rivoire.		
Camille doit préparer des biberons. Elle procède à l'entretien du plan de travail.		

Activité 4 L'écoresponsabilité dans le lavage manuel

#vidéo
Produits d'entretien : les labels écologiques (0'00")
foucherconnect.fr/22en21

DOC 4 Une attitude écoresponsable dans les opérations d'entretien

Le bionettoyage des sols et des surfaces sont des opérations qui nécessitent d'importantes quantités d'eau et de produits chimiques. Compte tenu des ressources limitées en eau et de l'impact des produits sur l'environnement (pollution de l'eau et de l'air), il est important d'adopter une attitude écoresponsable lors de ces opérations. Pour cela, il est nécessaire de respecter les quantités d'eau et de produits préconisées par les fabricants, et d'éviter de laisser couler l'eau inutilement. Le choix des produits est important : il convient ainsi de privilégier des produits biodégradables ou naturels à domicile (vinaigre blanc, bicarbonate de soude, savon noir…) et d'opter pour des produits labellisés. Enfin, le choix de produits conditionnés dans des emballages réutilisables ou recyclable s'inscrit pleinement dans une démarche écoresponsable car elle diminue la quantité de déchets. Outre l'impact sur l'environnement, ces actions permettent d'importantes économies financières.

EU Ecolabel — NF Environnement — ECOCERT — NATURE & PROGRES

L'Écolabel européen et le label français **NF environnement** visent à concevoir et promouvoir des produits plus respectueux de l'environnement et de la santé tout au long du cycle de vie, tout en maintenant un certain niveau de performance.

Le label **Ecocert** encourage l'utilisation d'ingrédients naturels et renouvelables, garantit le caractère écologique du processus de production et le degré élevé de biodégrabilité des produits finis.

Les produits d'entretien écologiques certifiés **N&P** sont essentiellement à base de matières végétales issues de l'agriculture biologique ou de matières minérales non pétrochimiques.

10 **(Doc 4)** Pour chaque objectif, proposer une action à adopter pour une attitude écoresponsable en complétant le tableau suivant.

Objectif	Propositions d'actions
Réduire la pollution de l'eau.	………………
Limiter le gaspillage de l'eau.	………………
Diminuer la production de déchets.	………………

14 **(Doc 4)** Justifier l'intérêt d'utiliser le produit sur lequel figure l'étiquette ci-contre dans une démarche écoresponsable.

……………………………………………
……………………………………………
……………………………………………
……………………………………………

11 **(Doc 4)** Justifier l'intérêt à adopter une conduite écoresponsable d'un point de vue économique.

……………………………………………
……………………………………………
……………………………………………

Réaliser le lavage des sols et des surfaces

FICHE TECHNIQUE 4

OBJECTIF Mettre en œuvre des techniques de lavage manuel des sols et surfaces en respectant les règles d'hygiène, de sécurité, d'économie et d'ergonomie

1 Le lavage manuel d'un sol : technique des 2 seaux

Matériel

- Chariot de lavage : deux seaux + presse – balai rasant + bandeau
lavette (pour l'entretien du matériel)

Produits

- Détergent (en cas de lavage)
- Détergent-désinfectant (en cas de bionettoyage)

ÉTAPES PRÉALABLES

- Se mettre en tenue professionnelle FT2
- Se laver les mains FT1
- Préparer le matériel et les produits
- Préparer l'environnement : aérer, enlever le mobilier gênant, éliminer les salissures non adhérentes (balayage humide ou aspiration)

PRINCIPES DE BASE

- Contrôler l'état de propreté du matériel
- Respecter les consignes d'utilisation du produit
- Travailler en reculant (du fond de la pièce vers la porte) en conservant le chariot derrière soi
- Baliser ou interdire le passage de la zone humide

Succession des opérations	Exigences
> **Préparer** la solution de lavage, le chariot et le balai rasant.	> **Préparer** correctement le chariot de lavage : solution détergente dans le seau bleu – eau claire dans le seau rouge – presse stable au-dessus du seau rouge – bandeau de lavage correctement fixé.
> **Réaliser** le lavage en respectant le cycle ci-dessous autant de fois que nécessaire.	> **Détourer** la pièce le long des plinthes, appliquer la solution sur le sol selon la « méthode à la godille » en reculant. > **Respecter** le cycle de lavage, changer la solution de lavage et l'eau claire si besoin.

❶ **Tremper** le bandeau dans le seau bleu

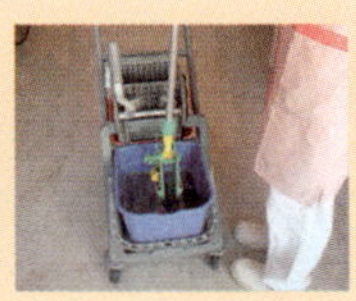

❷ **Laisser égoutter** en faisant levier au-dessus du seau bleu

❸ **Essorer** le bandeau dans la presse

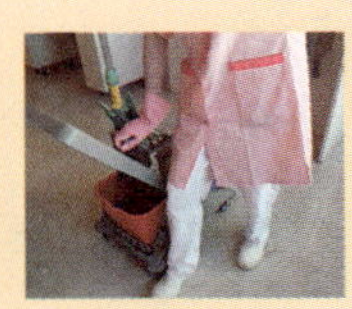

❹ **Appliquer** la solution de lavage

❺ **Rincer** le bandeau dans le seau rouge

❻ **Essorer** le bandeau dans la presse

Autocontrôle visuel	Opérations complémentaires après l'entretien
> **Vérifier** l'absence de salissures, de traces d'eau résiduelles.	> **Réaliser** les actions correctives si nécessaire après les autocontrôles. > **Remettre** en état le matériel et les gants (puis se laver les mains). > **Fermer** la fenêtre et ranger les lieux.

2 Le bionettoyage d'un sol par la méthode de pré-imprégnation

Matériels

- Chariot équipé dont seau bleu avec couvercle, des bandeaux de lavage, doseur, support extraplat velcro, manche réglable, 1 filet linge sale ou 1 seau rouge

Produits

- Aucun produit
- Un détergent ou détergent-désinfectant

ÉTAPES PRÉALABLES

> Assurer le lavage des mains et des gants de ménage FT1
> Se mettre en tenue professionnelle FT2
> Mettre des lunettes de protection, préparer le chariot

PRINCIPES DE BASE

> Utiliser un bandeau de lavage par pièce ou zone (cf. consignes du fabricant)
> Ne pas repasser sur les surfaces traitées

Succession des opérations	Exigences	Intérêt – objectifs
> **Imprégner les bandeaux** 	> **Calculer** le nombre de bandeaux en fonction de la surface à traiter. > **Préparer** la solution d'imprégnation. > **Disposer** les bandeaux dans le seau bleu. > Les **imprégner** (temps et méthode selon les indications du fabricant).	> **Réduire** l'impact environnemental et maîtriser les coûts (économie d'eau, de détergent). > **Permettre** l'imprégnation complète des bandeaux.
> **Préparer le balai** 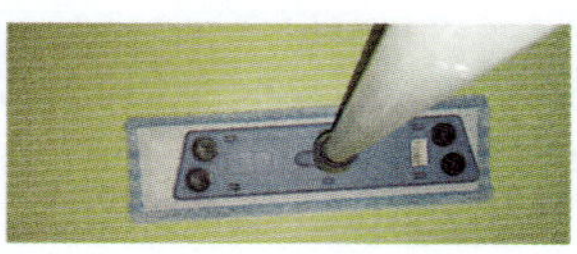	> **Régler** le manche (fixer la hauteur en positionnant le haut du manche sous le menton et le verrouiller). > **Fixer** le bandeau en laissant une partie plus grande d'un côté.	> **Réduire** la pénibilité (posture ergonomique). > **Permettre** le bionettoyage des plinthes.
> **Effectuer les opérations d'entretien, bandeau maintenu au sol** > **Se diriger** vers l'angle le plus éloigné de l'entrée en se plaçant à côté du support. > **Faire** un détourage tout en maintenant la partie libre du bandeau sur la plinthe. > **Appliquer** la solution sur toute la surface de la pièce par la méthode à la godille. 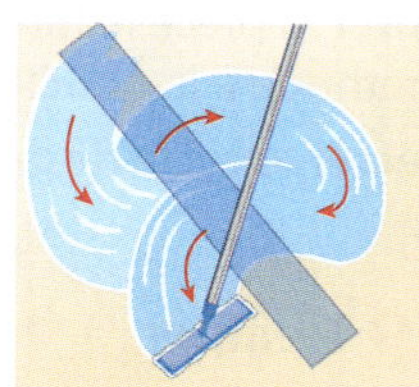		> **Créer** une bande de réserve de solution. > **Éviter** de marcher sur une zone propre. > **Recharger** le bandeau sur la bande de réserve.
> **Évacuer le bandeau** > Le retirer en 4 étapes : ❶ **Tenir** le bandeau avec un pied. ❷ Le **décrocher** du support. ❸ **Fixer** le support en croix sur le bandeau. ❹ **Décrocher** le bandeau (replié à l'intérieur et balai soulevé à hauteur des mains). ❶ 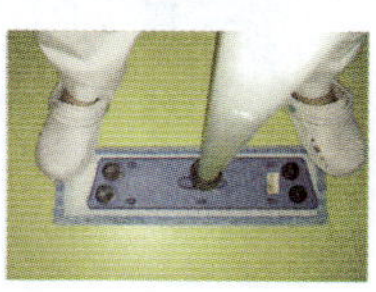 ❷  ❸ 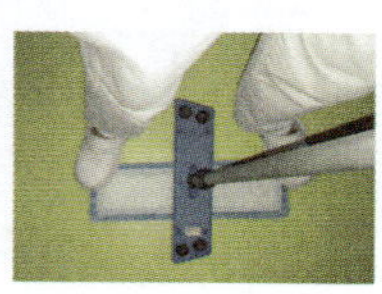 ❹ 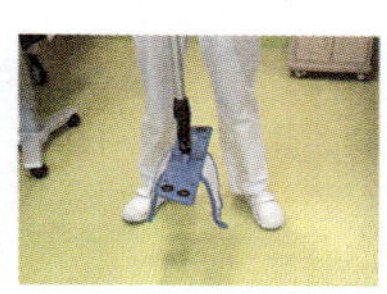 > **Déposer** le bandeau dans le seau rouge ou le filet.		> **Maintenir** une bonne posture pour réduire la fatigue. > **Séparer** sale et propre.

Autocontrôle	Opérations complémentaires après entretien
> **Vérifier** l'absence de salissures.	> **Réaliser** les actions correctives si nécessaire. > **Entretenir** et **ranger** le matériel, **se laver** les mains.

Réaliser le lavage des surfaces

FICHE TECHNIQUE 5

OBJECTIF 1. Mettre en œuvre des techniques de lavage manuel des surfaces en respectant les règles d'hygiène, de sécurité, d'économie et d'ergonomie

1 Le lavage manuel des vitres

Matériels

- Seau à vitre muni d'un égouttoir
- Support de mouilleur + mouilleur
- Perche télescopique (si nécessaire)
- Chiffons (en coton) ou microfibre
- Raclette à vitres
- Grattoir à vitres
- Protection pour mobilier et sol (tissus ou bâche de protection…)
- Papier à usage unique
- Poubelle

Produits

- Produit spécifique pour vitres ou détergent vaisselle

ÉTAPES PRÉALABLES

- Se mettre en tenue professionnelle FT2
- Se laver les mains FT1 puis mettre les gants de ménage
- Préparer le matériel et les produits
- Préparer l'environnement : déplacer le mobilier gênant, protéger le mobilier ou le sol

PRINCIPES DE BASE

- Contrôler l'état de propreté du matériel
- Respecter les consignes d'utilisation du produit (dosage, température de l'eau…)
- Respecter les règles d'ergonomie et de sécurité en utilisant une perche dès que nécessaire

Succession des opérations	Exigences
1 **Préparer** la solution de lavage.	> **Ne pas utiliser** d'eau chaude, surtout en hiver.
2 **Réaliser** le dépoussiérage de l'encadrement (le laver si nécessaire).	> **Recouvrir** le mouilleur de papier à usage unique pour dépoussiérer.
3 **Appliquer** la solution sur le 1er côté de la fenêtre. 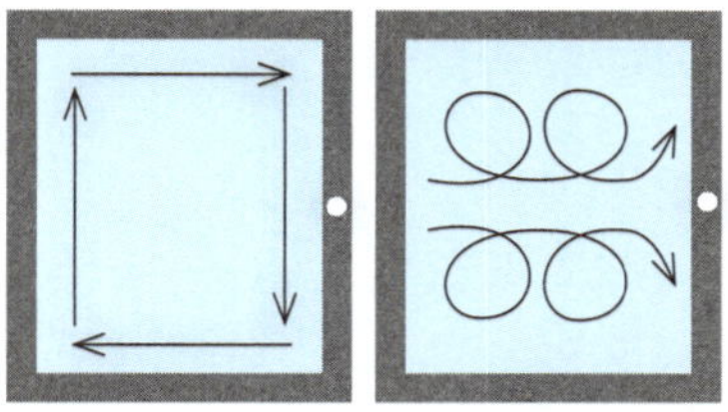	> **Tremper** le mouilleur entièrement dans la solution, puis l'essorer à la main. > **Détourer** la surface en insistant bien sur les angles, puis frotter en décrivant des spirales sur la totalité de la surface. > **Utiliser** le grattoir, en cas de salissures très adhérentes, uniquement sur surface mouillée.
4 **Essuyer** à la raclette en utilisant la méthode à la française. 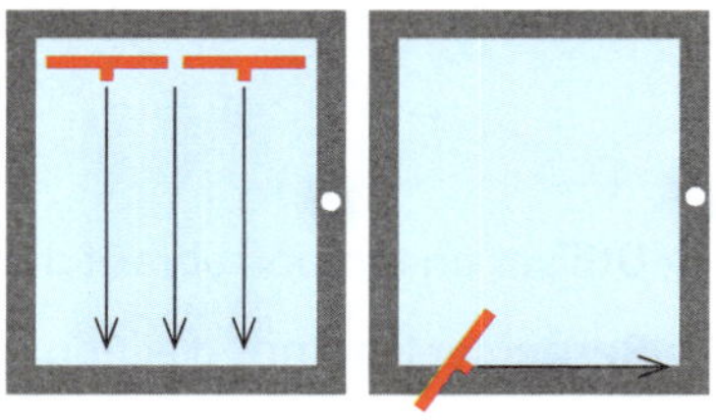	> **Tirer** la raclette de haut en bas sur les trois quarts supérieurs de la vitre. > **Travailler** latéralement pour le quart restant. > **Sécher** la raclette à l'aide du chiffon après chaque passage.
5 **Essuyer** les angles et le pourtour de la fenêtre avec le chiffon ou du papier.	> **Exercer** une pression légère sur la raclette.
6 **Répéter** les mêmes opérations sur l'autre face de la vitre.	

Autocontrôles visuels	Opérations complémentaires après l'entretien
> **Vérifier** l'absence : – de salissures, de traces de passage et de coulures sur la vitre ; – de rayures sur la vitre ; – de coulures sur l'encadrement de la fenêtre, sur le mobilier et sur le mur et le sol.	> **Réaliser** les actions correctives si nécessaire après les autocontrôles. > **Nettoyer** et **ranger** le matériel (seau, perche, grattoir, support mouilleur…). > **Rincer** le mouilleur puis le nettoyer en machine. > **Nettoyer** en machine les chiffons, microfibres et protections (pour le mobilier et le sol). > **Ranger** les lieux. > **Entretenir** les gants de ménage puis se laver les mains.

2 Le bionettoyage d'un lave-mains en crèche

Matériels

- Aide technique, seau bleu, seau rouge, 3 lavettes (1 jaune, 2 blanches)
- Papier absorbant
- Poubelle + sac

Produit

- Détergent-désinfectant à contact alimentaire (DdA)

ÉTAPES PRÉALABLES

> FT1 et FT2
> Préparer le matériel et les produits
> Préparer l'environnement

PRINCIPES DE BASE

> Contrôler l'état de propreté du matériel
> Respecter les consignes d'utilisation du produit

Succession des opérations	Exigences
1 **Retirer** les salissures non adhérentes.	> **Éliminer** dans la poubelle les salissures.
2 **Mouiller** la lavette avec la solution de dDA.	
3 **Effectuer** le détourage du poste ❶.	> **Appliquer** la solution du plus propre au plus sale avec la lavette (dans l'ordre ci-dessous).
4 **Appliquer** la solution en S sur la surface plane ❷.	> **Débuter** le travail en partant du haut vers le bas.
5 **Bionettoyer** la robinetterie.	> **Débuter** par le bec du robinet ❸ puis la manette du robinet ❹.
6 **Bionettoyer** l'intérieur du lavabo.	> **Débuter** par le haut ❺ vers le fond en spirale, en terminant par le siphon ❻.

Succession des opérations	Exigences
7 **Frotter** les salissures adhérentes.	> **Utiliser** un tampon abrasif doux.
8 **Laisser** agir.	> **Respecter** le temps d'action.
9 **Rincer** à l'eau claire.	> **Rincer** l'ensemble des surfaces avec la lavette propre dans le même ordre.
10 **Sécher** à la lavette propre.	> **Sécher** l'ensemble des surfaces et la robinetterie selon la technique préconisée.
11 **Réaliser** un séchage de finitions.	

Autocontrôle visuel	Opérations complémentaires après l'entretien
> **Vérifier** l'absence de salissures et de traces d'humidité.	> **Réaliser** les actions correctives si nécessaire, après les autocontrôles. > **Remettre** en état le matériel et les gants (puis se laver les mains). > **Ranger** les lieux.

CHAPITRE 6

Se tester

Entretien et bionettoyage manuels des surfaces

Le + numérique
foucherconnect.fr/22en54
Quiz
Exercice interactif

Exercice 1

Relier chaque situation aux opérations d'entretien à mettre en œuvre et aux matériels et produits nécessaires.

Situations	Techniques	Matériels et produits
Procéder à l'entretien d'une moquette à domicile. •	• **Balayage humide** •	• Un balai trapèze et une gaze imprégnée
Réaliser l'entretien des surfaces hautes d'un bloc opératoire. •	• **Aspiration mécanique** •	• Un seau contenant du détergent
Éliminer les salissures adhérentes sur un sol plastique dépoussiéré. •	• **Nettoyage** •	• Un aspirateur sans sac
Réaliser l'entretien du plan de travail pour préparer un biberon. •	• **Bionettoyage combiné** •	• Une lavette, un détergent, un désinfectant et un seau d'eau claire
Préparer le couloir afin de pouvoir procéder au bionettoyage. •	• **Bionettoyage séparé** •	• Une lavette, un détergent-désinfectant alimentaire et un seau d'eau claire

Exercice 2

Cocher le type de règle à respecter et donner un exemple d'entretien correspondant.

Règles à respecter	Hygiène	Sécurité	Ergonomie	Écoresponsabilité	Exemples
Garder le dos droit					....
Changer régulièrement de gaze					....
Porter des gants de ménage					....
Utiliser des produits labellisés Ecocert					....
Éviter les gestes amples et répétitifs					....
Ne pas laisser traîner le câble de l'aspirateur					....
Respecter des durées d'application recommandées					....
Ne pas laisser couler l'eau inutilement					....
Ne pas tirer sur le câble pour éteindre l'aspirateur					....

À retenir

Le + numérique foucherconnect.fr/22en55

Synthèse rédigée et audio

Les techniques de dépoussiérage

	Balayage humide	Aspiration mécanique
Principe	La technique consiste à capter les poussières et salissures non adhérentes.	La technique consiste à aspirer des salissures déposées sur des revêtements (sol et parois) durs, souples ou textiles.
Matériel	Balai trapèze dont la semelle est garnie d'une gaze jetable pré-imprégnée.	Aspirateur à poussière, avec ou sans sac récupérateur, et suceurs adaptés.
Mode opératoire	• Ramasser les détritus et gros déchets et préparer le matériel.	
	• Procéder au détourage le long des murs. • Dépoussiérer le reste de la pièce en mettant en œuvre la technique de la godille pour les surfaces encombrées ou réduites, ou celle du pousser pour les surfaces non encombrées ou les couloirs.	• Aspirer par bandes régulières en décrivant des mouvements de va-et-vient. • Faire chevaucher les passages.
Critères de réussite	Absence de salissures non adhérentes (poussière, cheveux, etc.).	

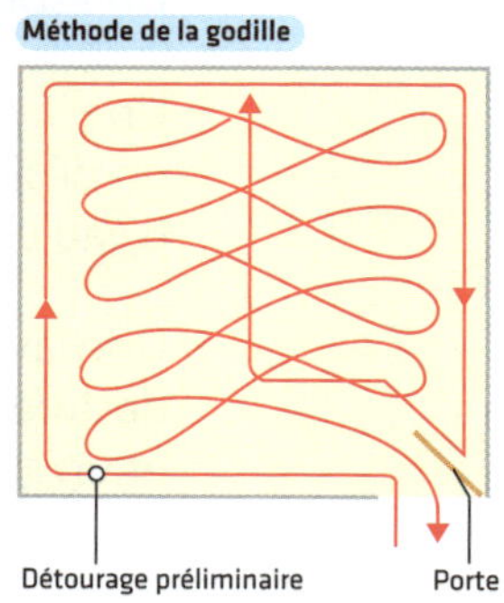

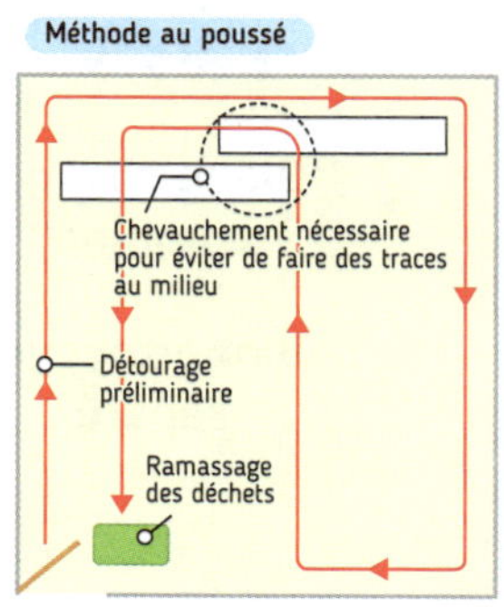

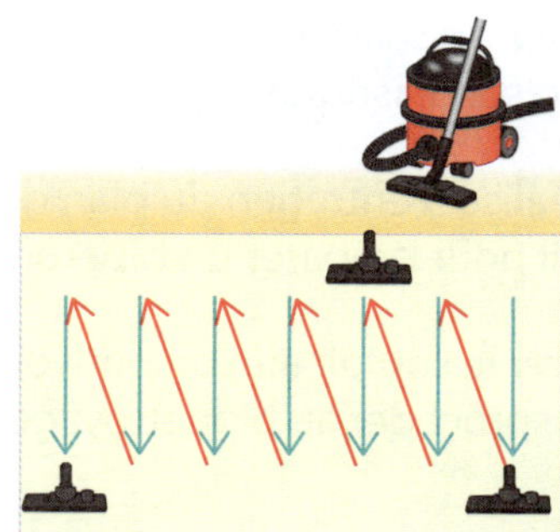

Les techniques de nettoyage et de bionettoyage

	Nettoyage	Bionettoyage combiné	Bionettoyage séparé
Principe	C'est une technique qui vise à éliminer les salissures.	C'est une technique qui vise à éliminer momentanément les salissures et les micro-organismes.	C'est une technique qui vise à éliminer les salissures, les micro-organismes et le biofilm dans les zones à risques élevés.
Matériel	• Pour le sol : balai plat associé à des franges pré-imprégnées ou à un chariot à double seau et des franges, balai réservoir, balai à frange faubert (à domicile). • Pour les autres surfaces : lavettes en microfibre et seaux.		
Mode opératoire	• Dégager la surface et procéder à son dépoussiérage si nécessaire. • Préparer le matériel.		
	Appliquer un détergent (détourage + godille en partant du fond).	Appliquer le détergent-désinfectant (détourage + godille en partant du fond).	1. Laver avec un détergent. 2. Rincer avec de l'eau claire. 3. Désinfecter avec un désinfectant ou un détergent-désinfectant.
Critères de réussite	Absence de salissures, de produit, d'eau et de traces.		

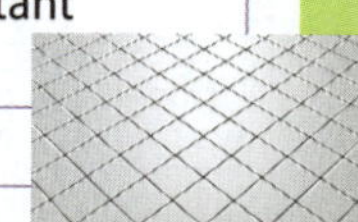

Les règles de sécurité, d'ergonomie et d'écoresponsabilité

Règles de sécurité	• Porter des gants lors de l'utilisation des produits chimiques. • Porter des chaussures de sécurité antidérapantes.
Règles d'ergonomie	• Garder le dos droit lors des opérations d'entretien. • Limiter les mouvements répétitifs ou trop amples.
Règles d'écoresponsabilité	• Privilégier des produits chimiques labellisés. • Ne pas laisser couler l'eau inutilement.

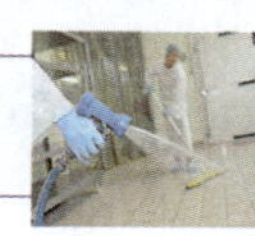

EU Ecolabel

Technique de bionettoyage à la vapeur

TD 15

Bloc 2

OBJECTIFS 1. Expliquer le principe de la technique et justifier les différentes étapes 2. Indiquer les critères de qualité du résultat 3. Justifier les règles d'hygiène, de sécurité et les principes d'ergonomie, d'économie et d'éco-responsabilité

Activité 1 Le principe de bionettoyage vapeur

#vidéo
Bionettoyage vapeur – chambre de patient (3'27")
foucherconnect.fr/22en37

DOC 1 L'utilisation du bionettoyeur vapeur

Le protocole de bionettoyage hospitalier est destiné à l'entretien et à la désinfection des salles au bloc opératoire avec un dispositif de désinfection vapeur (DDV).

Ces règles et conseils s'appliquent pour le nettoyage des zones à risques et infectieuses dans le but de réduire momentanément la biocontamination de la surface.

Selon les directives du CPias, le bionettoyage vapeur a pour objectifs de nettoyer et de désinfecter la zone. L'efficacité de l'opération pour un nettoyage « parfait » repose sur le respect des paramètres du cercle de Sinner : *température, temps, action chimique, action mécanique.*

Pour respecter ces facteurs, le nettoyeur vapeur est la solution parfaite. La vapeur sèche, par son pouvoir désinfectant et détergent remplace toute utilisation de produit chimique et permet la neutralisation des salissures et la suppression du biofilm bactérien (réservoir de bactéries englobé dans une matrice extracellulaire fixée au support). La température du jet vapeur en sortie de buse monte jusqu'à 140 °C pour assurer une efficacité totale dans les moindres recoins. Les facteurs « mécanique » et « temps » sont soumis à la qualité de la prestation de nettoyage de l'agent d'entretien. Il convient de respecter un temps de contact minimal de deux minutes pour 4 m^2 traités afin d'obtenir une **désinfection** au moins aussi importante qu'avec un détergent-désinfectant.

Ce protocole de bionettoyage hospitalier concerne les aides-soignants et les agents des services hospitaliers affectés au bloc opératoire de l'hôpital.

D'après https://www.suprasteam.com/protocole-bionettoyage-hospitalier/

1 **(Doc 1)** Souligner l'objectif du nettoyage à la vapeur.

2 **(Doc 1)** Compléter le cercle de Sinner pour le bionettoyage vapeur.

DOC 2 Le principe de la technique du bionettoyage vapeur

Dans un système de chauffe, on porte de l'eau à l'état gazeux par la double action simultanée d'une mise à haute pression (10 bars) et d'une montée à très haute température (140 °C).

La vapeur obtenue, dite « neutre », c'est-à-dire exempte de tous minéraux et déchargée de toute conductivité électrique, neutralise les charges statiques des formations poussiéreuses. La vapeur agit alors comme une substance gazeuse. Sa chaleur fait fondre les graisses en libérant et en supprimant toutes les particules de saleté qui la composent grâce au changement de phase de la vapeur en créant un transfert d'énergie intense et très rapide. La vapeur pénètre dans les moindres recoins pour éliminer les salissures, rendant ainsi le nettoyage plus simple, plus efficace et plus durable. La vapeur élimine les dépôts et biofilms et permet ainsi une excellente rénovation des surfaces. L'utilisation de microfibres avec les accessoires assure une parfaite élimination de toutes les salissures.

3 **(Doc 1 et 2)** Expliquer le principe de la technique du bionettoyage à la vapeur.

....

....

....

....

....

....

....

....

....

....

DOC 3 Le dispositif de désinfection à la vapeur : avantages et inconvénients

Le dispositif de désinfection à la vapeur (DDV) conforme à la norme AFNOR NF T72-110 (parue en mars 2019) – environnement médical – a démontré des effets virucides, bactéricides, sporicides, fongicides, levuricides anti-moisissures sans chimie ni détergents.

Désinfection rapide et fréquente. La vapeur saturée, sèche et surchauffée jusqu'à 140 °C agit en quelques secondes. Idéale pour les désinfections fréquentes tout au long de la journée. Pénétration de la vapeur dans les moindres recoins, ce qui permet la destruction du biofilm bactérien sur les surfaces et l'élimination de toutes les salissures présentes sur les surfaces sans aucune trace de produit chimique. L'utilisation de microfibres permet d'éliminer toutes les traces d'eau restante.

Pas d'infection croisée. La distribution de vapeur s'effectue sans contact avec les surfaces et ne nécessite pas de séchage avec d'autres instruments.

Sûr. Il peut être utilisé plusieurs fois par jour en présence de personnes et d'animaux. Les surfaces sèchent rapidement. Il n'y a pas de risque d'allergie aux produits.

Adapté à toutes les surfaces. Il enveloppe et désinfecte toutes les surfaces, y compris les tissus et les objets, même ceux à géométrie complexe sans produit chimique.

Mais, pour l'utilisation de ce matériel coûteux, le personnel doit être formé obligatoirement avec un suivi régulier des utilisateurs. Les appareils doivent être vidangés à chaque fois, détartrés régulièrement avec un produit détartrant pour éviter l'entartrage et une maintenance régulière doit être réalisée.

4 **(Doc 3)** Souligner les avantages de la désinfection à la vapeur.

5 **(Doc 3)** Indiquer les critères de qualité du résultat.

....

Activité 2 Le nettoyeur vapeur : les règles à respecter

DOC 4 Quelques règles de fonctionnement du nettoyeur vapeur

Les **nettoyeurs vapeur** sont étudiés et conçus spécialement pour le nettoyage des surfaces en milieu médical et hospitalier. Un nettoyage à l'aide d'un nettoyeur vapeur est bien supérieur en termes de technique, de performance et de gain de temps par rapport au nettoyage manuel avec l'accessoire adapté à l'entretien (buse coudée ou support microfibre).

Le nettoyage et la désinfection à la vapeur sèche est un procédé thermique performant :

- Jet vapeur nettoyant permettant un nettoyage minutieux en pulvérisation des surfaces complexes et inaccessibles.
- Gain de temps et simplicité des opérations de bionettoyage : un seul passage permet la détergence et la désinfection, très peu de condensats générés, inutile de rincer.
- Réduit la fréquence des tâches d'entretien due à la diminution de l'encrassement des surfaces.
- Facile d'utilisation, la buse coudée permet de nettoyer des zones inaccessibles très facilement.
- Dégraissant naturel par action thermique et élimination instantanée du biofilm.
- Respectueux de notre santé, mais aussi de toutes les surfaces : procédé de nettoyage thermique absolument non abrasif, ne nécessite qu'un seul passage.
- Séchage presque instantané, dû au très faible taux d'humidité et à l'utilisation de microfibres.
- Appareil totalement sécurisé : la cuve permet de conserver la chaleur (éviter les risques de brûlure).
- Économique et écologique : peu d'eau, pas d'effluent chimique.

6 **(Doc 4)** Justifier l'intérêt de la technique du nettoyage à la vapeur sèche.

....

....

....

7 **(Doc 3 et 4)** Justifier les règles d'hygiène, de sécurité et les principes d'ergonomie à respecter lors de la technique.

Hygiène : ....

....

Sécurité : ....

....

Ergonomie : ....

....

Technique de lavage mécanisé du sol

TD 16

Bloc 2

OBJECTIFS **1.** Expliquer le principe de la technique et justifier les différentes étapes **2.** Indiquer les critères de qualité du résultat **3.** Justifier les règles d'hygiène, de sécurité et les principes d'ergonomie, d'économie et d'éco-responsabilité

Activité 1 Le nettoyage à la monobrosse

#vidéo
La monobrosse (1'35'')
foucherconnect.fr/22en42

DOC 1 La monobrosse et son fonctionnement

La **monobrosse** est un matériel de nettoyage professionnel mécanisé qui permet d'augmenter l'efficacité de l'entretien tout en diminuant la fatigue de l'opérateur. Elle sert à éliminer les salissures adhérentes par l'action mécanique de la brosse combinée à l'action chimique du produit de tous types de sols : carrelage, sol béton, parquet, pierre naturelle, grès, linoléums. L'action mécanique permet de dissoudre, ramollir, décoller les salissures qui adhèrent à la surface de tous les types de revêtements de sols qui sont imperméables ou supportent l'eau. Le nettoyage mécanisé avec une monobrosse permet d'exercer des actions mécanique (40 %) et chimique (40 %) fortes. L'action mécanique de la brosse ou du disque ainsi que le poids de celle-ci permettent de faire pénétrer en profondeur le détergent, ce qui la rend ainsi très efficace. Le temps d'action (20 %) prend une part importante dans cette méthode. La monobrosse est reliée à l'utilisateur qui la dirige par un manche réglable appelé « timon ». Au bout du timon se trouvent les manettes de mise en marche sous les mains de l'utilisateur pour une meilleure ergonomie. Le disque est choisi en fonction du type d'entretien, sa couleur est spécifique à l'entretien à réaliser, plus la couleur est foncée plus il est abrasif (beige pour le lustrage, disque vert pour le lavage et le décapage léger, noir pour le décapage). La brosse permet de décoller la crasse incrustée sur tout type de revêtement et peut être utilisée avant de mettre le disque. La brosse ou le disque est entouré d'une coque en fonte d'aluminium qui lui apporte poids et robustesse. Sur l'arrière de cette coque sont fixées deux roulettes de transport. La rotation du disque, entraîné par un moteur, sert à un récurage approfondi des sols plastiques. La monobrosse se passe sur un sol dépoussiéré, le détourage et les angles sont nettoyés au préalable grâce au balai-brosse. Ensuite, l'opérateur doit positionner correctement le disque choisi sous la machine sans se faire mal au dos et maintenir le fil électrique sur l'épaule pendant l'utilisation pour éviter qu'il soit happé par le disque. Le réservoir doit être vidé et le disque nettoyé et séché après chaque utilisation pour que l'appareil reste en bon état de fonctionnement. L'utilisation des chaussures antidérapandantes et des panneaux signalisant la zone mouillée permet d'éviter les chutes. Le surplus d'eau et de produit doit être ensuite aspiré par un aspirateur à eau pour sécher toute la surface. Le contrôle du résultat visuel porte sur l'absence de salissures, de solution détergente chargée des salissures, de traces de passages de l'appareil et sur l'uniformité de la surface traitée.

Présentation de la monobrosse

① Commande de déverrouillage manche
② Guidon
③ Bouton de verrouillage
④ Commande de mise en route
⑤ Commande ouverture de vanne
⑥ Manche
⑦ Réservoir
⑧ Roues de transport
⑨ Brosse
⑩ Moteur

1. **(Doc 1)** Encadrer l'objectif du nettoyage par la monobrosse.
2. **(Doc 1)** Compléter, ci-contre, le cercle de Sinner pour la monobrosse.
3. **(Doc 1)** Expliquer le principe de la technique.

....

....

....

4. **(Doc 1)** Souligner dans le document 1 les critères de qualité du résultat du nettoyage à la monobrosse.
5. **(Doc 1)** Justifier les différentes étapes du nettoyage à la monobrosse.

....

....

....

....

DOC 2 Les risques liés à l'utilisation de la monobrosse

Lors de l'utilisation de la monobrosse, l'opérateur doit faire attention :
- à la manutention manuelle lors de la manipulation et/ou du transport (dorsalgie, lombalgie…) ;
- aux chutes au cours du travail : plain-pied, sols glissants (mouillé, ciré, carrelé…), câble au sol… ;
- au risque électrique lié au câble d'alimentation de l'appareil (passage sous le disque de rotation quand il n'est pas bien positionné sur l'épaule de l'opérateur, manipulation lors des branchements).

6 **(Doc 1 et 2)** Justifier les règles d'hygiène, de sécurité et les principes d'ergonomie à respecter.

Hygiène : …………………………………………

Ergonomie : …………………………………………

Sécurité : …………………………………………

Activité 2 Le nettoyage à l'autolaveuse

▷ #vidéo
Comment utiliser une autolaveuse (2'39")
foucherconnect.fr/ 22en43

DOC 3 La description et le fonctionnement de l'autolaveuse

L'autolaveuse est une machine électrique conçue pour un entretien rapide des sols dépoussiérés car le temps d'action du produit est très court. Elle est idéale pour les grandes surfaces dégagées (couloir, hall d'entrée). La méthode de nettoyage avec une autolaveuse met en œuvre l'action mécanique (brossage et aspiration des eaux sales) associée à l'action chimique (détergent) pour éliminer les salissures en un seul passage. Le temps est considérablement réduit dans cette méthode, la part d'action mécanique doit ainsi compenser par une pression de brossage adaptée élevée ou par une brosse ou un disque PAD adapté à l'entretien. Le personnel doit donc adapter les disques ou les brosses en fonction des sols et guider la machine. Il doit commencer par les bordures, continuer par le centre de la pièce et finir par un lavage manuel sur les bords et dans les angles. Le fonctionnement correspond à la combinaison du principe de la monobrosse et de celui de l'aspirateur à eau :
- la machine avance grâce au moteur de traction qui entraîne les roues motrices ;
- simultanément, un autre moteur entraîne la ou les brosses rotatives qui frottent la surface avec la solution détergente libérée du réservoir par un levier de débit ;
- le liquide au sol chargé de salissures est aspiré en fin d'opération par le suceur placé à l'arrière, et stocké dans un autre réservoir ;
- la forte aspiration au niveau du suceur laisse la surface quasi sèche après son passage.

Les deux réservoirs (solution détergente et récupérateur d'eau sale) de l'autolaveuse doivent être vidés et nettoyés après chaque utilisation, ainsi que le disque.

À la fin du passage, il faut réaliser un contrôle visuel du résultat permettant de vérifier :
- l'absence de traces de solution détergente et de traces d'eau ;
- l'absence de traces de semelles et de zones imparfaitement séchées.

7 **(Doc 3)** Encadrer l'objectif du nettoyage par l'autolaveuse.

8 **(Doc 3)** Indiquer le facteur d'efficacité manquant du cercle de Sinner et expliquer l'interdépendance des facteurs restants.

…………………………………………

9 **(Doc 3)** Souligner les critères de qualité du résultat du lavage à l'autolaveuse.

10 **(Doc 3)** Justifier les différentes étapes de la technique de lavage à l'autolaveuse.

…………………………………………

11 **(Doc 3)** Justifier les règles d'hygiène à respecter.

Hygiène : …………………………………………

CHAPITRE 7 Se tester

Entretien et bionettoyage mécaniques des surfaces

Le + numérique
foucherconnect.fr/22en58
Quiz
Exercice interactif

Exercice 1 Cocher les facteurs intervenant dans chaque technique.

Techniques \ Facteurs	Action mécanique	Action chimique	Temps	Température
Nettoyeur vapeur				
Monobrosse				
Autolaveuse				

Exercice 2 Relier les techniques à leurs avantages.

Techniques

- **Nettoyeur vapeur**
- **Monobrosse**
- **Autolaveuse**

Avantages

- Permet de décaper un sol lisse.
- Permet de réaliser un bionettoyage sans produit chimique.
- Élimine les salissures grasses et le biofilm bactérien.
- Nettoie les grandes surfaces dépoussiérées.
- S'utilise sur les surfaces planes et horizontales.
- Nettoie et élimine l'eau sale en un passage.

CHAPITRE 7

À retenir

Le + numérique foucherconnect.fr/22en59

Synthèse rédigée et audio

Techniques de lavage mécanique des surfaces

Bionettoyage à la vapeur

S'utilise sur toutes les surfaces dépoussiérées.
Permet le nettoyage des zones à risques et infectieuses dans le but de réduire momentanément la biocontamination de la surface.
La combinaison entre la vapeur et la pression permet d'éliminer les salissures adhérentes ainsi que les biofilms.
Le nettoyage à la vapeur sèche remplace, à lui tout seul, les différentes étapes du bionettoyage. Il permet un nettoyage méticuleux des surfaces, même inaccessibles, sans produit chimique, ce qui le rend respectueux de l'environnement et de l'opérateur.

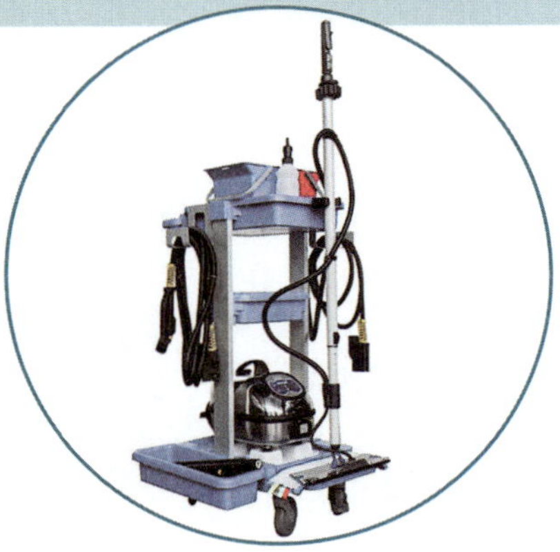

Nettoyage à la monobrosse

S'utilise sur un sol dépoussiéré.
Sert à éliminer les salissures adhérentes par l'action mécanique de la brosse combinée à l'action chimique du produit sur tous types de sols.
Permet de nettoyer, de lustrer, de décaper suivant le disque ou la brosse installé sous l'appareil, sur tous types de sols.
La rotation du disque et l'action combinée du détergent permettent un récurage approfondi.
Le passage de l'aspirateur à eau est nécessaire pour éliminer l'excédent d'eau et les salissures.

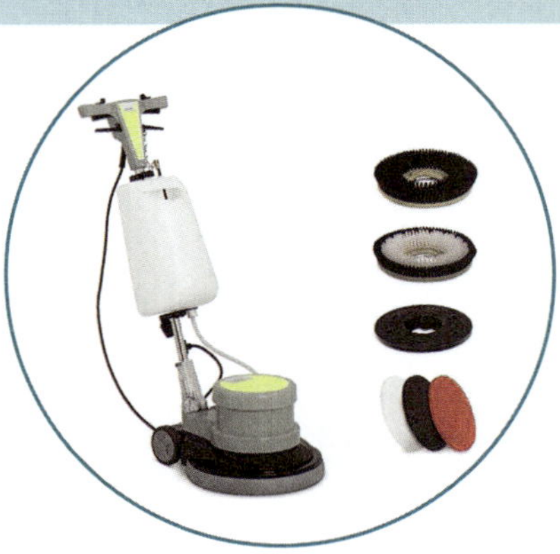

Nettoyage à l'autolaveuse

S'utilise sur des surfaces dépoussiérées, en particulier des couloirs ou des grandes pièces dépourvus de meubles.
Permet en un seul passage de libérer le produit sur le sol, d'avoir une action mécanique grâce au disque, puis d'aspirer le liquide chargé de salissures grâce au suceur en laissant un sol sec ; l'opérateur gagne ainsi du temps.

Équipements et matériels à entretenir

TD 17 Bloc 3

OBJECTIFS 1. Identifier les matériels et équipements à entretenir 2. Mettre en relation leur usage et les méthodes d'entretien en fonction du matériau

Activité 1 Les matériel et équipements à entretenir en EHPAD

DOC 1 La chambre et les sanitaires

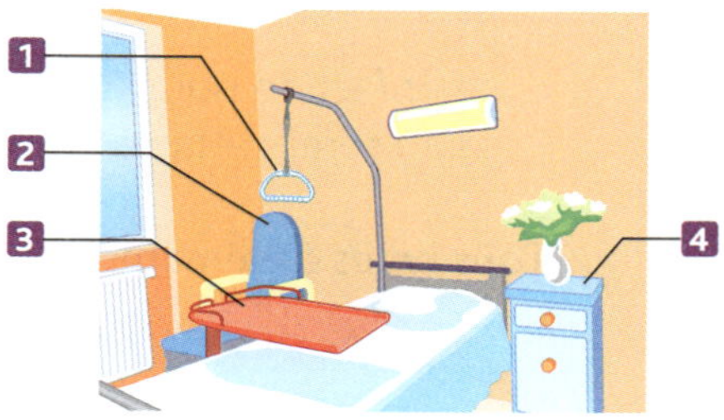

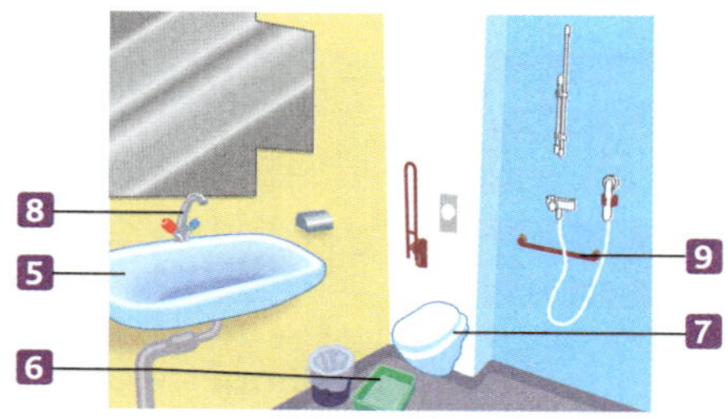

1 **(Doc 1, Annexe 1, p. 211 à 214)** Identifier les éléments à entretenir, préciser leur usage et les matériaux qui les constituent et en déduire le produit d'entretien à appliquer en complétant le tableau.

Éléments	Noms	Usages *(cocher)*	Matériaux	Produit *(cocher)*
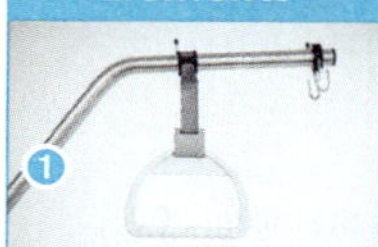	....	☐ Aide technique ☐ Repas ☐ Repos ☐ Hygiène	Tube : acier laqué époxy Sangle : textile Triangle : plastique thermodurcissable	☐ Détergent-désinfectant (Dd) ☐ Dd alimentaire ☐ Détartrant ☐ Abrasif
	....	☐ Aide technique ☐ Repas ☐ Repos ☐ Hygiène	....	☐ Détergent-désinfectant (Dd) ☐ Dd alimentaire ☐ Détartrant ☐ Abrasif
	....	☐ Aide technique ☐ Repas ☐ Repos ☐ Hygiène	Plateau : plastique thermodurcissable Piètement : acier laqué époxy	☐ Détergent-désinfectant (Dd) ☐ Dd alimentaire ☐ Détartrant ☐ Abrasif
	....	☐ Aide technique ☐ Repas ☐ Repos ☐ Hygiène	....	☐ Détergent-désinfectant (Dd) ☐ Dd alimentaire ☐ Détartrant ☐ Abrasif
	....	☐ Aide technique ☐ Repas ☐ Repos ☐ Hygiène	Céramique ou	☐ Détergent-désinfectant (Dd) ☐ Dd alimentaire ☐ Détartrant ☐ Abrasif
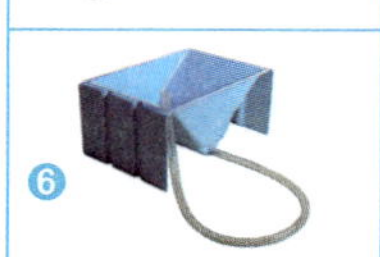	Pédiluve	☐ Aide technique ☐ Repas ☐ Repos ☐ Hygiène	....	☐ Détergent-désinfectant (Dd) ☐ Dd alimentaire ☐ Détartrant ☐ Abrasif
	....	☐ Aide technique ☐ Repas ☐ Repos ☐ Hygiène	Céramique	☐ Détergent-désinfectant (Dd) ☐ DD Alimentaire ☐ Détartrant ☐ Abrasif
	....	☐ Aide technique ☐ Repas ☐ Repos ☐ Hygiène	....	☐ Détergent-désinfectant (Dd) ☐ Dd alimentaire ☐ Détartrant ☐ Abrasif
	....	☐ Aide technique ☐ Repas ☐ Repos ☐ Hygiène	....	☐ Détergent-désinfectant (Dd) ☐ Dd alimentaire ☐ Détartrant ☐ Abrasif

2 **(Doc 1)** Indiquer le type d'équipement, ou de matériel, devant être rincé et justifier la réponse.

....

....

....

Activité 2 Le matériel de soin

DOC 2 Les méthodes d'entretien des dispositifs médicaux non invasifs réutilisables

Usages	Sans contact ou contact avec la peau saine		Contact avec une muqueuse ou peau lésée superficiellement
Niveaux d'exigence	Désinfection pour niveau non critique		Désinfection pour niveau semi-critique
Dispositifs	Éléments plats	Éléments creux	Tous types d'éléments
Moyens	Lingette UU pré-imprégnée ou lingette réutilisable	Immersion	Immersion
Méthodes	Méthode combinée[1] par essuyage	Méthode combinée par trempage	Méthode séparée[2] par trempage

L'entretien du matériel de soins, Cpias Bretagne 2021.

1. Méthode combinée : utilisation d'un seul produit détergent-désinfectant.
2. Méthode séparée : nettoyage avec un désinfectant rinçage puis désinfection.

3 **(Doc 2, TD1, p. 9)** Relier les différents matériels de soin à leur usage et en déduire la méthode d'entretien à utiliser.

Usage

- Contact avec la peau saine ou sans contact avec le patient **Risque infectieux de bas niveau = matériel non critique**
- Contact avec une muqueuse ou peau lésée superficiellement **Risque infectieux de niveau intermédiaire = matériel semi-critique**

Matériel de soins

- **Prise de constantes :** stéthoscope, tensiomètre, thermomètre auriculaire

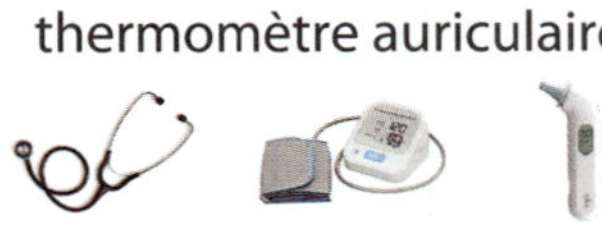

- **Matériel de dispensation de médicaments :** pilulier, gobelets, dispensateur de médicaments

- **Nursing :** peigne, brosse, pince à épiler.

- **Nursing :** rasoir, coupe-ongles.

Méthode

- **Méthode combinée par essuyage**
- **Méthode combinée par trempage**
- **Méthode séparée par trempage**

4 **(Doc 2, Annexe 1, p. 211 à 214)** Expliquer, en donnant deux arguments, pourquoi il est possible et conseillé d'effectuer l'entretien des piluliers et dispensateurs de médicaments au lave-vaisselle à un cycle de 60 °C.

....

....

....

....

Activité 3 L'entretien des matériels et équipements dans une crèche

DOC 3 L'entretien d'une crèche

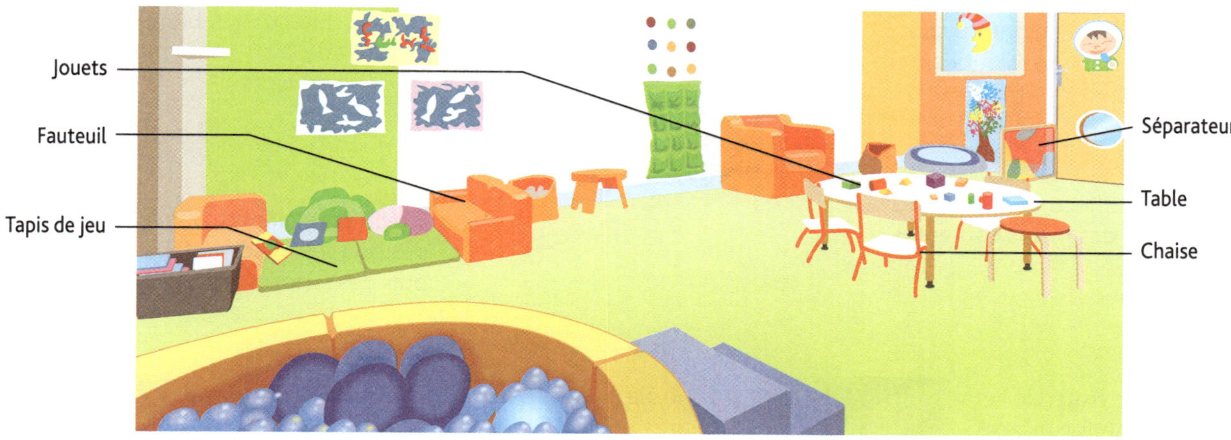

5 **(Doc 3, Annexe 1, p. 211 à 214)** Identifier les différents éléments à entretenir en fonction du matériau qui compose la surface à entretenir. En déduire les produits, matériels et méthode à utiliser pour effectuer leur entretien.

Matériau	Équipement	Matériel d'entretien	Type de Dd	Méthode
	....	Lavette : ☐ usage autorisé ☐ usage interdit Tampon abrasif : ☐ usage autorisé ☐ usage interdit	☐ Dd non chloré ☐ Dd chloré ☐ Dd alimentaire	☐ Essuyage ☐ Immersion
Plastique thermodurcissable	....	Lavette : ☐ usage autorisé ☐ usage interdit Tampon abrasif : ☐ usage autorisé ☐ usage interdit	☐ Dd non chloré ☐ Dd chloré ☐ Dd alimentaire	☐ Essuyage ☐ Immersion
	....	Lavette : ☐ usage autorisé ☐ usage interdit Tampon abrasif : ☐ usage autorisé ☐ usage interdit	☐ non chloré ☐ chloré ☐ Dd	☐ Essuyage ☐ Immersion
PVC	....	Lavette : ☐ usage autorisé ☐ usage interdit Tampon abrasif : ☐ usage autorisé ☐ usage interdit	☐ non chloré ☐ chloré ☐ alimentaire	☐ Essuyage ☐ Immersion
Thermoplastique	....	Lavette : ☐ usage autorisé ☐ usage interdit Tampon abrasif : ☐ usage autorisé ☐ usage interdit	☐ non chloré ☐ chloré ☐ alimentaire	☐ Essuyage ☐ Immersion

Activité 4 L'entretien d'une aide technique à la mobilité

DOC 4 Le protocole d'entretien hebdomadaire du fauteuil roulant en aluminium *(extrait)*

Recommandations

- Effectuer un entretien hebdomadaire après le coucher de l'usager si le fauteuil est à usage de mobilité permanente.
- Utiliser un détergent-désinfectant neutre non chloré et une lavette.

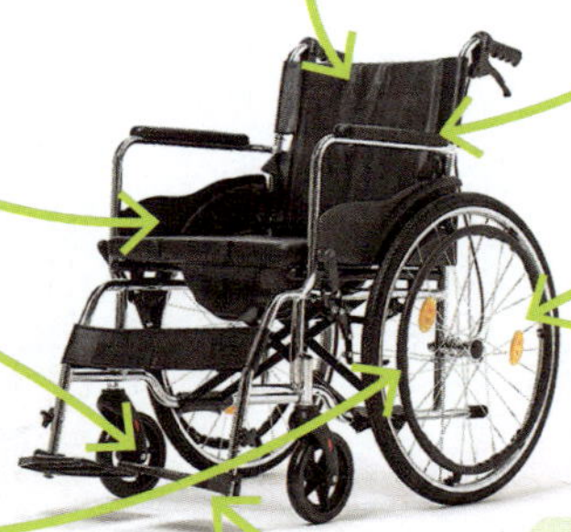

Contrôle visuel de l'état des pneus (surfaces de contact au sol et flancs).

Contrôle de la pression par appui sur le pneu.

Contrôle des freins : frein bloqué → la roue ne doit pas bouger.

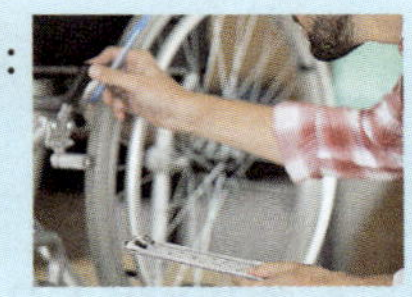

En cas de détérioration ou de dysfonctionnement alerter le service technique.

6 **(Doc 4, Annexe 1, p. 211 à 214)** Justifier le choix du produit d'entretien.

....

....

....

....

7 **(Doc 4, Annexe 1, p. 211 à 214)** Justifier le choix du matériel d'entretien.

....

....

....

....

8 **(Doc 4)** Justifier les adaptations à apporter à la procédure d'entretien du fauteuil pour un usage de type transfert de plusieurs usagers d'un service vers la salle à manger.

....

....

....

....

....

Réaliser le bionettoyage du lit au départ du patient

FICHE TECHNIQUE 6

OBJECTIF Effectuer l'entretien d'un lit au départ d'un patient dans le respect des règles d'hygiène, de sécurité et des principes d'ergonomie, d'économie et d'écoresponsabilité

Matériel
- Chariot de bionettoyage dont 2 seaux + lavettes

Produits
- Détergent-désinfectant
- Eau

ÉTAPES PRÉALABLES
- FT1 et FT2
- Préparer le matériel et les produits
- Préparer l'environnement : déplacer la table adaptable

PRINCIPES DE BASE
- Contrôler l'état de propreté du matériel
- Respecter les consignes d'utilisation du produit (dosage, température de l'eau…)
- Utiliser au minimum une lavette par chambre

Succession des opérations	Exigences
1 **Préparer** le lit.	> **Retirer** la literie. > **Mettre** le lit à la bonne hauteur, à plat et vérifier que les freins soient mis.
2 **Imprégner** la lavette de la solution et la plier en 4.	> **Utiliser** chaque face de la lavette en cas de salissures importantes.
3 **Bionettoyer** le lit.	> Dans l'ordre : tête de lit – potence – sonnette – barrières de sécurité – télécommande.
4 **Bionettoyer** le matelas.	> **Commencer** par la housse plastique du matelas (détourage, haut, bas, puis centre) et enfin le sommier.
5 **Bionettoyer** le bas du lit.	> **Utiliser** un tampon abrasif en cas de salissures adhérentes.
6 **Laisser** agir.	> **Respecter** le temps d'action du produit.
7 **Rincer** et **sécher** (selon mode d'emploi du produit).	> **Respecter** le même ordre que les étapes précédentes.

1 Retrait de la literie
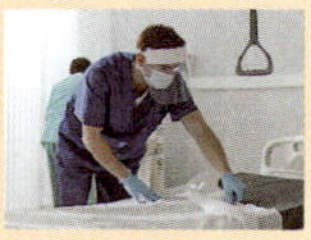

2 Tête de lit
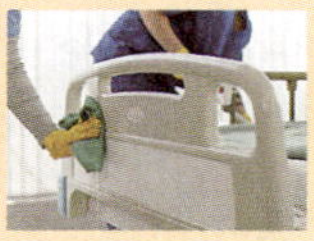

3 Télécommande
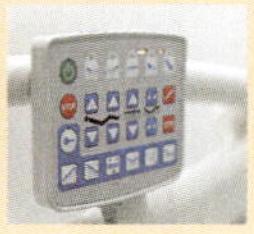

4 Matelas
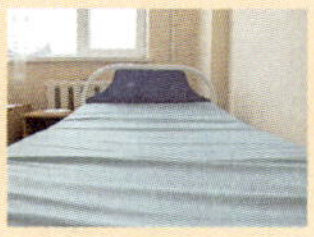

5 Bas du lit
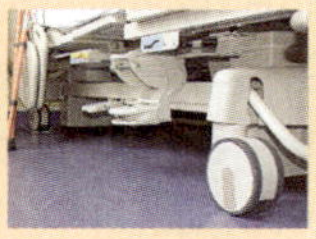

Autocontrôles visuels	Opérations complémentaires après l'entretien
> **Vérifier** l'absence de salissures, de déchets, de coulures. > **Signaler** les dégradations éventuelles.	> **Réaliser** les actions correctives si nécessaire. > **Refaire** le lit et remettre les équipements en place. > **Nettoyer** et **ranger** le matériel.

Entretien quotidien du lit dans une chambre de patient

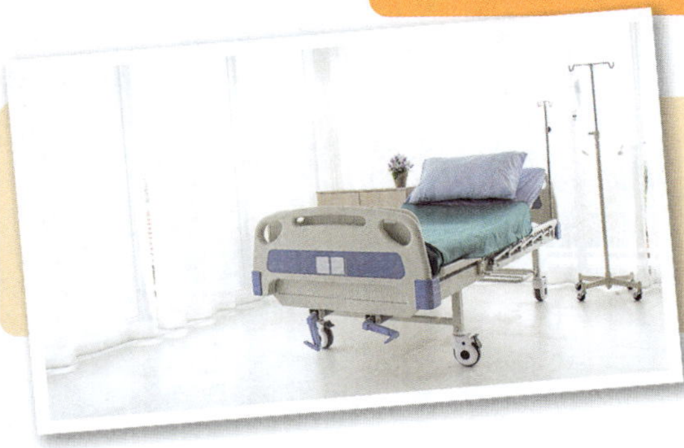

- **Bionettoyer** le matelas uniquement en cas de souillure importante.
- **Mettre** le lit à hauteur du patient et **abaisser** les barrières.

Entretien d'un lit d'enfant en multi-accueil

- **Appliquer** les règles générales d'entretien d'un lit.
- **Réaliser** un entretien hebdomadaire lorsque le lit est réservé à un seul enfant (dans la mesure du possible, sinon entretien quotidien).

Zoom sur la méthode vapeur

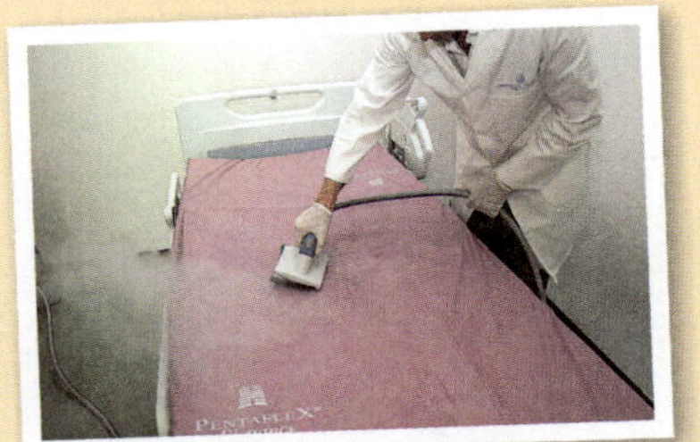

- **Application :**
  - Après la sortie définitive du patient.
  - Entretien des sols quotidiennement.
- **Avantages :**
  - Propreté visuelle.
  - Propreté hygiénique (biocide).
  - Peut être utilisé sur certains dispositifs médicaux.
  - Participe au développement durable (sans produit).
  - Économique.
  - Non allergisant pour le personnel.
- **Points de vigilance :**
  - Nécessite une formation en ergonomie pour l'utilisation.
  - Équipements professionnels : tablier, gants à manchettes longues, masque, lunettes ou visière de protection.

Assurer l'entretien de l'adaptable et du fauteuil de confort

FICHE TECHNIQUE 7

OBJECTIF Assurer l'entretien des équipements dans le respect des règles d'hygiène, d'ergonomie, de sécurité et d'économie

1 L'entretien de l'adaptable

Matériels

- Lavettes (couleur adaptée au mobilier)
- Seau (couleur identique aux lavettes)
- Papier absorbant

Produit

- Détergent-désinfectant à usage alimentaire adapté aux matériaux (Annexe 1, p. 211 à 214) ou solution d'ozone aqueuse stabilisée

ÉTAPES PRÉALABLES

> Se mettre en tenue professionnelle FT1
> Se laver les mains FT2, puis mettre les gants de ménage
> Préparer l'environnement
> Préparer le matériel et les produits adaptés à la méthode :
– par pulvérisation : spray prêt à l'emploi + lavettes,
– par imprégnation : produit + lavettes + seau

PRINCIPES DE BASE

> Respecter les consignes d'utilisation du produit
> Travailler de haut en bas, du plus propre au plus sale, du plus proche au plus éloigné de l'usager
> Changer de face de lavette entre chaque étape

Succession des opérations		Exigences
	Méthode par imprégnation	
1 **Préparer les lavettes**	> **Préparer** la solution de bionettoyage. > **Disposer** les lavettes dans le seau. > **Verser** la moitié de la solution sur les lavettes. > Après absorption, **retourner** les lavettes. > **Verser** la deuxième moitié de la solution.	> **Adapter** la quantité de solution au nombre de lavettes. > **Plier** les lavettes en 2, puis en 2 et en 2, les disposer sur la tranche.
	Méthode par pulvérisation	
	> **Pulvériser** le produit sur la lavette. 	> **Diriger** le spray de pulvérisation hors de l'espace respiratoire des personnes (personnel et usager).
2 **Préparer l'adaptable** 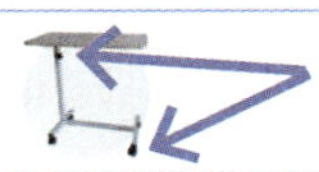		> **Éloigner** l'adaptable du lit. > **Bloquer** la colonne et les roulettes.
3 **Enlever les salissures non adhérentes**		> **Utiliser** un papier absorbant.
4 **Effectuer le détourage** avec une lavette en englobant la totalité de la bordure.		> **Revenir** au point de départ. > **Changer** de face de lavette en fin de cycle.
5 **Effectuer dans l'ordre le bionettoyage :** du plateau, du dessous du plateau, de la colonne, du piètement puis des roulettes.		> **Appliquer** le Dda sur la totalité des surfaces. > **Changer** de face de lavette à chaque étape. > **Travailler** de haut en bas.
6 **Évacuer** la lavette dans le sac prévu pour cet usage.		> **Laisser** le sac à l'extérieur de la chambre.

Autocontrôles visuels	Opérations complémentaires après l'entretien
> Absence de traces.	> **Réaliser** les actions correctives si nécessaire. > **Entretenir** et **ranger** le matériel, **se laver** les mains.

2 L'entretien du fauteuil de confort

Matériels

- Lavettes (couleur adaptée au mobilier)
- Seau (couleur identique aux lavettes)
- Papier absorbant

Produit

- Détergent-désinfectant à usage adapté aux matériaux (Annexe 1, p. 211 à 214) ou solution d'ozone aqueuse stabilisée

ÉTAPES PRÉALABLES

> Se mettre en tenue professionnelle FT1
> Se laver les mains FT2, puis mettre les gants de ménage
> Préparer l'environnement
> Préparer le matériel et les produits adaptés à la méthode :
– par pulvérisation : spray prêt à l'emploi + lavettes
– par imprégnation : produit + lavettes + seau

PRINCIPES DE BASE

> Respecter les consignes d'utilisation du produit
> Travailler de haut en bas, du plus propre au plus sale, du plus proche au plus éloigné de l'usager

<table>
<tr><th colspan="2">Succession des opérations</th><th>Exigences</th></tr>
<tr><td rowspan="4">1 Préparer les lavettes</td><td colspan="2">Méthode par imprégnation</td></tr>
<tr><td>> Préparer la solution de bionettoyage.
> Disposer les lavettes dans le seau.
> Verser la moitié de la solution sur les lavettes.
> Après absorption, retourner les lavettes.
> Verser la deuxième moitié de la solution.</td><td>> Adapter la quantité de solution au nombre de lavette.
> Plier les lavettes en 2, puis en 2 et en 2, les disposer sur la tranche.</td></tr>
<tr><td colspan="2">Méthode par pulvérisation</td></tr>
<tr><td>> Pulvériser le produit sur la lavette.</td><td>> Diriger le spray de pulvérisation hors de l'espace respiratoire des personnes (personnel et usager).</td></tr>
<tr><td colspan="2">2 Bloquer les roulettes si le fauteuil en est équipé.</td><td>> Immobiliser le fauteuil.</td></tr>
<tr><td colspan="2">3 Effectuer dans l'ordre le bionettoyage :
– du dossier puis de l'assise ;
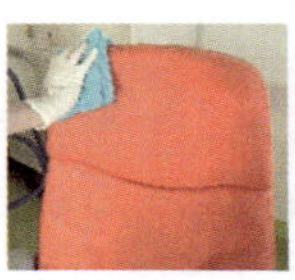 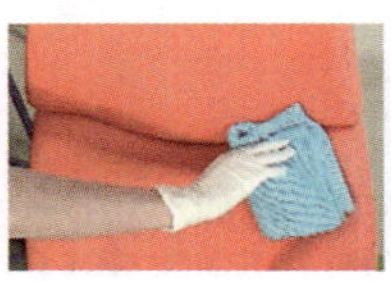 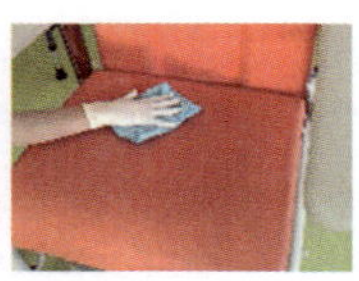
– de l'arrière du dossier ;
– des accoudoirs puis des montants ;
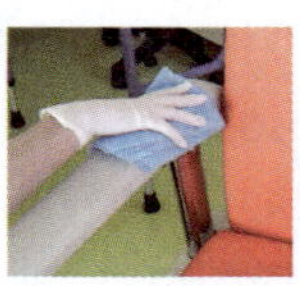 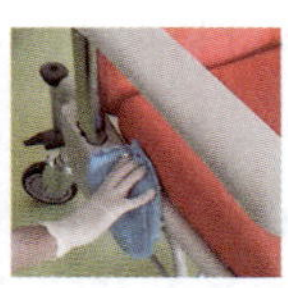
– du dessous du fauteuil ;
– du repose-pieds ;
– des roulettes.
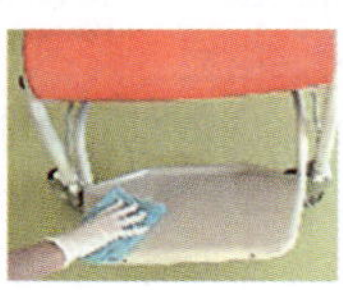</td><td>> Pour chaque étape, procéder au détourage, puis au bionettoyage de la surface.
> Changer de face de lavette entre chaque étape.
> Insister sur les coutures, les rebords, les formes…</td></tr>
<tr><td colspan="2">4 Évacuer la lavette dans le sac prévu pour cet usage.</td><td>> Laisser le sac à l'extérieur de la chambre.</td></tr>
</table>

Autocontrôle visuel	Opérations complémentaires après l'entretien
> Absence de traces.	> **Réaliser** les actions correctives si nécessaire. > **Entretenir** et **ranger** le matériel, **se laver** les mains.

Réaliser l'entretien des jouets et de la chaise évolutive

FICHE TECHNIQUE 8

OBJECTIF Assurer l'entretien des équipements dans le respect des règles d'hygiène, d'ergonomie, de sécurité et d'économie

1 L'entretien des jouets

ÉTAPES PRÉALABLES

- Se mettre en tenue professionnelle FT 1
- Se laver les mains FT 2, mettre des gants
- Préparer le matériel et les produits
- Préparer l'environnement : bionettoyage surfaces recevant les jouets après entretien
- Trier les jouets

PRINCIPES DE BASE

- Respecter les consignes d'utilisation du produit (dosage, temps d'action, température)
- Travailler de haut en bas, du plus propre au plus sale
- Changer de face de lavette ou de lavette dès que nécessaire

Matériau

Plastique

❶ Souple

❷ Dur

Matériels

Méthode par immersion

- Évier double ou 2 bassines
- Lavette jaune + brosse

Lavage mécanique

- Lave-vaisselle

Produits

- Détergent-désinfectant alimentaire (EN 14476) ou solution d'ozone aqueuse stabilisée
- Détergent pour lave-vaisselle

Succession des opérations selon la méthode choisie	Exigences
❶ Méthode par immersion > **Diluer** le Dda dans le bac le plus éloigné de l'égouttoir. > **Immerger** les jouets dans la solution 15 minutes. > **Frotter** avec une lavette ou une brosse. > **Rincer** dans le deuxième bac. > **Laisser** égoutter. > **Sécher**.	Fréquence : bihebdomadaire > **Respecter** les indications de l'étiquette. > **Immerger** la totalité du jouet. > **Insister** sur les aspérités. > **Utiliser** de l'eau tiède. > **Vérifier** que l'eau s'écoule. > **Utiliser** du papier absorbant.
❷ Lavage mécanique > **Disposer** les jouets dans les paniers. > **Programmer** un lavage à plus 63 °C (cycle de 30 min)	Fréquence : bihebdomadaire > **Positionner** les jouets face concave côté asperseurs.

Remarque :

– Les jouets ne pouvant être immergés (ex. : jouets en bois) sont entretenus avec la méthode par essuyage, selon la même fréquence.

– Les jouets en textile sont lavés en lave-linge selon une fréquence hebdomadaire. Ils sont entretenus selon la même fréquence.

Autocontrôles visuels	Opérations complémentaires après l'entretien
> **Vérifier** l'intégrité des jouets. > Absence de traces ou de taches.	> **Évacuer** les lavettes dans le sac prévu pour cet usage. > **Entretenir** et **ranger** le matériel, **se laver** les mains.

2 L'entretien de la chaise évolutive

Matériels

- ☑ Seau (couleur identique aux lavettes)
- ☑ Lavettes (couleur adaptée au mobilier)
- ☑ Papier absorbant

Produit

☑ Détergent-désinfectant à usage alimentaire adapté aux matériaux (Annexe 1, p. 211 à 214) ou solution d'ozone aqueuse stabilisée

ÉTAPES PRÉALABLES

> Se mettre en tenue professionnelle FT1
> Se laver les mains FT2, mettre des gants
> Préparer l'environnement
> Préparer le matériel et les produits :
– méthode par pulvérisation : spray prêt à l'emploi + lavettes
– méthode par imprégnation : produit + lavettes + seau

PRINCIPES DE BASE

> Respecter les consignes d'utilisation du produit
> Travailler de haut en bas, du plus propre au plus sale
> Changer de face de lavette entre chaque étape

Succession des opérations : lavage mécanique	Exigences
❶ **Préparer** les lavettes selon la méthode choisie : – imprégnation → immerger les lavettes dans la solution de Dda ; – pulvérisation → pulvériser le produit sur la lavette.	> Voir FT7.
❷ **Enlever** – les salissures non adhérentes ; – l'accessoire bébé. 	> Utiliser un papier absorbant. > Nettoyer au lave-vaisselle.
❸ **Effectuer**, dans l'ordre, le bionettoyage : ❶ Sangles si nécessaire ; ❷ Dossier, côtés et assise ; ❸ Tablette ; ❹ Repose-pieds ; ❺ Montants, barres ; ❻ Piétements. 	> Pour chaque étape, **procéder** au détourage puis au bionettoyage de la surface. > **Changer** de face de lavette entre chaque étape. > **Insister** sur les coutures, les rebords, les formes…
❹ **Rincer** puis sécher la tablette.	> **Éliminer** toute trace de produit.
❺ **Sécher** les autres parties.	> **Éliminer** le milieu humide.
❻ **Évacuer** la lavette dans le sac prévu pour cet usage.	

Autocontrôle visuel	Opérations complémentaires après l'entretien
> Absence de traces ou de taches.	> **Réaliser** les actions correctives si nécessaire. > **Entretenir** et **ranger** le matériel, **se laver** les mains.

Se tester

Entretien et bionettoyage des matériels

Le + numérique
foucherconnect.fr/22en84
Quiz
Exercice interactif

Exercice 1 Relier les différents matériels ou équipements à leur usage.

Matériel ou équipement	Usage
Matelas de change •	• Aide technique
Déambulateur •	• Activités
Tapis de jeu •	• Hygiène
Chaise haute •	• Repas
Stéthoscope •	• Repos
Fauteuil •	• Soins

Exercice 2 Indiquer si chaque affirmation est vraie ou fausse.

Affirmations	Vrai	Faux
L'utilisation de la vapeur d'eau se fait quel que soit le matériau.		
Pour utilisation d'un détartrant, le matériau doit résister aux produits à pH2.		
L'eau de Javel s'utilise sur des supports résistants aux produits chlorés.		
La crème abrasive s'utilise sur l'inox.		

Exercice 3 Mettre en relation le niveau de risque d'un matériel et sa méthode d'entretien.

Coupe-ongles

- ☐ Matériel non critique
- ☐ Matériel semi-critique

- ☐ Méthode combinée par essuyage
- ☐ Méthode combinée par trempage
- ☐ Méthode séparée par trempage

Peigne

- ☐ Matériel non critique
- ☐ Matériel semi-critique

- ☐ Méthode combinée par essuyage
- ☐ Méthode combinée par trempage
- ☐ Méthode séparée par trempage

À retenir

Le + numérique foucherconnect.fr/22en85
Synthèse rédigée et audio

Équipements et matériels à entretenir

Des méthodes d'entretien adaptées au matériel (usage et matériau)

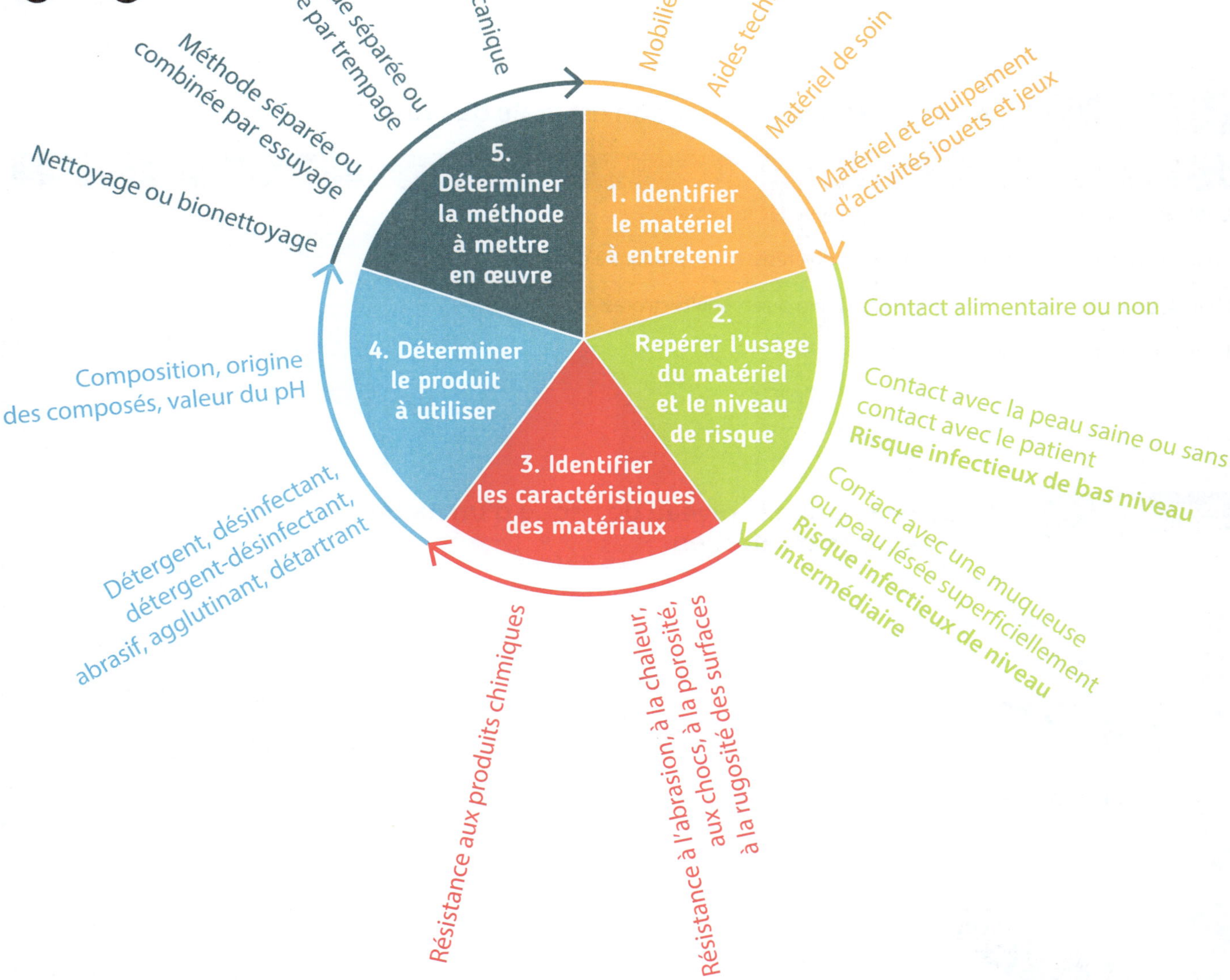

Plans de nettoyage

TD 18
Bloc 2

OBJECTIFS 1. Justifier les étapes d'un plan de nettoyage ou de bionettoyage 2. Identifier et justifier la procédure dans le cas d'un isolement

Activité 1 Le plan de nettoyage

DOC 1 Les consignes de rédaction du plan de nettoyage d'un établissement de santé

Un plan de nettoyage est un processus complet ayant pour but d'optimiser l'entretien des locaux ainsi que la maintenance des équipements.

Il est nécessaire de répertorier les lieux d'intervention (chambres, sanitaires, couloirs…) avec leurs contraintes, car chacun présente des besoins spécifiques en termes d'entretien (usage, nature des surfaces à entretenir, état de santé de l'usager…).

Dans un souci d'efficacité et pour assurer la qualité des interventions, le plan définit :

- les modes opératoires (matériels, produits, étapes) précis comportant notamment, pour chaque produit utilisé, la dilution, la température d'utilisation, le temps d'application et la nécessité d'un rinçage éventuel ;
- la fréquence des opérations selon le niveau de salissure ou l'état de santé de l'usager et les moments de la journée auxquels les différentes opérations de nettoyage et de désinfection sont effectuées ;
- le personnel qui aura en charge les tâches à réaliser en désignant les personnes dont les compétences professionnelles sont en adéquation avec les activités ;
- les moyens mis en place pour vérifier l'efficacité du plan (vérification visuelle, contrôles bactériologiques des surfaces) et effectuer le calcul du temps d'intervention dans un souci d'efficacité et de maîtrise des coûts.

1. **(Doc 1)** Souligner l'intérêt de la mise en place d'un plan de nettoyage.

2. **(Doc 1)** Relier les étapes de construction d'un plan de bionettoyage aux actions qui correspondent, puis à leur justification.

Actions	Étapes	Justifications
Définir quand doivent être réalisés le nettoyage et la désinfection.	1. Définir le champ d'intervention	Viser l'efficacité et la qualité des interventions.
Définir à quels endroits le nettoyage et la désinfection doivent être réalisés.	2. Définir le(s) acteur(s)	Intervenir en fonction du degré de salissure ou de l'état de santé de l'usager.
Définir les outils de vérification de l'efficacité du plan.	3. Définir les fréquences	Adapter les interventions aux contraintes des locaux et leurs usages.
Définir qui doit effectuer l'entretien (opérateurs nommés).	4. Définir les modes opératoires	Veiller à l'efficacité et à la maîtrise des coûts.
Définir comment le nettoyage et la désinfection doivent être réalisés (produits, concentration).	5. Définir les outils de contrôle	Mettre en relation les activités et les compétences de l'opérateur.

Activité 2 Le plan de nettoyage en EHPAD en fonction de l'état de santé du résident

DOC 2 Un extrait du plan de nettoyage d'une chambre en EHPAD

1re Étape : Surfaces hautes sèches			
	Quotidien	Hebdomadaire	Trimestriel
Chambre du résident sans soins **EPI :** 	• Évacuation déchets et linge sale. • Bionettoyage avec détergent-désinfectant : téléphone, interrupteurs, poignées de portes, extérieur du mobilier, supports de poubelle.	• Nettoyage avec détergent : cordons téléphone, bibelots.	• Nettoyage avec détergent : intérieur du mobilier, bibelots, placard muraux, portes, grilles de ventilation, nettoyage des vitres.
Résident soigné (infection) PC*	• Évacuation des déchets, du linge sale pluriquotidien. • Bionettoyage pluriquotidien de l'ensemble des surfaces avec un détergent-désinfectant ciblé (bactéricide et/ou fongicide et/ou virucide). **EPI :** 		

* PC (précautions particulières) : les locaux où réside un usager immunodéprimé doivent suivre une procédure aménagée afin de faire barrière à l'entrée d'un agent infectieux dans l'environnement du patient (isolement protecteur). Les locaux où réside un usager présentant une infection doivent suivre une procédure aménagée de façon à éviter la diffusion de l'agent infectieux connu ou présumé à partir du patient ou de son environnement (isolement septique).

Selon : Guide d'entretien des locaux en EMS – CLIN ARLIN Bourgogne.

3 **(Doc 2)** Justifier trois adaptations de la procédure lorsqu'un résident est atteint d'une maladie contagieuse due à un micro-organisme.

– ....

....

– ....

....

– ....

....

4 **(Doc 2)** Comparer l'objectif d'une procédure en isolement protecteur et celle en isolement septique.

....

....

Activité 3 Le diagramme d'intervention à domicile

DOC 3 Un extrait du diagramme d'entretien d'un domicile

Aide à domicile								
Permanente : *C. Martin*		**Remplaçante :** *M. Constant*					**Logement :** *Mme Béchan*	
Zones	Fréquence	Réalisation (initiales intervenant)					Produits	
		L	Ma	Me	J	V		
Cuisine								
Four	Le mardi						Détergent	
Hotte	1 fois par semaine						Détergent	
Réfrigérateur	1 fois par mois						DdA	
Plan de travail	Tous les jours						DdA	

5 **(Doc 1 et Doc 3)** Indiquer à quelles étapes du plan de nettoyage correspond chaque colonne du diagramme.

– Zones à entretenir : ....

– Fréquence : ....

– Réalisation avec identification de l'intervenant :

....

– Produits : ....

6 **(Doc 3)** Préciser l'intérêt de compléter ce document à chaque intervention.

....

....

Bionettoyer une chambre en EHPAD

FICHE TECHNIQUE 9

OBJECTIF Effectuer le bionettoyage de la chambre dans le respect des règles d'hygiène, d'économie, de sécurité et d'ergonomie

Le bionettoyage de la chambre en EHPAD

Principes de base

L'ENTRETIEN DE LA CHAMBRE A LIEU :

1. Avant : la toilette du résident
2. Avant : la réfection du lit
3. Après : les soins infirmiers
4. Après avoir couvert le ou les patients si nécessaire, et aéré les locaux.

Matériels

- Balai trapèze semelle mousse ou caoutchouc
- Balai de lavage + bandeaux microfibre pour le lavage par imprégnation
- Lavettes de couleur en microfibre (2 par chambre)
- Poubelle, pelle, balayette, gants de ménage

Produits

- Gaze pré-imprégnée à usage unique
- Détergent-désinfectant
- Détartrant
- Crème abrasive

ÉTAPES PRÉALABLES

- Se mettre en tenue professionnelle
- Se laver les mains. Mettre les gants de ménage : nominatifs, nettoyés et désinfectés entre chaque pièce
- Préparer le chariot, le matériel et les produits
- Observer l'état de la pièce : ranger la zone, s'assurer du confort du résident ou du malade

Techniques	Justification
Aérer la pièce.	**Renouveler** l'air vicié.
Sortir les déchets.	**Éviter** d'avoir à générer de la poussière une fois le ménage réalisé en allant bouger le sac poubelle.
Travailler toujours du plus propre vers le plus sale (ou le plus contaminé).	Les parties les moins sales sont censées être les moins contaminées (ex. : pour les surfaces, commencer par les surfaces « points contacts » propres, puis les surfaces horizontales poussiéreuses, et enfin les surfaces souillées).
Travailler de haut en bas.	Les salissures et la poussière vont tomber de façon naturelle sur les parties plus basses qui sont facilement nettoyées par la suite.
Déplacer impérativement le mobilier (chaise, chevet).	Ne pas oublier de surface à nettoyer et de salissures sur le sol.
Laisser le chariot de ménage en dehors de la chambre.	Ne pas contaminer la chambre.
Appliquer le principe de la marche en avant.	**Éviter** : – les retours en arrière sur des zones déjà nettoyées, – les croisements de flux, – les pertes de temps occasionnées par des allers et retours inutiles.
Respecter les règles d'ergonomie. 	**Garder** son dos droit et plier les jambes pour la désinfection des parties basses afin de limiter les lombalgies.

Succession des opérations	Exigences	Justifications
1. Entretenir le cabinet de toilette		
> **Nettoyer** tous les accessoires. > **Vider** la poubelle. > **Nettoyer** le lavabo et la douche avec la crème à récurer, rincer ; désinfecter les siphons, le trop-plein (lavabo, douche) avec l'eau de Javel (dilution respectée). > **Réapprovisionner** les consommables.	> **Utiliser** une lavette imprégnée de détergent-désinfectant. > **Débuter** par l'extérieur puis poursuivre à l'intérieur avec une lavette imprégnée de Dd et de crème abrasive. > **Vaporiser** la robinetterie. > **Réapprovisionner** savon, papier à usage unique et papier hygiénique. 	> **Ôter** les salissures visibles, adhérentes et tuer les micro-organismes. > **Respecter** les principes de nettoyage. Chronologie des étapes 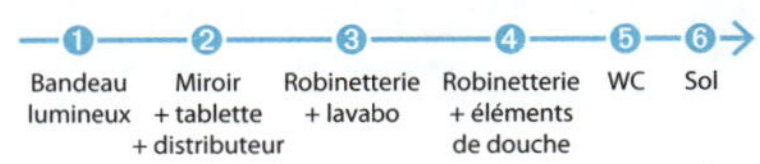
2. Entretenir les W.-C.		
> **Tirer** la chasse. > **Nettoyer** les extérieurs de la cuvette. > **Détartrer** la cuvette. > **Tirer** la chasse d'eau.	> **Respecter** l'ordre des opérations. > **Utiliser** une lavette imprégnée de Dd. > **Mettre** le détartrant dans la cuvette en respectant le temps de contact. > **Finir** par l'abattant et le bord intérieur de la cuvette. > **Frotter** à l'aide de la brosse.	> **Prévenir** les infections et épidémies (gastroentérite). > **Prévenir** un entartrage. > **Éliminer** les résidus de produit d'entretien.
3. Entretenir les petites surfaces et les objets de la chambre		
> **Effectuer** l'essuyage humide des surfaces. > **Effectuer** l'essuyage humide du lit, table de nuit, fauteuil, chaise, tabouret, et adaptable.	> **Plier** en 4 la lavette, une face par surface. > **Utiliser** 1 à 2 lavettes par chambre. > **Insister** sur poignées des tables de nuit, poignées des armoires et des placards, potence, sonnette, téléphone, lampe mobile, rampe, support, tablette, prises murales, interrupteurs.	> **Profiter** ainsi au maximum de l'efficacité de cette lavette. Ce pliage offre la possibilité d'utiliser à chaque fois une face propre pour un nouveau nettoyage.
4. Entretenir les sols		
> **Procéder** au balayage humide. > **Procéder** au lavage du sol. 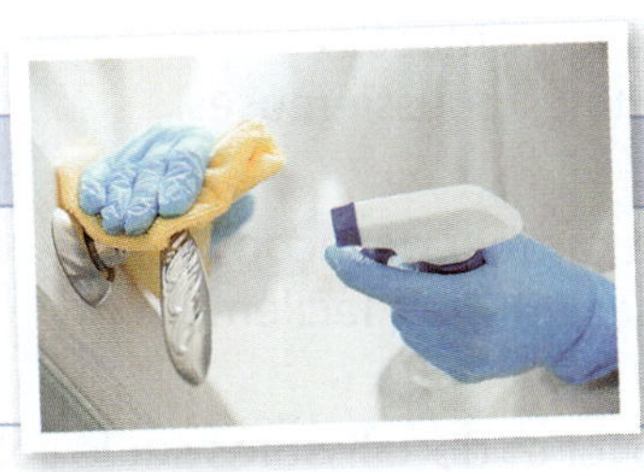	> **Commencer** par le fond de la chambre et en terminant sur le seuil de la porte (FT3). > **Utiliser** un bandeau imprégné à chaque chambre. Appliquer la technique en godille. > **Terminer** sur le seuil de la porte.	> **Utiliser** des franges (ou bandeaux) dites « imprégnées », imbibées de la juste dose de solution pour éviter le risque de répandre des bactéries en nettoyant une pièce avec une mop sale.
5. Terminer par la poignée extérieure de la chambre		
	> **Utiliser** une lavette imprégnée de Dd.	> **Insister** sur les surfaces contact pour éviter la formation d'un biofilm.

Autocontrôles	Opérations complémentaires après l'entretien	
> Contrôle visuel : absence de salissures non adhérentes au sol (poussières, déchets, cheveux, graviers, papiers, etc.) et de surfaces humides. > Contrôle microbiologique des surfaces.	> **Réaliser** les actions correctives si nécessaire après les autocontrôles. > **Évacuer** les déchets. > Fermer hermétiquement le sac **contenant** les gazes neuves pour éviter leur dessèchement.	> **Entretenir** et ranger le matériel. > **Se laver** les mains après le retrait des gants de ménage. > **Procéder** au lavage des gants. > **Tracer** le bionettoyage dans le classeur.

Réaliser le bionettoyage d'une chambre après le départ d'un malade infecté

FICHE TECHNIQUE 10

OBJECTIF Effectuer le bionettoyage de la chambre après le départ du malade dans le respect des règles d'hygiène, d'économie, de sécurité et d'ergonomie

Le bionettoyage d'une chambre après le départ d'un patient infecté

Le **protocole d'entretien** est exécuté après la sortie définitive d'un patient. On procède comme pour l'entretien journalier FT9 en ajoutant la désinfection du matelas et le remplacement de la housse de protection, le bionettoyage des radiateurs, de la tuyauterie visible, des plafonniers et cache-néons, des murs, des sols et le dépoussiérage des ventilations.

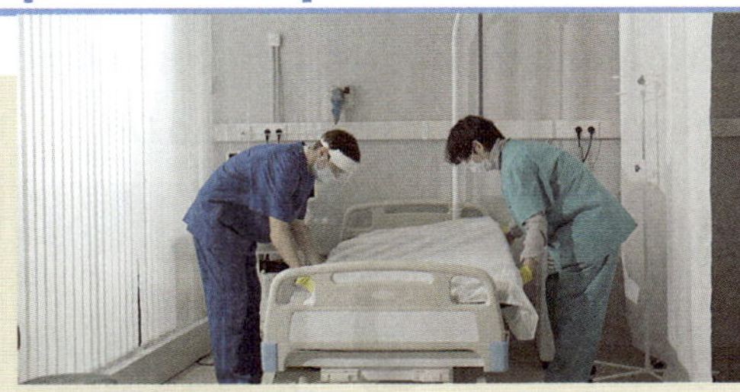

Matériels

- Balai trapèze semelle mousse ou caoutchouc
- Balai de lavage + bandeaux microfibre pour le lavage par imprégnation
- Lavettes **à usage unique** de couleur en microfibre
- Sac jaune pour l'évacuation de tous les déchets
- Sac hydrosoluble pour le linge contaminé

Produits

- Gaze pré-imprégnée à usage unique
- Détergent-désinfectant (Dd)
- Détartrant
- Crème abrasive
- Eau de Javel

Possibilité d'utiliser un dispositif de **désinfection vapeur (DDV)** dont l'**efficacité bactéricide** est supérieure à l'efficacité d'un Dd pour une surface de 1 m^2 avec un **temps de contact** de 2 minutes/m^2.

Le nettoyage vapeur, sans produit chimique, tue plus de 99 % des virus, germes, bactéries et agents pathogènes. La vapeur supprime la saleté, sans dépôt de résidus ou de formation de biofilm : inutile de rincer, un essuyage microfibre suffit. Les nettoyeurs à vapeur sont utilisés conjointement avec les techniques de nettoyage traditionnelles : ils peuvent aller là où d'autres équipements ne le peuvent pas.

ÉTAPES PRÉALABLES

- **Se mettre** en tenue professionnelle FT1.
- **Se laver** les mains (avant et après la préparation du matériel) FT2.
- **Préparer** le chariot, le matériel et les produits.
- **Revêtir** un **équipement spécifique de protection individuelle** :
  – Surblouse à manches longues.
  – Lunette de protection
  – Charlotte pour couvrir les cheveux
  – Masque FFP2 (*si départ d'un patient suspect de COVID 19*).
- **Réaliser** une friction hydroalcoolique des mains.
- **Mettre** les gants **à usage unique**.

Étape 1 : Masque FFP2 (vérifier étanchéité)

Étape 2 : Charlotte

Étape 3 : Friction hydroalcoolique

Étape 4 : Lunettes de protection (intubation, change, kiné, toilette)

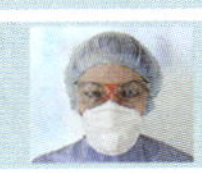

Étape 5 : Surblouse bleue + Tablier

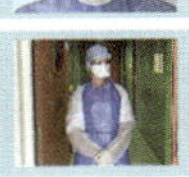

Étape 6 : Gants

PRINCIPES DE BASE

- **Aérer** la pièce.
- **Évacuer** tous les déchets issus de la chambre.
- **Évacuer** tout le linge utilisé pour le patient.
- **Évacuer** le bac de désinfection des dispositifs médicaux réutilisables.
- **Nettoyer** rigoureusement toutes les surfaces et tous les matériels présents.

CONSIGNES SPÉCIFIQUES

- **10 min. minimum** pour une aération efficace.
- En **sac jaune**, fermé, placé dans un 2e sac jaune fermé (double emballage).
- En **sac hydrosoluble fermé dans la chambre**, placé en sac de transport rouge pour la filière « linge contaminé ».
- **15 min. de trempage**, puis rinçage à l'eau.
- Utiliser des lavettes à usage unique imbibées d'une solution de Dd.

Succession des opérations	Exigences - *Commentaires*
1. Entretenir le cabinet de toilette	
1. Nettoyer tous les accessoires. 2. Vider la poubelle. 3. Nettoyer le lavabo. 4. Réapprovisionner les consommables.	> **(cf. FT9)**
2. Entretenir les W.-C.	
1. Nettoyer les extérieurs de la cuvette. 2. Détartrer la cuvette. 3. Tirer la chasse d'eau. 4. Désinfecter la cuvette.	> Verser l'équivalent **d'un verre d'eau de Javel** diluée à 0,5 % de chlore actif dans les siphons et W.-C.
3. Entretenir les petites surfaces et les objets de la chambre (cf. FT9)	
> **Effectuer un bio-nettoyage au Dd** ***ou*** **un nettoyage vapeur** 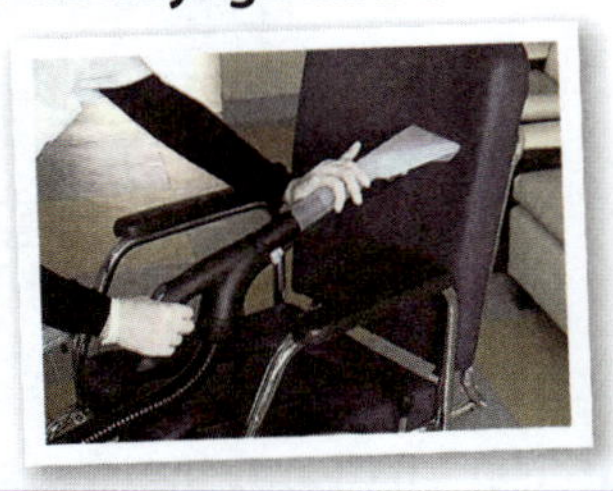	> Du haut vers le bas, du propre vers le sale en respectant l'ordre : 1. **Au-dessus du lit** : dessus de lampe, rampe d'éclairage, prises de fluides médicaux. 2. **Lit** : potence, barrières du lit, matelas (dessus et dessous), encadrement puis les pieds du lit. 3. **Adaptable** : sonnette, table de nuit, téléphone, télécommande. 4. **Lieu de rangement** : les placards. 5. **Le reste** : les poignées de porte et les interrupteurs.
4. Désinfecter le matelas	
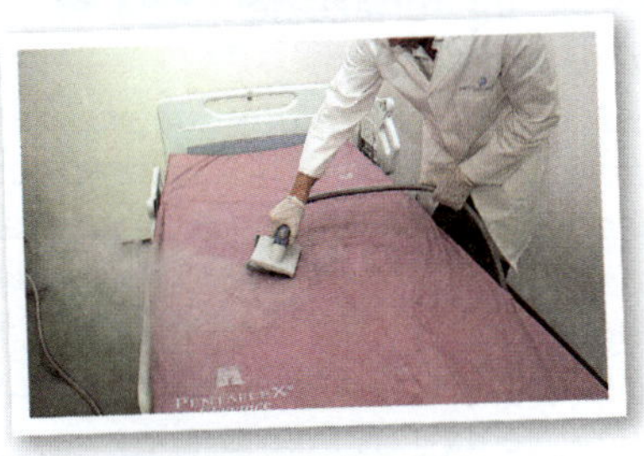	> Utiliser : – une lingette imprégnée de détergent-désinfectant ; ou : – l'appareil à vapeur équipé d'un balai mop, muni d'une microfibre pour effectuer un nettoyage à plat à moins de 3 cm du matelas, à température suffisamment élevée et avec des passages pas trop rapides pour une bonne efficacité (tuer les micro-organismes et capter les résidus liquides avec la microfibre).
5. Désinfecter les murs	
> **Travailler** de haut en bas pour éviter les coulures. > **Utiliser** un balai de lavage à plat avec des franches pré-imprégnées de détergeant-désinfectant *Un manche télescopique est recommandé pour le nettoyage des murs, car il permet de limiter l'élévation des bras.*	
6. Entretenir les sols	
1. Procéder au balayage humide FT3. 2. Procéder au bionettoyage du sol (FT4 et FT5) ou à un nettoyage à la vapeur.	> Pour le nettoyage vapeur : adapter l'accessoire à la surface à nettoyer, appliquer la vapeur au plus près du sol. Essuyer la surface si l'appareil ne possède pas l'aspiration.

Possibilité d'utiliser un robot de désinfection, facile à mettre en œuvre et efficace. Il s'oriente de manière autonome dans les pièces et peut se diriger vers les points que le personnel lui indique. Les rayons UV C sur sa partie inférieure désinfectent intensivement les espaces afin de tuer les agents pathogènes et de garantir la sécurité des patients. Les agents de service hospitalier sont toutefois irremplaçables : la lumière du robot ne peut pas atteindre certains endroits comme les armoires fermées ou sous un lit.

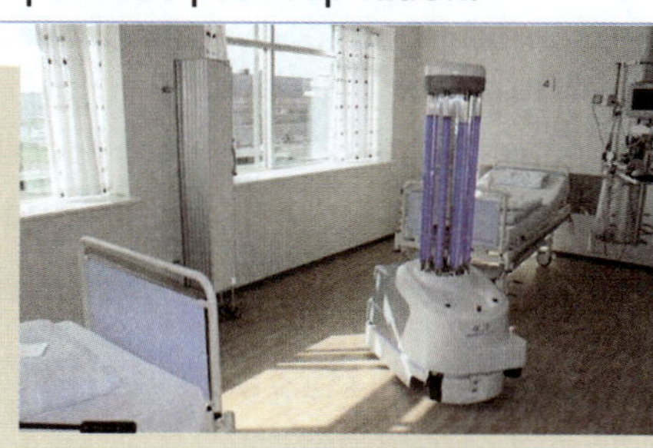

Autocontrôles	Opérations complémentaires	
> **Vérifier** l'absence de salissures non adhérentes au sol (poussières, déchets, cheveux, graviers, papiers, etc.) > **Procéder** aux contrôles microbiologiques.	> **Évacuer** les déchets. > **Entretenir** et ranger le matériel. > **Fermer** hermétiquement le sac contenant les gazes neuves pour éviter leur dessèchement.	> **Se laver** les mains après le retrait des gants de ménage. > **Procéder** au lavage des gants. > **Tracer** le bionettoyage dans le classeur.

Se tester

Planification des bionettoyages d'espaces complexes

Le + numérique
foucherconnect.fr/22en82
Quiz
Exercice interactif

Exercice 1 Retrouver l'ordre chronologique des étapes d'un plan de bionettoyage.

Étapes	N° d'ordre chronologique
Définir le(s) acteur(s)	....
Définir les modes opératoires	....
Définir le champ d'intervention	....
Définir les outils de contrôle	....
Définir les fréquences	....

Exercice 2 Mettre en relation chaque consigne avec la partie du plan de nettoyage.

Produit à utiliser, dosage, temps d'action
- ☐ Définir les acteurs
- ☐ Définir les modes opératoires
- ☐ Définir les fréquences
- ☐ Définir le champ d'intervention

Une fois par jour
- ☐ Définir les acteurs
- ☐ Définir les modes opératoires
- ☐ Définir les fréquences
- ☐ Définir le champ d'intervention

Adaptable, table d'appoint
- ☐ Définir les acteurs
- ☐ Définir les modes opératoires
- ☐ Définir les fréquences
- ☐ Définir le champ d'intervention

Exercice 3 Cocher la procédure à appliquer en fonction des situations des usagers.

	Procédure classique	Procédure avec précautions complémentaires	Procédure chambre de départ	Procédure chambre de départ patient infecté
Chambre après départ d'un patient ayant subi des examens fonctionnels				
Chambre après départ d'une personne ayant eu une infection respiratoire				
Résident avec une infection urinaire				
Résident sans soins médicaux				

À retenir

Le + numérique foucherconnect.fr/22en83

Synthèse rédigée et audio

Un plan de nettoyage

A pour but → d'optimiser l'entretien des locaux ainsi que la maintenance des équipements.

Définit :
- → les espaces, les équipements et le matériel à entretenir.

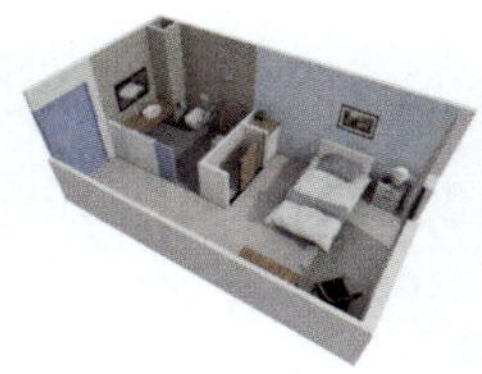

- → les personnes qui effectuent l'entretien.

- → les fréquences selon lesquelles sont réalisées les opérations d'entretien.

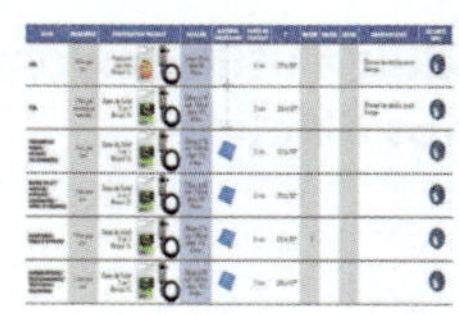

- → les modalités de réalisation des opérations d'entretien.

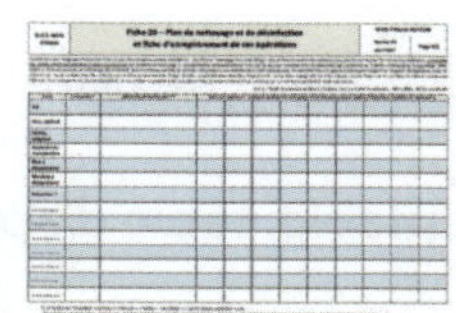

- → les outils de suivi du respect du plan de nettoyage.

Précise les adaptations à apporter :
- → dans différentes situations auxquelles l'usager peut être exposé (pathologies, infection, départ…).

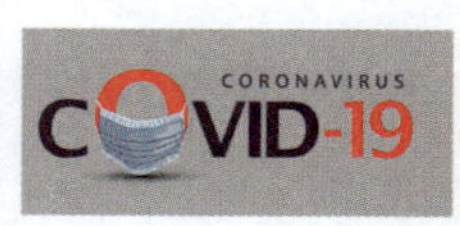

- → en fonction de l'usage des locaux (accueil temporaire ou permanent, départ d'un usager…).

Tri du linge

TD 19

Bloc 2

OBJECTIFS 1. Présenter et justifier le protocole de tri du linge mis en œuvre selon le contexte professionnel 2. Indiquer et justifier les modalités de tri du linge en fonction de sa nature et de sa souillure 3. Préciser les modalités de signalement du linge contaminé

Activité 1 Quels sont les protocoles de tri du linge ?

DOC 1 Le tri du linge

Parce qu'il est en contact prolongé avec la peau, le linge s'apparente à un réservoir de micro-organismes susceptibles de contaminer l'environnement, le personnel et les autres usagers. L'entretien du linge dans les établissements de santé, dans les crèches ou au domicile est donc primordial pour assurer le confort et la protection des usagers contre les risques microbiologiques. Il doit, par conséquent, être fréquent et suivre un protocole rigoureux.

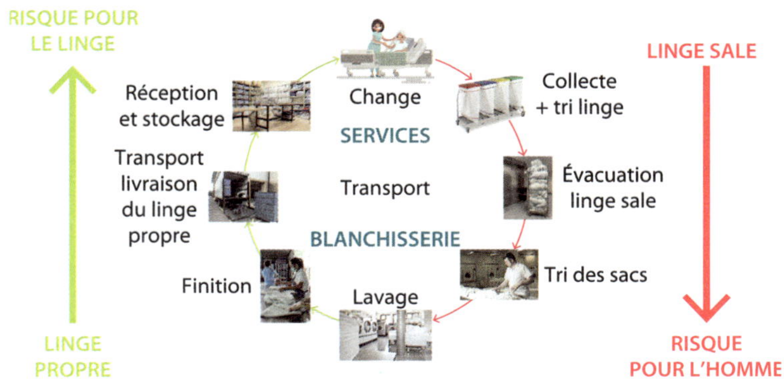

Dans les établissements de santé ou médico-sociaux, la quantité de linge à traiter quotidiennement en blanchisserie peut atteindre plusieurs milliers de kilogrammes. De tels volumes impliquent le respect strict du circuit du linge et des règles de tri au sein de l'établissement pour limiter les risques de contaminations croisées lors de la collecte.

En crèche ou multi-accueil, le principe des circuits est aussi respecté par l'instauration d'un espace buanderie et lingerie. Le linge sale est trié dans des corbeilles selon leur catégorie dans les unités et au sein de la buanderie. Les vêtements souillés des enfants sont, quant à eux, enfermés dans des sacs en plastique avant d'être remis aux parents. Le linge propre est stocké dans la lingerie.

À domicile, le tri est réalisé au moment du lavage. Selon la quantité et la nature du linge, le tri sera réalisé par type de linge, par couleur, par matière. Le cycle de lavage sera adapté au linge le plus sensible. Il n'y a pas de circuit du linge à domicile, mais une attention toute particulière sera portée pour éviter les contaminations croisées.

1 **(Doc 1)** Présenter et justifier le protocole de tri du linge mis en œuvre selon le contexte professionnel.

2 **(Doc 1, FT11, p. 97)** Présenter les principales différences dans le tri du linge à domicile et en structure.

3 **(FT11, p. 97)** Rappeler et justifier les règles à respecter pour corriger chaque situation.

Situation	Règle à respecter	Justification

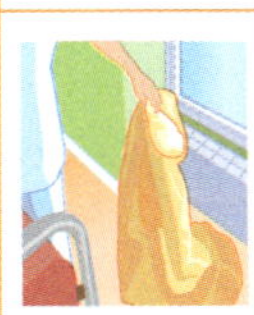		

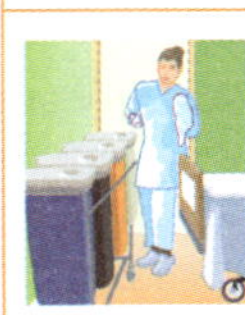		

Activité 2 Les modalités de tri de linge en établissement de soins

4 (FT11, p. 97) Associer chaque pièce de linge au sac dans lequel il doit être placé.

Pantalon

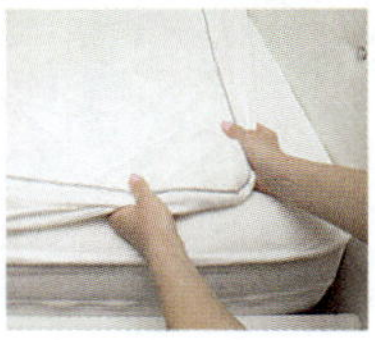

Alèse

Tunique professionnelle

Serviette

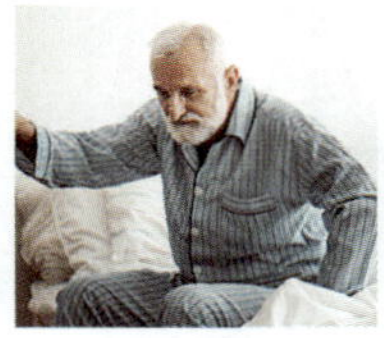

Pyjama

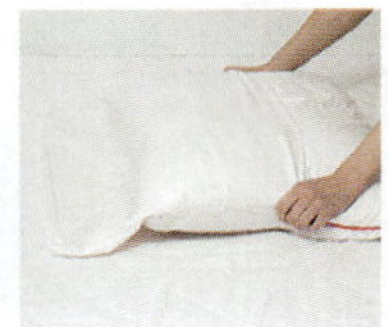

Housse d'oreiller

Drap souillé

5 (FT11, p. 97) Justifier les deux actions à réaliser lors de la collecte du drap souillé.

6 (FT11, p. 97) Justifier les contrôles à réaliser avant de placer chaque linge dans les sacs.

Activité 3 Les modalités de signalement du linge contaminé

DOC 2 Le traitement du linge contaminé

Le linge provenant d'un patient porteur d'une infection transmissible doit être transporté dans des sacs imperméables, résistants aux manipulations liées au transport et bien fermés. On utilise un « double sac » si l'on ne dispose pas de sacs suffisamment résistants aux manipulations lors du transport. Les sacs doivent être identifiés (par la mention du terme « contaminé » ou par un code couleur, par exemple par l'emploi de sacs jaunes).

7 (Doc 2) Relever les conditions de traitement du linge contaminé.

DOC 3 Comment signaler un linge contaminé ?

Tout au long de la chaîne du linge, les précautions doivent être prises pour éviter la contamination de l'environnement et du personnel.

Dans ce type de situation, il est impératif d'agir en conséquence pour limiter sa diffusion. Il est alors nécessaire :

- d'informer l'ensemble de l'équipe soignante lors des transmissions orales ;
- de compléter la « Fiche de suivi – Précautions particulières » et la conserver dans le dossier de soins du patient ;
- de mettre à disposition les moyens de protection nécessaires (gants, surblouse…) ;
- de signaler à la porte du patient (affiche « Adressez-vous à l'infirmière ») ;
- d'informer le patient et lui remettre la plaquette « Information des patients – Prévention du risque infectieux » ;
- d'informer et former la famille et les visites aux précautions à respecter.

AVANT D'ENTRER
PRÉCAUTIONS PARTICULIÈRES
ISOLEMENT DE CONTACT

8 (Doc 3) Souligner les modalités de signalement à respecter en cas de contamination.

Trier le linge avant lavage

FICHE TECHNIQUE 11

OBJECTIF Effectuer le tri du linge

1 Le tri du linge à l'hôpital

Matériels

- Chariot de tri avec les sacs à linge de couleur
- Gants à usage unique
- Tablier protecteur à usage unique

Produits

- Sacs de couleur, sacs hydrosolubles transparents
- Détergent désinfectant

ÉTAPES PRÉALABLES

- Assurer le lavage des mains et des gants de ménage FT1.
- Se mettre en tenue professionnelle FT2.
- Préparer le chariot avec les différents sacs de tri.

PRINCIPES DE BASE

- Adopter des gestes mesurés pour limiter la dissémination des micro-organismes.
- Ne pas mettre en contact le linge avec la tenue professionnelle pour limiter les contaminations croisées.
- Ne pas déposer le linge sur le sol ou le mobilier.
- Utiliser des gants à usage unique pour la manipulation du linge souillé (sang et autre liquides biologiques).

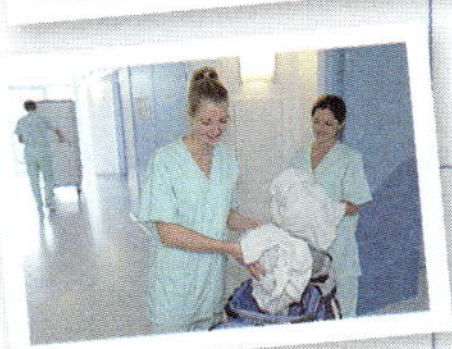
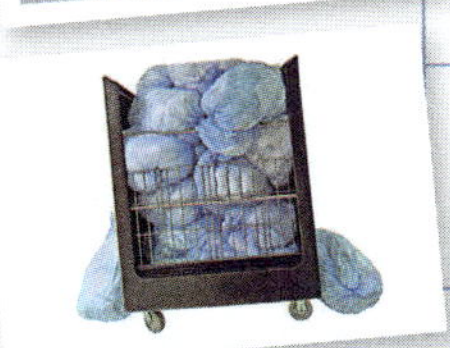

Succession des opérations	Exigences
> **Procéder** au premier pré-tri du linge dans la chambre.	> **Isoler** les différentes catégories de linges à laver : – Le linge grand plat (draps, alèse, etc.). – Le linge petit plat (taie d'oreiller, serviette, etc.). – Le linge fragile (couvertures, etc.). – Le linge en forme (pyjama, blouses et pantalon professionnel, etc.). – Le linge patient. > Pour le linge d'un patient en isolement septique, **placer** le linge dans des sacs plastique hydrosolubles transparents dans la chambre.
> **Finaliser** le pré-tri du linge dans les couloirs.	> **Répartir** le linge élément par élément selon leur catégorie dans les différents sacs de couleur (code couleur propre à l'établissement). > Ne jamais remplir les sacs au-delà des deux tiers, afin de les fermer correctement.
> **Transporter** le linge sale vers le local de stockage.	> **Transporter** les sacs vers le local de stockage dès qu'un sac est rempli. > **Réaliser** le transport du linge exclusivement sur le chariot et jamais sur le sol ou à bout de bras.
> **Stocker** le linge sale avant le lavage.	> **Stocker** les sacs de linge dans un local spécifique (frais, aéré, sans chauffage, dimensions adaptées, équipé d'un point d'eau), dans un conteneur adapté et pendant une durée maximum de 24 heures.

Autocontrôles	Étapes complémentaires
> **Vérifier** la nature de chaque linge avant de le disposer dans le sac et s'assurer de l'absence d'objets indésirables. > **Vérifier** l'absence de linge au sol ou dans la chambre.	> **Bionettoyer** le chariot une fois l'opération terminée et le ranger dans le local prévu à cet effet. > En cas de souillures, **nettoyer** avec un détergent/désinfectant l'extérieur des sacs de linge sale. > **Jeter** les gants et le tablier à usage unique et se laver les mains.

2 Les protocoles de gestion du linge selon le contexte professionnel

1. À l'hôpital ou en établissement médico-social

Tri dans les couloirs de l'établissement → **Transport et stockage** → **Traitement du linge en blanchisserie** → **Retour du linge propre dans l'établissement**

Tri dans les couloirs de l'établissement
- Répartir le linge dans différents sacs de couleur selon leur catégorie.
- Disposer le linge souillé dans un sac hydrosoluble.
- Retirer les objets indésirables.

Transport et stockage
- Effectuer le transport avec un chariot.
- Stocker le linge dans un local aéré durant 24 heures maximum.

Traitement du linge en blanchisserie
- Assurer le tri final du linge.
- Le laver.
- Effectuer les finitions.

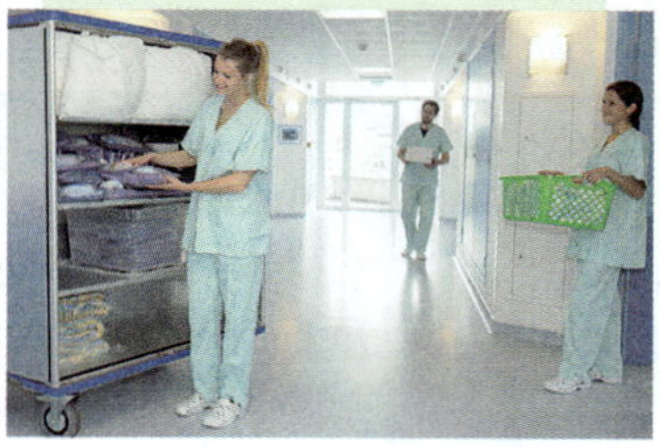

Retour du linge propre dans l'établissement
- Stocker le linge propre dans un local adapté.
- Veiller à une utilisation rapide avec les mains propres.

2. En crèche ou multi-accueil

Tri du linge → **Lavage du linge dans la lingerie** → **Séchage du linge et stockage**

Tri du linge
- Récupérer le vêtements souillés des enfants avec des gants et les remettre à la famille dans un sac fermé.
- Stocker séparément : linge de cuisine, de change, draps, tenues professionnelles.

Lavage du linge dans la lingerie
- Laver à 60 °C pendant 30 minutes pour le linge résistant.
- Laver à 40 °C avec une lessive désinfectante pour le linge sensible.
- Ne pas utiliser d'adoucissant.

Séchage du linge et stockage
- Sécher dans la lingerie.
- Stocker dans un espace propre.

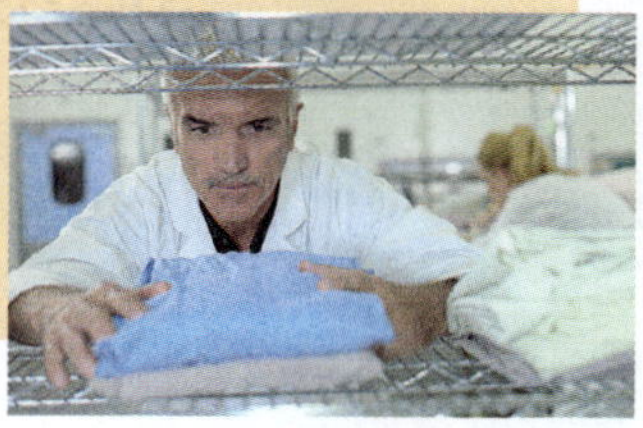

3. À domicile

Tri du linge → **Détachage à la main** → **Lavage et séchage** → **Finitions**

Tri du linge

Trier par :
- matière ;
- température de lavage ;
- couleur ;
- type de textile (draps, vêtements).

Détachage à la main
- Adapter le détachant au type de salissure.

Lavage et séchage
- Laver à 60 °C ou selon le cycle adapté à la matière la plus fragile.
- Sécher sur étendoir ou au sèche-linge.

Finitions
- Repasser.
- Plier le linge.
- Procéder au rangement du linge propre.

Se tester

Le + numérique
foucherconnect.fr / 22en60
Quiz
Exercice interactif

Exercice 1 Cocher le secteur où s'applique chaque étape du protocole de gestion du linge.

Étape du protocole	Hôpital/EHPAD	Crèche/multi-accueil	Domicile
Collecter le linge dans un chariot avec des sacs de couleur.			
Placer les vêtements souillés dans un sac hydrosoluble.			
Trier de nouveau le linge en blanchisserie.			
Laver le linge dans la buanderie.			
Ne jamais croiser le linge sale et le linge propre.			
Laver le linge quotidiennement.			
Collecter le linge sale dans une unique panière.			
Stocker les vêtements souillés dans un sac et ne pas les laver.			
Trier le linge au moment de la collecte.			

Exercice 2 Rappeler une règle relative au tri du linge en établissement de santé pour chaque image.

Tenue professionnelle 	....	**Transport du linge** 	....
Remplissage des sacs 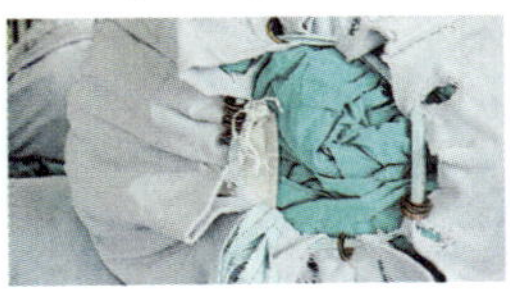	....	**Vérification du linge** 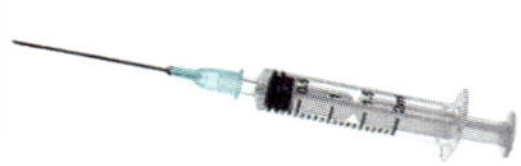	....

Exercice 3 Reporter chaque action de signalement à son destinataire en lui associant la lettre correspondante.

Actions de signalement				
A	B	C	D	E
Apposer un message d'alerte sur la porte du patient.	Remettre une plaquette d'information.	Informer et former sur les règles de visite.	Informer de la contamination lors des transmissions orales.	Compléter la fiche de suivi.

Destinataire	**Patient** 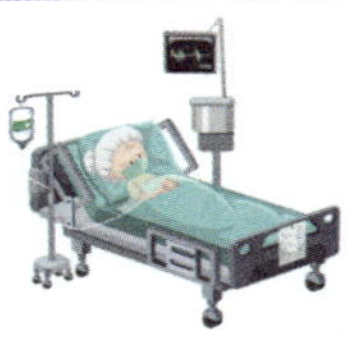	 **Personnel de santé**	 **Famille**
Action de signalement	....	....	....

À retenir

Le + numérique foucherconnect.fr/22en61

Synthèse rédigée et audio

Les protocoles et les modalités du tri du linge selon les contextes

Établissement médico-social

- Trier le linge lors de la collecte dans des sacs de couleur par catégorie de linge.
- Enfermer le linge souillé dans un sac hydrosoluble avant le tri.
- Respecter les règles d'hygiène et les circuits pour limiter les contaminations croisées.

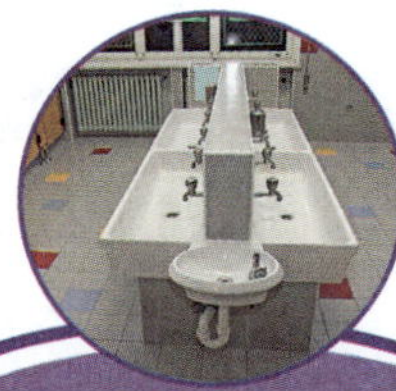

Crèche multi-accueil

- Trier le linge d'établissement dans des corbeilles à linge.
- Stocker les vêtements souillés des enfants dans un sac hermétique fermé avec des gants et le remettre au parent.
- Respecter les règles d'hygiène et les circuits pour limiter les contaminations croisées.

Domicile

- Trier le linge au moment du lavage par matière, type de linge, couleur.
- Respecter les règles d'hygiène.

Le signalement du linge contaminé

Linge contaminé

Actions de signalement	– Signaler la contamination lors des transmissions orales. – Compléter la fiche de suivi.	– Afficher un message sur la porte. – Informer et former sur les règles de visite.	– Fournir un document d'information.
Destinataire	Personnel de santé	Famille	Patient

Techniques de stérilisation

TD 20
Bloc 2

OBJECTIFS 1. Définir décontamination, pré-désinfection, désinfection, stérilisation 2. Décrire les différentes étapes de la stérilisation de dispositifs médicaux restérilisables (DMR)

Activité 1 À quoi sert la stérilisation ?

#vidéo Avant le bloc, voici la vie du matériel (2'08")
foucherconnect.fr/22en05

DOC 1 L'intérêt de stériliser les dispositifs médicaux

Il est impératif de garantir une hygiène irréprochable au sein d'un établissement pour pallier les risques de contamination et d'infection associée aux soins (IAS). La réglementation en vigueur oblige les centres de santé (hôpitaux, cliniques, centres de soins…) à adopter un plan de lutte pour diminuer les risques infectieux en appliquant des protocoles d'entretien des dispositifs médicaux. Si certains instruments sont à usage unique, d'autres sont réutilisés après nettoyage, désinfection et stérilisation.

La désinfection et la stérilisation des instruments réutilisables sont des étapes primordiales pour prévenir les risques de contamination. Ce sont deux procédures aux méthodes et objectifs bien distincts. En effet, le traitement requis dépend du matériel, de son utilisation et du niveau de risque infectieux.

La pré-désinfection ou décontamination →
- Elle est nécessaire pour faciliter le nettoyage, abaisser le niveau de contamination et protéger le personnel et l'environnement.
- Elle désigne l'action momentanée qui vise à stopper et diminuer la prolifération de la population microbienne.

La désinfection →
- C'est une opération au résultat momentané permettant, sur les surfaces inertes contaminées, d'éliminer ou de tuer les micro-organismes et/ou d'inactiver les virus indésirables, en fonction des objectifs fixés, qui s'inscrit dans le cadre général du traitement des dispositifs médicaux restérilisables (DMR).
- Elle réduit leur nombre sans atteindre zéro et ne permet en aucun cas d'atteindre l'état stérile.

La stérilisation →
- C'est la destruction de tous les micro-organismes dans un système par l'action des agents antimicrobiens et l'élimination des corps microbiens. Le résultat de l'opération, non limité à la durée d'application, étant l'état de stérilité.
- La stérilisation doit permettre l'éradication de la contamination du matériel médical et chirurgical. On stérilise lorsque le risque infectieux est jugé élevé.

1 **(Doc 1)** Justifier l'utilisation de la stérilisation en milieu hospitalier.

....

....

2 **(Doc 1)** Relier chaque terme à sa définition.

Pré-désinfection ou décontamination •	• C'est une opération au résultat momentané permettant, sur les surfaces inertes contaminées, d'éliminer ou de tuer les micro-organismes et/ou d'inactiver les virus indésirables, en fonction des objectifs fixés.
Désinfection •	• C'est une opération qui consiste à détruire totalement et durablement tous les micro-organismes dans un système par l'action des agents antimicrobiens.
Stérilisation •	• C'est l'action momentanée qui vise à stopper et à diminuer la prolifération de la population microbienne.

3 **(Doc 1)** Souligner les objectifs de la désinfection et de la stérilisation.

Activité 2 Les opérations préalables à la stérilisation

DOC 2 Le traitement des dispositifs médicaux après leur utilisation

La plupart des dispositifs médicaux (DM) sont stérilisés pour être réutilisés. *On ne stérilise bien que ce qui est propre et sec*. Aussi, pour obtenir une stérilisation efficace, des traitements préalables à la stérilisation sont appliqués aux matériels médicaux souillés pour enlever les tissus et liquides biologiques.

#vidéo
La stérilisation à l'hôpital (4'28'')
foucherconnect.fr / 22en06

Étapes	Moyens	Objectifs
1. Pré-désinfection 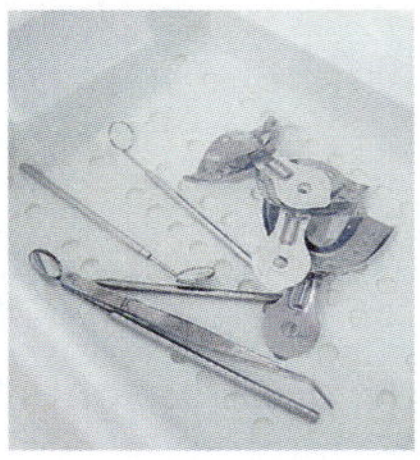	– Immersion des instruments dans une solution détergente désinfectante aussitôt après leur utilisation pendant 15 minutes.	• Éviter la fixation des matières organiques par séchage. • Diminuer sommairement la population de micro-organismes qui seraient un obstacle à la désinfection et à la stérilisation. • Protéger le personnel et l'environnement des contaminations.
2. Nettoyage 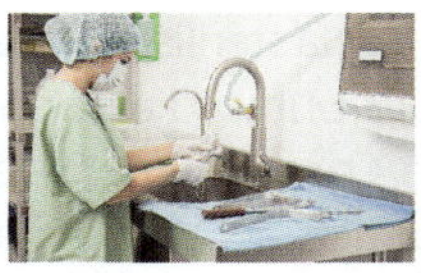	– Utilisation d'un détergent. – Brossage manuel ou en machine. – Rinçage abondant.	• Éliminer les salissures (notamment les matières organiques : pus, sang, sécrétions), et donc réduire simultanément le nombre de micro-organismes présents.
3. Désinfection 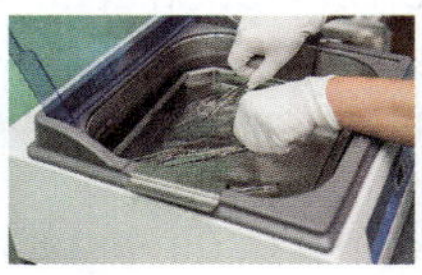	– Utilisation d'un désinfectant soit par immersion, soit par pulvérisation. – Rinçage abondant. – Séchage.	• Réduire le nombre des micro-organismes présents sur les milieux inertes au moment de l'opération en fonction des objectifs fixés, permettant ensuite une stérilisation efficace.
4. Conditionnement 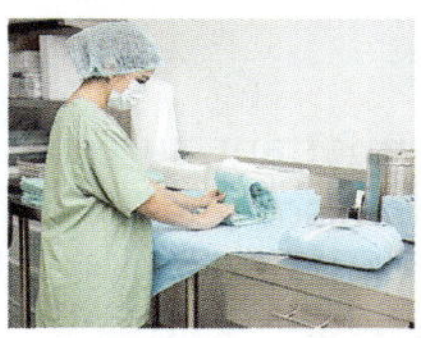	– Mise en conteneur, sachet, feuille de papier crêpé ou en non tissé. – Ajout d'un outil de contrôle de passage de charge du matériel à stériliser.	• Permettre le contact avec le produit stérilisant. • Maintenir l'état stérile dans le temps après stérilisation. • Pour vérifier, après la stérilisation, que celle-ci se soit bien réalisée.
5. Stérilisation 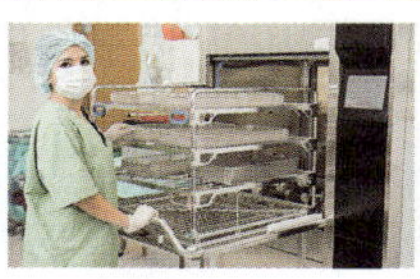	– Utilisation de chaleur sèche ou humide, ou gaz, ou radiation ionisante.	• Éliminer les agents infectieux portés par le DM.
6. Stockage 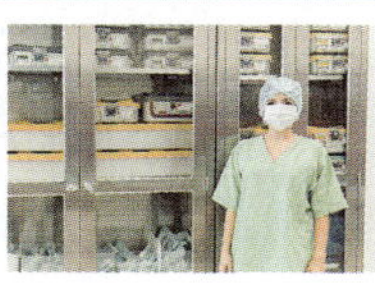	– Entreposage dans un local dédié ou en unité de soins.	• Permettre la conservation de l'intégrité du matériel pour une prochaine utilisation. • Empêcher la recontamination du matériel désinfecté.

4 **(Doc 2)** Décrire les opérations préalables à la stérilisation.

5 **(Doc 2)** Expliquer pourquoi ces étapes sont obligatoires avant la stérilisation.

Activité 3 Des méthodes de stérilisation adaptées aux dispositifs médicaux

DOC 3 Les différentes méthodes de stérilisation en fonction du matériel à stériliser

Pour le matériel thermorésistant comme les instruments médicaux en inox, les textiles…

→ **La chaleur humide**

Au sein d'un autoclave, l'action conjuguée de la vapeur d'eau saturée sous pression + de la température → dénature les protéines microbiennes et entraîne l'élimination des micro-organismes.
La stérilisation par la chaleur humide est la plus efficace, en particulier contre le prion (protéines infectieuses).
La vapeur d'eau saturante transmet mieux la chaleur que l'air sec, le temps de stérilisation est réduit.
Dans ce procédé, la température est également l'agent d'action. Les paramètres contrôlés sont le temps d'action, la température, la pression et la saturation en vapeur d'eau.

Pour le matériel thermosensible (les instruments médicaux en composite ou avec des composants électroniques)

→ **Le gaz ou les radiations ioniques**

L'oxyde d'éthylène est un gaz bactéricide, virucide et sporicide réagissant avec les ions des micro-organismes.
Les paramètres à maîtriser sont la concentration en oxyde d'éthylène qui doit être de 3 % au moins, une température d'environ 50 °C et une saturation en vapeur d'eau qui optimise l'action de l'oxyde d'éthylène. Ce procédé est peu utilisé malgré son efficacité car il est toxique pour le personnel et les malades, et est dangereux en raison de son inflammabilité.

Dans l'industrie, le matériel à usage unique peut être stérilisé à froid par des radiations ionisantes de cobalt 60. En se désintégrant, il émet un rayonnement de rayons gamma qui élimine les micro-organismes. C'est la dose de rayons reçue et le temps d'exposition qui déterminent l'efficacité de cette technique.

6 **(Doc 3)** Indiquer, pour chaque matériel, la stérilisation possible et justifier la réponse.

Matériel	Méthode de stérilisation	Justification
Dispositif médical en acier	....	....
Dispositif médical en plastique	....	....

7 **(Doc 3)** Indiquer les différentes méthodes de stérilisation et leurs objectifs.

Méthodes	Objectifs
....	....
....	....
....	....

8 **(Doc 3)** Compléter le tableau des différentes méthodes de stérilisation ci-dessous.

Technique	Agents stérilisants	Paramètres à contrôler	Description
Chaleur Humide	....	....	....
Gaz	....	....	....
Radiations ionisantes	....	....	....

Activité 4 Les contrôles de la stérilisation

DOC 4 Les contrôles de la stérilisation à chaleur humide

Tout le processus de stérilisation est contrôlé et tracé.

Avant la stérilisation : l'autoclave est testé chaque jour avant la première utilisation : test de vide pour évaluer l'étanchéité, test de Bowie-Dick (encre jaune qui noircit quand la saturation en vapeur d'eau est correcte).

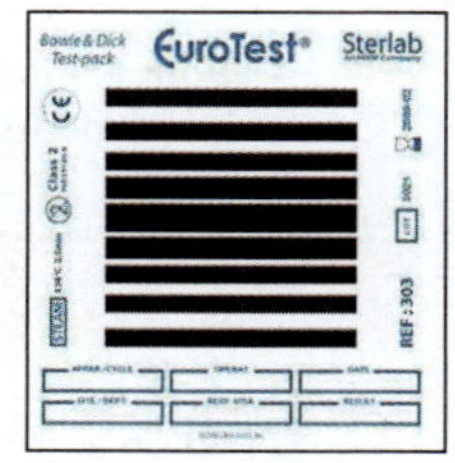

Pendant la stérilisation : l'enregistrement des paramètres de stérilisation (temps d'action, température, pression, saturation en vapeur d'eau) permet d'établir un dossier de validation des charges. Température, pression, identification de la charge, numéro de l'autoclave, nom de l'opérateur, date sont autant de données qui permettent une validation du procédé et sa traçabilité.

Après la stérilisation : contrôle des indicateurs

Les indicateurs de passage (ruban adhésif collé à chaque sachet à stériliser, pastille colorée qui scelle un conteneur), changent de couleur sous l'effet de la chaleur. Ils indiquent si la charge a été stérilisée, mais ne précisent pas si la stérilisation a été correctement effectuée.

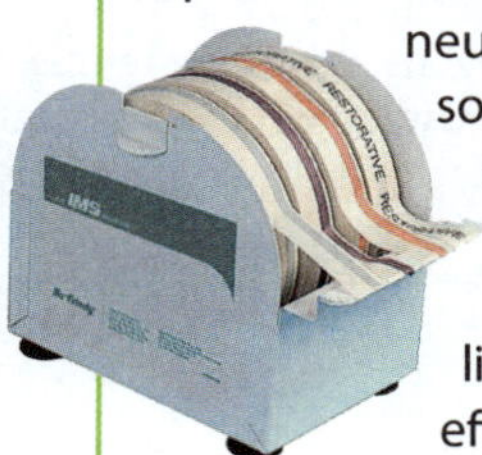

L'indicateur biologique est un tube en plastique contenant des spores et un milieu de culture. Il est placé avec la charge (matériel conditionné à stériliser). Si la stérilisation est efficace, les spores du test sont détruites. Il est réalisé une fois par semaine.

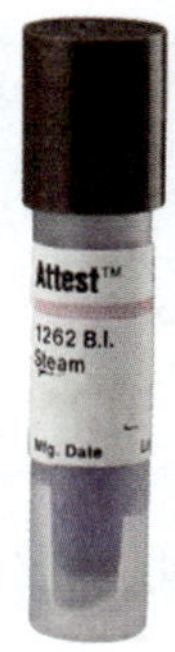

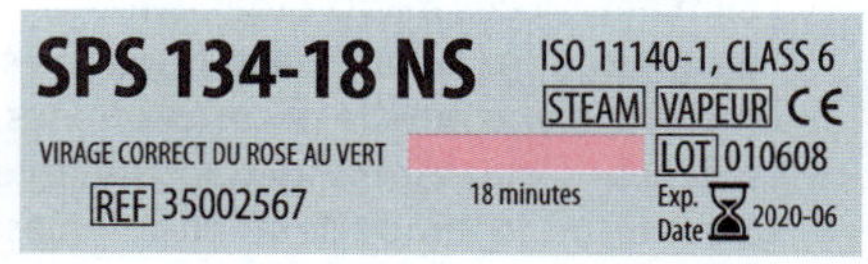

L'intégrateur est un indicateur multiparamétrique. Il change de couleur (par exemple du rose au vert) quand les conditions minimales de température (134 °C), de temps (18 minutes) et de vapeur (saturée) sont atteintes. Il est utilisé pour chaque charge.

10 **(Doc 4)** Constater le résultat pour chaque contrôle, puis conclure sur l'état de la stérilisation.

Contrôles	Constats	Conclusion
Test de Bowie-Dick 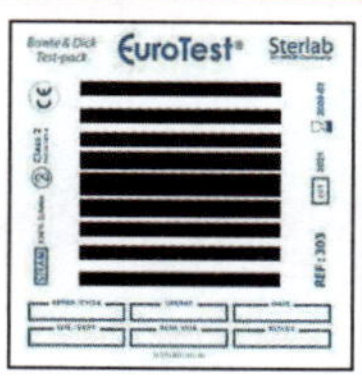		
Intégrateur 		
Indicateur de passage Non exposé  Exposé 		

11 **(Doc 2 à 4)** Décrire les différentes étapes de la stérilisation des dispositifs médicaux restérilisables.

Se tester

Le + numérique
foucherconnect.fr/22en39
Quiz
Exercice interactif

Exercice 1 Cocher les termes correspondant à leur définition.

	Prédesinfection	Désinfection	Stérilisation
Détruit totalement tous les micro-organismes			
Opération momentanée afin d'éliminer ou tuer les micro-organismes			
Action momentanée qui vise à stopper la prolifération de la population microbienne			

Exercice 2 Relier les étapes préalables à la stérilisation à leur description.

Étapes préalables

- **Pré-désinfection**
- **Nettoyage**
- **Désinfection**
- **Conditionnement**

Description

- Se fait à l'aide d'un brossage manuel et d'un détergent.
- Le matériel à stériliser est placé dans une boîte métallique avec un outil de contrôle de la stérilisation.
- Réalisée suivant l'utilisant par une immersion de 15 minutes dans une solution détergente-désinfectante.
- Réalisée à partir d'une immersion d'un désinfectant + rinçage abondant + un séchage.

Exercice 3 Relier les méthodes de stérilisation aux dispositifs et aux agents stérilisants.

Dispositifs

- Médical en acier
- Médical en plastique

Méthodes de stérilisation

- **Stérilisation à la chaleur humide**
- **Stérilisation au gaz**
- **Stérilisation aux radiations ionisantes**

Agents stérilisants

- Température
- Rayons gamma émis par le cobalt 60
- Vapeur d'eau
- Oxyde d'éthylène

À retenir

Le + numérique foucherconnect.fr/22en40

Synthèse rédigée et audio

Les techniques de stérilisation

La stérilisation permet de lutter contre les infections associées aux soins en réduisant les risques infectieux. Elle est précédée de différentes étapes préparatoires, puis est réalisée selon un procédé adapté au matériel.

Dispositifs médicaux souillés

↓

Étapes préparatoires

Pré-désinfection
Réduire la contamination microbienne

La pré-désinfection ou décontamination est l'action momentanée qui vise à stopper et à diminuer la prolifération de la population microbienne.

\+ **Nettoyage**
Éliminer les salissures

\+ **Désinfection**
Diminuer le nombre de micro-organismes

La désinfection est une opération au résultat momentané permettant, sur les surfaces inertes contaminées, d'éliminer ou de tuer les micro-organismes et/ou d'inactiver les virus indésirables, en fonction des objectifs visés.

\+ **Conditionnement**
Maintenir l'état stérile jusqu'à l'utilisation

Stérilisation
Éliminer les agents infectieux

La stérilisation est une opération qui consiste à détruire totalement et durablement tous les micro-organismes dans un système par l'action des agents anti-microbiens.

Procédé :

Oxyde d'éthylène
⇨ **matériels thermosensibles**

Ou **Radiations ionisantes de cobalt 60**
⇨ **Matériels thermosensibles**

Ou **Chaleur humide en autoclave**
⇨ **Matériels thermorésistants**

Contrôles du processus de stérilisation par la chaleur humide :
- **Avant stérilisation :** test de Bowie-Dick (l'encre noircit si la saturation en eau est correcte).
- **Pendant la stérilisation :** enregistrement des paramètres de stérilisation : temps d'action, température, pression, saturation vapeur d'eau.
- **Après la stérilisation :** si la stérilisation est correctement réalisée, les indicateurs de passage et l'intégrateur changent de couleur et l'indicateur biologique est dépourvu de spores.

↓

Dispositifs médicaux stériles prêts à l'emploi

Facteurs d'hygiène et de confort des locaux

TD 21

Bloc 3

OBJECTIFS **1.** Indiquer les facteurs d'hygiène et de confort **2.** Proposer des mesures simples permettant d'assurer le confort et le bien-être de la personne et argumenter les choix

#vidéo La qualité de l'air intérieur dans mon logement (3'12")
foucherconnect.fr/22en11

Activité 1 La qualité de l'air

DOC 1 Que cache la qualité de l'air intérieur ?

L'ensemble de la population passe plus de 80 % de la journée dans des lieux clos (logement, moyens de transport, lieu de travail, école…). L'air respiré n'est pas toujours de bonne qualité.

Qualité → La qualité de l'air dépend de la concentration en polluants et du renouvellement de l'air.

Origines → Outre les apports de l'air extérieur, les sources potentielles de pollution dans les bâtiments sont en effet nombreuses : appareils à combustion, matériaux de construction, produits de décoration (peinture, colles, vernis…), meubles, activité humaine (tabagisme, produits d'entretien, bricolage, cuisine), animaux…

Effets → Une mauvaise qualité de l'air peut favoriser l'émergence de symptômes tels que maux de tête, fatigue, irritation des yeux, du nez, de la gorge et de la peau, vertiges, ainsi que les manifestations allergiques et l'asthme.

1 **(Doc 1)** Relever les éléments qui agissent sur la qualité de l'air intérieur.

2 **(Doc 1)** Souligner les effets sur l'organisme de la mauvaise qualité de l'air, et surligner les causes possibles.

DOC 2 Les bons gestes pour préserver la qualité de l'air

La mise en œuvre d'actions pour améliorer la qualité de l'air intérieur est donc nécessaire.

En 2013, le Plan d'actions sur la qualité de l'air intérieur est lancé par les ministères de la Santé et de l'Environnement. Il prévoit des actions à court, moyen et long terme afin d'améliorer la qualité de l'air dans les espaces clos, dont la mise en œuvre de la surveillance de la qualité de l'air dans certains établissements recevant du public. La surveillance est obligatoire dans les écoles maternelles et élémentaires ainsi que dans les crèches au 01/01/2018, au 01/01/2020 pour les accueils de loisirs et établissements d'enseignement du 2nd degré et au 01/01/2023 pour les autres établissements. La surveillance de la quantité de dioxyde de carbone s'effectue à l'aide d'un boîtier indiquant le taux de CO : quand celui-ci est au-dessus de la norme (diode au rouge), il faut aérer.

Ainsi, que ce soit dans les logements ou dans les établissements recevant du public (écoles, EHPAD…), il faut :

- Aérer :
  – systématiquement 10 minutes par jour, été comme hiver pour renouveler l'air intérieur ;
  – lors des préparations culinaires pour limiter la diffusion de polluants, ou activer la hotte aspirante ;
  – les pièces d'eau pour éviter la multiplication de moisissures ;
  – lors des opérations d'entretien pour limiter la diffusion des polluants issus des produits utilisés.
- Ne pas perturber la circulation de l'air (vérifier les systèmes de ventilation mécanique (VMC), ne pas les obstruer).
- Vérifier les appareils de chauffage à combustion pour éviter les intoxications au monoxyde de carbone (CO).
- Ne pas fumer dans les logements et les lieux publics (interdiction).
- Utiliser des produits d'entretien peu nocifs, éviter les produits en spray.
- Ne pas surchauffer les pièces pour éviter la prolifération des acariens.

En période d'épidémie de coronavirus, le virus SARS-CoV2 pouvant rester en suspension dans l'air à l'intérieur des locaux sous forme d'aérosols (transmission aérienne), en particulier dans les espaces clos mal ventilés, il faut aérer régulièrement les locaux et les ventiler correctement pour renouveler l'air en permanence et évacuer les polluants produits et circulant à l'intérieur des locaux.

D'après https://www.grand-est.ars.sante.fr/aeration-et-qualite-de-lair-interieur-covid-19-erp

3 **(Doc 2)** Souligner les mesures à prendre lors de l'entretien d'une chambre et des sanitaires en EHPAD et encadrer les mesures à prendre de façon générale.

Activité 2 Le confort thermique

DOC 3 Les bons gestes pour obtenir un confort thermique satisfaisant

#vidéo
Le confort thermique
(3'39")
foucherconnect.fr/22en11

Le confort thermique est une sensation de bien-être lorsqu'on est exposé à une ambiance intérieure avec une température adaptée. Pour obtenir un confort thermique, il faut agir…

… au niveau du bâtiment : une isolation suffisante et des fenêtres performantes évitent le phénomène de parois froides et diminuent les mouvements d'air.

→ … au niveau des systèmes de chauffage : une température de consigne autour de 19 – 20 °C couplée à une bonne régulation et à l'utilisation d'une VMC hygroréglable pour évacuer l'humidité (au-delà de 50 %), tout en limitant les consommations d'énergie.

→ … au niveau des occupants : une tenue adaptée à la saison est indispensable.

En été, pour rafraîchir le logement au maximum, il faut :
– limiter les apports solaires par les portes et fenêtres, notamment grâce à des volets, des stores ;
– surventiler la nuit pour amener de l'air frais dans le logement (fenêtres ouvertes, VMC).

D'après https://conseils-thermiques.org/contenu/confort-thermique.php

4 **(Doc 3)** Présenter le confort thermique.

……………………………………………………………………………………………………

……………………………………………………………………………………………………

5 **(Doc 3)** Proposer une mesure pour chaque situation et justifier.

Situation	Mesures	Justifications
Ce mardi 18 janvier, Julie vient d'arriver à la crèche et va jouer.		
A l'EHPAD, Mme Bus a chaud en été dans sa chambre exposée plein sud.		

DOC 4 Des mesures en cas de canicule

L'exposition d'une personne à une température extérieure élevée pendant une période prolongée, sans période de fraîcheur suffisante pour permettre à l'organisme de récupérer, est susceptible d'entraîner de graves complications par dépassement des capacités de régulation thermique du corps humain.

Mesures pour les jeunes enfants

→ La chaleur expose rapidement les nourrissons et les jeunes enfants au coup de chaleur et au risque de déshydratation. Ces enfants ne peuvent pas non plus accéder, sans aide extérieure, à des apports hydriques adaptés.

→ Dans les crèches, avant l'été, il convient, d'une part, de vérifier si un aménagement spécifique d'une pièce plus fraîche est envisageable et si les dispositifs et les matériels (stores, volets, systèmes de rafraîchissement, réfrigérateur, congélateur…) fonctionnent, afin d'assurer le rafraîchissement des enfants et des nourrissons.

Établissements accueillant des personnes âgées

→ Les périodes de fortes chaleurs sont alors propices aux pathologies liées à la chaleur et à l'aggravation de pathologies préexistantes, surtout chez les personnes fragiles et les personnes particulièrement exposées à la chaleur. […]

→ L'installation d'au moins une pièce rafraîchie dans tous les établissements accueillant des personnes âgées (EHPA, EHPAD et établissements de santé) constitue une réponse efficace pour lutter contre les effets des très fortes chaleurs et les conséquences qu'elles ont pour les personnes fragiles.

D'après https://travail-emploi.gouv.fr/IMG/pdf/plan_canicule_2018.pdf

6 **(Doc 4)** Souligner, dans le document, les mesures à mettre en œuvre en cas de forte chaleur en EHPAD et en crèche.

Activité 3 Le confort acoustique

DOC 5 Des définitions

Le confort acoustique
- Le confort acoustique est défini par la maîtrise des bruits.
- Il consiste à entendre les sons que l'on choisit (qui nous sont agréables) et ne pas entendre les autres. Son influence sur la qualité de vie quotidienne et professionnelle est admise.
- Le confort acoustique est également une notion subjective : il diffère selon les personnes pour des raisons physiologiques ou psychosociologiques.

Le mauvais confort acoustique
Il procurera, sur une période plus ou moins longue, des effets négatifs (nervosité, sommeil contrarié, fatigue). À terme, il peut entraîner des problèmes pour la santé.

Les sons
- Les sons sont des vibrations de l'air, plus ou moins rapides, qui se propagent en ondes acoustiques.
- Ils sont définis par leur fréquence, exprimée en Hertz (Hz).

Le bruit
- Le bruit est une notion subjective qualifiant un son désagréable ou gênant.
- Il est mesuré en décibels à l'aide d'un sonomètre.

Le décibel A [dB (A)] permet de définir le niveau réellement perçu par l'oreille (décibel physiologique) : 0 dB(A) est le bruit le plus faible qu'une oreille (humaine) peut percevoir et 50 dB(A) le niveau habituel de conversation. On estime le seuil de nocivité à 80 dB(A) dès lors que l'on y est exposé 8 heures par jour. Enfin, 120 dB(A) est un niveau de bruit provoquant une sensation douloureuse.

D'après http://www.preventica.com/dossier-confort-acoustique-definitions.php

7 **(Doc 5)** Définir le confort acoustique et préciser le seuil de nocivité.

....

....

8 **(Doc 5)** Souligner les conséquences sur l'organisme d'un mauvais confort acoustique.

DOC 6 Comment limiter la propagation du bruit

Réduction à la source
* Les constructeurs font des efforts régulièrement pour réduire le bruit des appareils. Une réglementation européenne oblige les fabricants à apposer une étiquette indiquant le niveau sonore de l'appareil.

Réduction à la transmission
Le traitement acoustique des locaux permet de réduire la transmission du bruit. La pose de matériaux absorbant sur les parois (cloisons, murs), le plafond et le sol du local permet d'absorber le bruit. On peut utiliser de la moquette, des laines minérales, des thermoplastiques, du liège, des rideaux isolants phoniques… Les exigences relatives aux bruits d'impact sur le sol des circulations sont satisfaites par la mise en œuvre de carrelage sur sous-couches souples ou de revêtement plastique sur sous-couche incorporée. Il faut cloisonner les grandes salles avec des parois absorbant les sons. Il faut « habiller » une pièce nue pour limiter la propagation du bruit. Il faut aussi mettre des fenêtres à double vitrage pour l'isolation phonique de l'extérieur.

Exemples de réduction du bruit
- Dans les structures d'accueil pour enfants : après avoir isolé les murs, plafonds et sols avec des matériaux absorbants, on peut rajouter des embouts de feutre ou de caoutchouc sous les pieds des chaises et des tables.
- En EHPAD, le bruit augmente les difficultés d'audition connues pour causer de l'anxiété, du stress ainsi qu'une baisse de participation aux activités sociales. Au sein de l'EHPAD, les personnes peuvent générer des nuisances sonores par leurs voix, leurs déplacements et leurs activités. Pour diminuer le bruit, on peut rajouter un plafond acoustique dans l'espace et une isolation phonique entre les chambres et les couloirs.

9 **(Doc 6)** Indiquer, dans chaque situation, l'action à mettre en place pour limiter le bruit.

Situation	Proposition d'actions
Dans sa chambre à l'EHPAD, M. Barni se plaint d'entendre gémir son voisin.	....
Dans la grande salle de motricité à la crèche, il y a souvent une résonance des cris des enfants.	....

Activité 4 Le confort visuel

DOC 7 Comment améliorer le confort visuel ?

Quelle que soit l'activité (effectuer un entretien, réaliser une préparation culinaire, repasser, lire, coudre, réaliser une activité manuelle…), les yeux sont sollicités mais pas de la même façon. Lumière bleue, forte ou faible luminosité, cela nécessite d'adapter les luminaires et l'équipement optique en fonction des activités pratiquées dans chaque pièce.

Le confort visuel

Le confort visuel est une notion objective faisant appel à des paramètres quantifiables et mesurables, mais est aussi liée à un état de bien-être visuel dans un environnement défini.

Le confort visuel dépend à la fois…

- … des caractéristiques physiques de la source lumineuse comme l'éclairement, la luminance ;
- … des caractéristiques propres à la tâche à réaliser comme la lecture, le travail de bureau ;
- … de facteurs physiologiques tels que l'âge de la personne ;
- … de facteurs psychologiques et sociologiques comme la culture, l'éducation.

Etc.

Les règles de base d'un confort visuel optimal à la maison sont :

- Limiter les éblouissements en privilégiant les sources de lumière indirecte et en évitant les ampoules nues, il faut donc mettre des abat-jours ou des lustres.
- Fermer les volets pour réduire la lumière extérieure directe.
- Installer des éclairages suffisants et uniformes en fonction de l'activité à réaliser.
- Éviter de générer des reflets et des ombres pour ne pas fatiguer les yeux inutilement.
- Privilégier un éclairage de teinte chaude pour les pièces dédiées à la détente, une luminosité teinte froide pour les travaux qui requièrent beaucoup de minutie et d'attention, enfin, une lumière de teinte intermédiaire pour les pièces de travail.

10 **(Doc 7)** Souligner les différents facteurs qui influencent le confort visuel.

11 **(Doc 7)** Proposer une mesure permettant le confort visuel pour chaque situation et l'argumenter.

Situations	Mesures	Arguments
Dans la classe, le matin, Antoine ne voit pas ce qui est projeté au tableau car il y a trop de lumière extérieure.	…………	…………
Lors de l'animation jeu de société à l'EHPAD, Mme Blettan, 78 ans, gênée par le contrejour, ne voit pas bien les cartes.	…………	…………

Adaptation de l'environnement de la personne

TD 22

Bloc 4

OBJECTIFS 1. Répertorier les risques existants en fonction de l'aménagement des locaux et des espaces, de l'âge, de l'autonomie des personnes 2. Proposer des solutions simples permettant l'adaptation de l'environnement aux besoins des personnes et les justifier 3. Identifier les recommandations en matière de circulation et d'accessibilité

Activité 1 Les risques existants dans les locaux

DOC 1 Les accidents domestiques : tous concernés

Les accidents domestiques sont responsables de :

20 000 décès/an

soit 4 fois + de décès
que les accidents de la circulation

Les statistiques classent les accidents par types : circulation, travail, vie courante. Les accidents de la vie courante (AcVC) sont ensuite répertoriés en sous-groupes en fonction de l'activité, du lieu où ils se produisent : les accidents domestiques (à la maison ou dans ses abords immédiats), les accidents à l'extérieur (sur un trottoir,…), les accidents scolaires, les accidents de sport, les accidents de vacances et de loisirs.

Les premières personnes concernées par ces accidents sont les personnes âgées et les enfants, plus fragiles face aux différents dangers de la maison.

Quelques chiffres :

- Les accidents de la vie courante sont à l'origine de 5 millions de recours aux urgences, plusieurs centaines de milliers d'hospitalisations, et plus de 20 000 décès en France chaque année, dont 60 % des accidents de la vie courante sont des accidents domestiques.
- La moitié des accidents chez les plus de 65 ans sont des chutes, voire même 80 % chez les plus de 75 ans. Ces chutes provoquent 50 000 fractures du col du fémur.

Pourtant, le domicile n'est pas considéré comme un lieu dangereux pour nombre d'entre nous ! Est-ce la force de l'habitude qui nous fait prendre des risques inutiles…

Repérer les risques principaux pour pouvoir les écarter par des solutions simples à mettre en œuvre :

- Les chutes
- Les brûlures
- Les blessures : les coupures, les piqûres, les morsures, les griffures…
- Les intoxications
- Les inhalations
- Les suffocations et l'asphyxie
- Les noyades.

https://www.orleans-metropole.fr/ et https://ensemble.aesio.fr/

1 **(Doc 1)** Relever les personnes les plus concernées par les accidents de la vie courante.

……………………………………………………………………………………………………

2 **(Doc 1)** Répertorier les risques existants et donner un exemple pour chacun d'eux.

Risques existants	Exemples de causes possibles
…………………	…………………………………………
…………………	…………………………………………
…………………	…………………………………………
…………………	…………………………………………
…………………	…………………………………………
…………………	…………………………………………
…………………	…………………………………………

3 **(Doc 1)** Indiquer pourquoi il est important de repérer ces risques.

....

....

Activité 2 L'agencement des locaux pour l'accessibilité, la sécurité

DOC 2 Sécuriser son lieu de vie pour éviter de se mettre en danger

Tout naturellement, lors de l'arrivée des enfants, on modifie l'environnement de la maison pour limiter les dangers (cache-prises, coins protecteurs, fermeture des placards contenant les médicaments et les produits d'entretien, retrait des plantes toxiques…), puis on relâche l'attention, s'estimant certainement moins vulnérables…

Toutefois, on sait que les capacités physiques tendent à diminuer en avançant dans l'âge. Est-on sûr que le lieu de vie est toujours adapté ? Repenser l'environnement en fonction des besoins et des capacités des personnes âgées et des personnes en situation de handicap, prendre un peu de temps pour regarder et se poser des questions, identifier les dangers potentiels, cela peut avoir du sens.

Un kit de prévention est proposé par la Caisse nationale d'assurance vieillesse (Cnav). Il permet de faciliter les activités de la vie quotidienne et/ou un retour à domicile après une hospitalisation tout en évitant les risques de chutes.

Un plan national triennal antichute des personnes âgées est mis en place en 2022.

https://solidarites-sante.gouv.fr/affaires-sociales/autonomie/article/plan-antichute-des-personnes-agees

#site
Les chutes chez la personne âgée
foucherconnect.fr/22en44

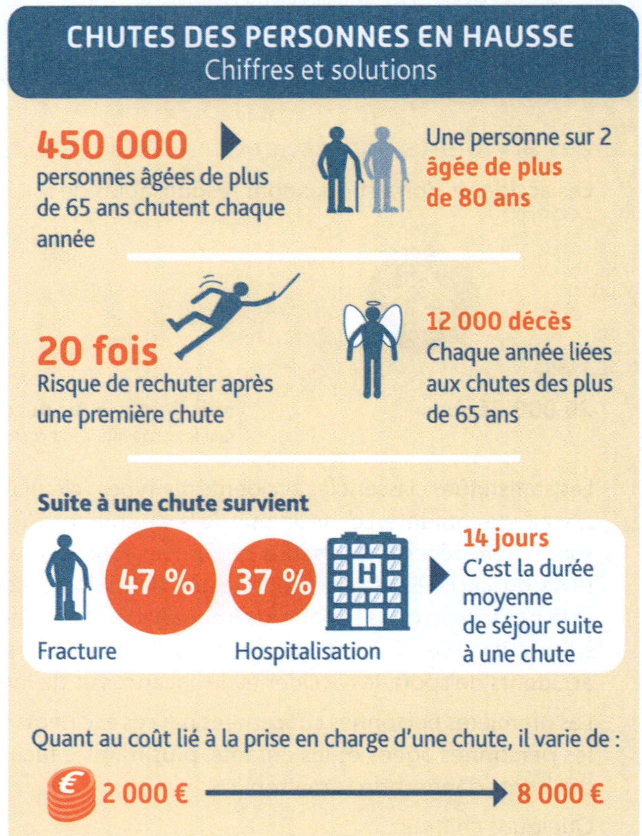

4 **(Doc 2)** Justifier l'intérêt de sécuriser l'environnement des personnes.

....

....

DOC 3 Pourquoi et comment aménager l'habitat ?

Les aménagements à domicile des seniors ou en résidence autonomie ont pour but :

- de faciliter leurs déplacements en installant des points d'appui ou des rampes dans les couloirs, les escaliers, voire un monte-charge ;
- d'augmenter la praticité de leur ameublement en installant des rangements, par exemple à côté du fauteuil, du lit ou des prises à mi-hauteur ;
- de réduire les risques d'accident en évitant les tapis, en mettant par exemple des tapis antidérapants ;
- de désencombrer les passages étroits et limiter les obstacles qui imposent un contournement ;
- d'alléger les pièces en meubles et les meubles en objets, susceptibles de blesser la personne lorsqu'elle chute.

Tous ces aménagements permettent aux personnes âgées de rester le plus longtemps possible dans leur logement en gardant leur autonomie.

5 **(Doc 3)** Expliquer l'intérêt d'aménager le logement de la personne âgée.

....

....

DOC 4 Des aménagements à réaliser dans un logement d'une personne âgée ou handicapée

La domotique peut aussi venir à la rescousse des seniors en automatisant des commandes : ouverture et fermeture de volets, éclairage, contrôle des appareils ménagers et du chauffage. Les meubles ergonomiques sont aussi source d'un grand confort, permettant de rehausser un siège, un W.-C., un lit.

#vidéo
Découvrez un apparté (4'54")
foucherconnect.fr/22en47

Les aménagements à réaliser dans la maison d'un senior ou dans un logement d'une résidence autonomie :

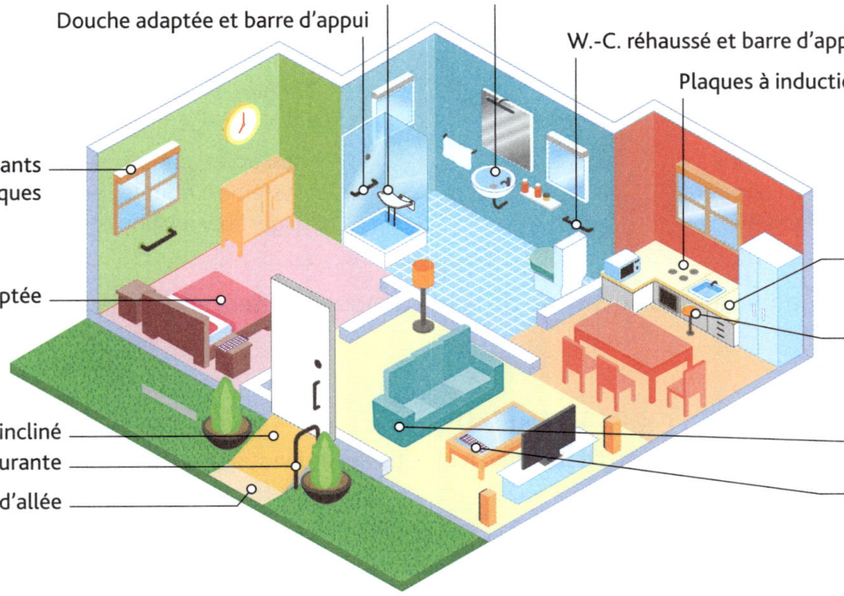

6 **(Doc 3 et 4)** Relever les aménagements possibles pour chaque situation et les justifier.

Situation	Aménagement possible	Justification
Personne avec un problème de déséquilibre lorsqu'elle se déplace.		
Personne ayant du mal à se lever de son lit ou du canapé.		
Personne en fauteuil roulant aimant cuisiner.		
Personne ne pouvant plus fermer les volets.		
Personne ne pouvant pas se relever des toilettes.		
Personne ne pouvant plus monter dans sa baignoire.		
Personne ne pouvant sortir dehors avec son déambulateur à cause des marches.		

Activité 3 Les recommandations en matière de circulation et d'accessibilité

DOC 5 Les recommandations d'aménagement de la salle de bains pour une personne en fauteuil roulant

Espace de manœuvre :
Cercle de 1,5 m de diamètre à l'intérieur d'une salle d'eau en dehors du débattement de la porte.

Espace d'usage :
0,80 m x 1,30 m dans les toilettes, latéralement à la cuvette et en dehors du débattement de la porte.

Toilette au lavabo :
Espace vide sous plan avec vasque à 85 cm de hauteur. Surface plane pour l'accès aux ustensiles de toilette.

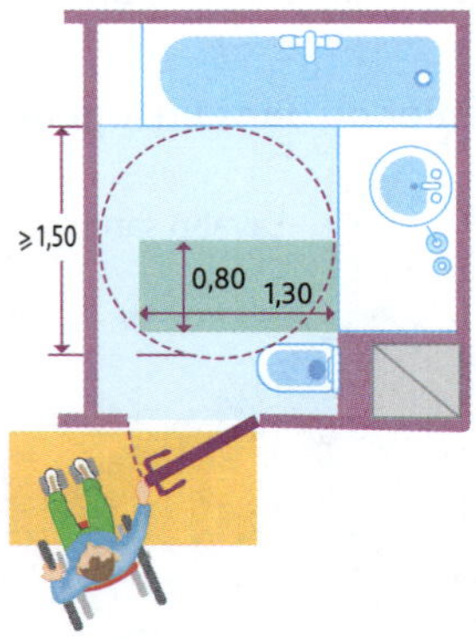

Toilettes : installer poignées de porte et interrupteurs visibles. Éviter les tapis. Poser un rehausseur de cuvette ou un W.-C. surélevé (45 cm à 50 cm du sol). Placer des barres d'appui pour faciliter les mouvements, une barre horizontale coudée pour se lever ou assurer les transferts.

Salle de bains : utiliser un siège spécifique ou une planche de bain. Installer un tapis antidérapant dans le fond de la baignoire, un miroir incliné et un mitigeur thermostatique à levier allongé.

Porte d'accès : prévoir une ouverture de porte vers l'extérieur, un système à double sens ou une porte coulissante pour dégager la circulation et permettre d'intervenir si urgence.

7 **(Doc 5)** Proposer une modification d'ouverture de la porte pour faciliter l'accès à la salle de bains.

....

DOC 6 La circulation et l'accessibilité des bâtiments

Obligations d'accessibilité des bâtiments d'habitation (collective et individuelle) et des établissements recevant du public aux personnes en situation de handicap.

Places de stationnement : Largeur minimale de 3,30 m sans ressaut de plus de 2 cm à l'entrée du bâtiment ou à l'ascenseur.

Circulations communes et halls, lieux d'accueil : revêtements des sols, murs et plafonds sans gêne visuelle ou sonore (isolants, sans réverbération des sons) ; éclairage sans zones d'ombre.

Portes d'accès d'une largeur de 0,90 à 1,40 m. Signaux visuels couplés aux signaux sonores (sonnette d'entrée, gâche électrique, vidéophone). Poignées de porte facilement préhensibles et manœuvrables en position « debout » comme « assis ».

Cheminement extérieur horizontal jusqu'à l'entrée principale, sans ressaut de plus de 2 cm ; d'une largeur minimale de 1,40 m, sans obstacle, pour faciliter les croisements et bien éclairé. Plan incliné de pente inférieure ou égale à 5 % avec un palier de repos en haut et en bas. Sol en matériaux stables, non glissants.

Équipements : (Boîte aux lettres, sonnette) placés à hauteur de 0,90 m à 1,30 m.

Escaliers : Largeur minimum une largeur 1,20 m entre les mains courantes (continue, rigide et facilement préhensible) de chaque côté. Marches de hauteur inférieure ou égale à 17 cm, et largeur du giron supérieure ou égale à 28 cm. Contrastant avec le mur et horizontalement au-delà de la première et de la dernière marche.

Contraste visuel et tactile du sol « annonce » la première marche en haut de l'escalier.

Contremarche de la première et de la dernière marche visuellement contrastée.

8 **(Doc 6)** Énumérer les conditions d'accessibilité pour une personne en fauteuil roulant dans un immeuble et un appartement.

....

....

....

....

9 **(Doc 6)** Indiquer les conditions de circulation et d'accessibilité des escaliers pour une personne déficiente visuelle.

....

....

....

Se tester

Le + numérique
foucherconnect.fr/22en62
Quiz
Exercice interactif

Exercice 1 Relier les mesures simples à leurs facteurs de bien-être correspondants.

Mesures simples	Facteurs	Mesures simples
Aérer 10 min/jour •	• **Confort acoustique** •	• Double vitrage
Isolation phonique •	• **Confort thermique** •	• Éviter les zones d'ombre
S'habiller en fonction de la température •	• **Confort visuel** •	• Utiliser des produits d'entretien peu nocifs
Éclairage suffisant •	• **Qualité de l'air** •	• Fixer la température à 19 °C-20 °C

Exercice 2 Cocher les aménagements nécessaires pour chaque situation.

Situation d'une personne qui :	Poser une barre d'appui	Installer le lit surélevé	Rabaisser le plan de travail	Installer une douche	Mettre un fauteuil dans la douche	Mettre des volets roulants commandés
a des problèmes de déséquilibre (douche, marche).						
est en fauteuil roulant, sa salle de bains n'a qu'une baignoire.						
a des difficultés à se lever.						
n'arrive plus à monter dans sa baignoire.						
ne peut plus fermer les volets battants.						

Exercice 3 Cocher les bonnes réponses.

Les recommandations et l'accessibilité des bâtiments

	Vrai	Faux
La largeur minimale pour une place de parking est de 3,30 m.		
Il faut un espace de manœuvre de 1 m de diamètre à l'intérieur de la salle d'eau pour l'accès d'un fauteuil roulant.		
La hauteur des marches doit être inférieure ou égale de 16 cm.		
Le plan incliné doit avoir une pente inférieure ou égale à 6 %.		

CHAPITRE 12

À retenir

Le + numérique foucherconnect.fr/22en63

Synthèse rédigée et audio

Facteurs d'hygiène et de confort des locaux pour le bien-être de la personne

Qualité de l'air

Dépend de la concentration en polluants et du renouvellement de l'air. Une mauvaise qualité de l'air a des conséquences néfastes sur l'organisme (migraine, asthme, fatigue).

Les mesures simples :
– Aérer 10 min/jour.
– Ne pas surchauffer les pièces, pour éviter la prolifération des acariens.
– Vérifier les appareils de chauffage, les VMC.
– Utiliser des produits d'entretien peu nocifs.

Confort acoustique

C'est la maîtrise des bruits, consistant à choisir les sons que l'on entend. Le bruit a des effets négatifs sur l'organisme (nervosité, fatigue…).

Les mesures simples :
– Réduction des bruits à la source.
– Réduction des bruits à la transmission (isolation phonique avec des matériaux absorbant comme la moquette, le liège…), cloisonnage et habillage d'une pièce, double vitrage…

Confort thermique

C'est une sensation de bien-être. Il faut une humidité et une température adaptées, sans courants d'air. L'absence de confort thermique peut entraîner des maladies ou des déshydratations.

Les mesures simples :
– Vérifier l'isolation de la pièce et des fenêtres.
– Adapter le mode de chauffage (fixer la température vers 19 °C – 20 °C).
– S'habiller en fonction de la température.
– Fermer les volets en journée l'été, les ouvrir la nuit pour garder une pièce fraîche.

Confort visuel

C'est une sensation de bien-être visuel dans un environnement défini suivant l'activité réalisée. Son absence peut engendrer des migraines, des éblouissements, de la fatigue visuelle…

Les mesures simples :
– Installer un éclairage suffisant et uniforme en fonction de l'activité à réaliser.
– Choisir la teinte de lumière selon l'activité : chaude ⇨ détente ou froide ⇨ travail minutieux.
– Privilégier une lumière indirecte pour éviter l'éblouissement (pose d'abat-jour ou de lustre…).
– Éviter les zones d'ombre et les rejets.

Agencement et équipement des locaux pour l'accessibilité, la sécurité et la prévention des accidents domestiques

Le lieu de vie doit être adapté aux besoins de la personne pour éviter qu'elle se mette en danger.

Les risques possibles d'accidents
Les accidents domestiques entraînent beaucoup de décès, quels que soient l'âge et l'autonomie de la personne. Les personnes âgées et les enfants sont les plus concernés par les accidents de la vie courante. Les risques les plus courants sont les chutes, les brûlures, les blessures (coupures…), les intoxications, les inhalations, les suffocations et l'asphyxie, les noyades.
Les aménagements des locaux
Un logement bien aménagé permet à une personne âgée ou en situation de handicap de rester plus longtemps chez elle en gardant le plus d'autonomie possible. Les aménagements permettent de faciliter les déplacements des personnes (barre d'appui, rampe, monte-escalier), d'augmenter la praticité de leur ameublement (rangements à portée de main), de réduire les risques d'accidents en mettant des tapis antidérapants, de désencombrer les passages étroits et d'alléger les pièces en meubles susceptibles de blesser les personnes quand elles chutent.
Agencement et équipement des locaux pour l'accessibilité
Depuis la loi du 11 février 2005, l'accessibilité doit répondre à toutes les situations de handicap. Les prescriptions techniques (accès extérieur, stationnement, portes d'accès, parties communes, portes d'entrée, circulation intérieure des logements) s'appliquent aux bâtiments d'habitation et à ceux recevant du public (ERP). La notion d'accessibilité s'articule autour de trois axes : l'accès, la circulation intérieure dans les bâtiments et l'usage des équipements. La réglementation fixe des dimensions et des recommandations d'usage.

Formes de distribution des repas et collations

TD 23
Bloc 2

OBJECTIFS 1. Définir les formes de distribution 2. Mettre en relation le principe de la distribution et les contraintes réglementaires

Activité 1 Les principes de distribution des repas

DOC 1 Les formes de distribution

Forme de distribution	Définition
Directe	La **cuisine directe** est la cuisine « traditionnelle » autonome, les repas sont en distribution directe ; ce qui correspond à un schéma de fonctionnement proche de celui de la cuisine familiale. Les repas, élaborés au sein de l'établissement par transformation des denrées brutes, sont également consommés sur place dès la fin de la préparation.
Différée	La cuisine en **distribution différée** fonctionne sur le principe d'une cuisine centrale où sont élaborés les repas avant leur transfert dans des restaurants dits « satellites ». Il existe deux types de **liaisons** : **chaude** et **froide**. Dans les deux cas, la liaison est différée dans l'espace et, dans le cas de la liaison froide réfrigérée, elle est également différée dans le temps.

D'après https://www.fcpe75.org/cuisines-sur-place-liaison-froide-ou-liaison-chaude-que-quoi-parle-t-on/

1 **(Doc 1)** Identifier la forme de distribution dans chacune des situations et justifier.

Situation	Forme de distribution	Justification
Le cuisinier du foyer de vie « Les Jonquilles » réalise chaque jour des repas servis sur place aux résidents de la structure.	**Distribution directe**	**Justification :** ....
Les agents de restauration scolaire remettent en température les repas livrés réfrigérés par la cuisine centrale pour le service de midi.	**Distribution différée** dans le temps et dans l'espace	**Justification :** ....

DOC 2 Les repas en collectivité : le plat témoin

En amont de la distribution des repas en collectivité, la réglementation (arrêté 2013 complété en 2020) prévoit le prélèvement d'un plat témoin.

- Quantité prélevée : entre 80 g et 100 g.
- Identification du produit prélevé.
- Conservation entre 0 °C et 3 °C cinq jours après présentation au consommateur.

Ces plats témoins sont destinés uniquement aux autorités compétentes (**Direction départementale de la protection des populations (DDPP)**), afin de détecter l'existence d'une potentielle TIAC (toxi-infection alimentaire collective).

2 **(Doc 2)** Souligner, dans le texte, l'objectif du plat témoin.

Activité 2 Les contraintes réglementaires liées à la distribution des repas

DOC 3 Les contraintes réglementaires des différentes liaisons

La liaison froide réfrigérée

• La liaison froide réfrigérée est une technique consistant à abaisser rapidement la température des plats cuisinés, conditionnés ou non → de **+ 63 °C** à **+ 10 °C** à cœur, en **moins de deux heures**, grâce à une cellule de refroidissement rapide.

• Les plats cuisinés sont alors stockés dans une chambre froide à **+ 3 °C**. La température est contrôlée par un thermomètre enregistreur.

• Le séjour en chambre froide de ces plats ainsi refroidis ne peut excéder trois jours. Les plats cuisinés seront ensuite acheminés vers les cuisines satellites par camions isothermes à + 3 °C.

• La remise en température de consommation des plats chauds doit s'effectuer de + 3 °C à + 63 °C en **moins d'une heure**.

La liaison chaude

La technique de la liaison chaude consiste à maintenir, dès la fin de la cuisson, les aliments à une température égale ou supérieure à **+ 63 °C**, jusqu'à la remise au consommateur.

Les repas seront consommés le jour même de leur fabrication. Aucune préparation de la veille n'est acceptée, aucun reste n'est toléré.

3 **(Doc 3)** Mettre en relation chaque forme de distribution et ses contraintes réglementaires en complétant le schéma.

Liaison chaude

↓

Maintien des plats chauds à ....

↓

Service des plats chauds à .... le jour même.

Lieu de production

Lieux de consommation

Liaison froide (réfrigérée)

↓

Refroidissement des plats à .... en moins de ....

↓

Stockage à .... moins de 3 jours (J + 3 max).

↓

Transport à ....

↓

Remise en température des plats à .... en moins de ....

↓

Service des plats chauds à ....

DOC 4 La vérification de la température des plats avant la distribution

Dans le domaine de la restauration, le contrôle de la température des plats est imposé par la réglementation :

- Respecter la chaîne du froid.
- Surveiller une cuisson.
- Optimiser la température des aliments.

Les professionnels de la restauration doivent être équipés avec du matériel fiable, précis et performant : une sonde thermique piquée au cœur du plat à contrôler.

La valeur doit être notée sur le document de traçabilité pour vérifier si la température est conforme. La sonde thermique doit être essuyée avec un papier absorbant entre deux prises de température. En fin d'opération, elle est nettoyée et désinfectée.

D'après http://nosobase.chu-lyon.fr/recommandations/cclin_arlin/EMS/V1/chapitre2_Restauration.pdf

4 **(Doc 4)** Relever quatre actions à mettre en place lors de l'utilisation de la sonde thermique et de l'exploitation de ses données.

....

....

SONDE THERMIQUE

....

....

Modes de distribution des repas et collations : service à table, service au lit

TD 24
Bloc 2

OBJECTIF 1. Caractériser le service à table et le service au lit

Activité 1 L'hygiène et les conditions de service des repas

DOC 1 Les critères de d'hygiène et de confort lors du service des repas

Hygiène du personnel
Respect des règles habituelles d'hygiène corporelle et comportementale lors du service en chambre ou en salle à manger :
- Tenue propre, cheveux attachés.
- Ni montre, ni bague, ni bracelet.
- Lavage hygiénique des mains (ou désinfection par friction).
- Tenue changée ou port d'un tablier protecteur si des tâches autres ont été réalisées (soins, entretien des locaux).

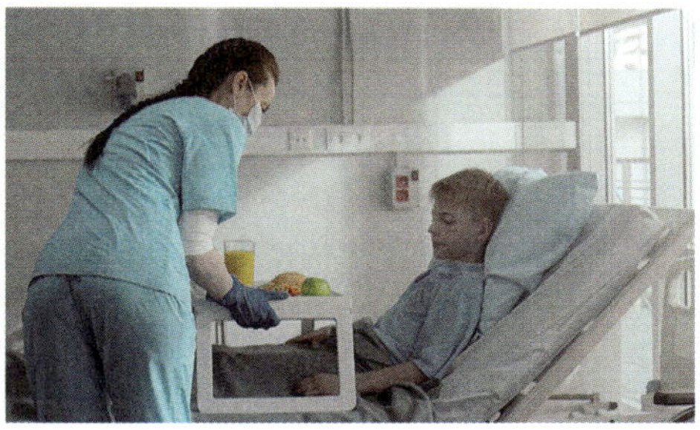

Confort du patient
- Laisser le patient se placer en tenant compte de son degré d'autonomie.
- Veiller à ce qu'il ait les mains propres.
- Réajuster éventuellement l'installation en cours de repas.
- Disposer le repas agréablement, soigner la présentation pour stimuler l'appétit.
- Servir les aliments lorsqu'ils sont encore chauds.
- Aider à l'ouverture des barquettes, à la découpe des aliments.
- Servir les repas dans une ambiance et un environnement calme : ni télévision ni musique forte dans un lieu de vie propre, lumineux et agréable.

Installation sur chaise traditionnelle
Pas d'hyperextension de la tête (tête trop en arrière ou trop en avant).
Dos droit.
Fesses au fond de la chaise.
Pieds au sol ou sur repose-pieds.
À proximité de la table.

Installation en fauteuil roulant
Transférer le patient sur une chaise si cela est possible. Sinon :
- Le maintenir avec un coussin.
- Prévoir un coussin de butée pour éviter de glisser vers l'avant.
- Adapter la hauteur de la table.

1 **(Doc 1)** Repérer au moins deux règles lors du service des repas en collectivité pour chacun des éléments cités dans les encadrés ci-contre.

Tenue du personnel	Hygiène du personnel
....	....
....	....
....	....
....	....

2 **(Doc 1)** Indiquer au moins deux éléments de confort liés au service du repas à table sur chaise.

Éléments de confort
....
....
....
....

Activité 2 Le service du repas en chambre

DOC 2 L'installation et les relations avec la personne lors du service des repas en chambre

Le temps du repas est un moment privilégié pour le patient. Il s'agit également d'un facteur de rétablissement et de guérison. Le choix et la commande des repas, l'installation du patient, la qualité des aliments et leur présentation à la bonne température sont des éléments importants qui stimulent l'appétit. L'accompagnement des patients doit également tenir compte de leurs besoins et de leur degré d'autonomie.

Comment procéder

- Frapper avant d'entrer dans la chambre et adopter une attitude discrète.
- Être souriant(e).
- Accueillir le patient : « Bonne journée, bon appétit… »
- Installer confortablement le patient dans son lit, buste relevé, avec coussins de soutien, en évitant l'hyperextention de la tête, pieds du lit relevés pour éviter le glissement du corps ou transférer le patient dans son fauteuil.
- Régler la hauteur de l'adaptable.
- Stimuler la personne qui exprime son manque d'appétit par la présence ou par une écoute et un échange.
- Respecter sans jugement les habitudes alimentaires ou les interdits liés à une culture ou à une religion.

3 **(Doc 1 et 2)** Pour chacun des items du schéma ci-dessous, relier les règles particulières que doit respecter l'agent de soin lors du service des repas en chambre.

- Service du repas
- Communication
- Installation de la personne et aide au repas

- Respecter les habitudes alimentaires.
- Adopter une attitude discrète, souriante.
- Vérifier que les aliments sont à bonne température.
- Être attentif à la satisfaction de la personne.
- Aider à l'ouverture des barquettes, à la découpe des aliments.
- Soigner la présentation des repas.
- Adapter le matériel : chariot, cloche Soigner la présentation du repas.
- Adapter l'installation pour qu'elle soit confortable.

4 Proposer quatre caractéristiques communes au service des repas à table ou au lit concernant l'installation, le confort physique, psychologique et environnemental de la personne. Rédiger la réponse.

……………………………………………………………………………………………………

……………………………………………………………………………………………………

……………………………………………………………………………………………………

……………………………………………………………………………………………………

CHAPITRE 13

Se tester

Distribution des repas et des collations

Le + numérique
foucherconnect.fr/22en38
Quiz
Exercice interactif

Exercice 1 Identifier les températures légales de mise en œuvre de la liaison froide réfrigérée et de la liaison chaude. Cocher la réponse exacte et justifier la réponse fausse.

Les formes de distribution des repas

Températures	VRAI	FAUX	Justification
Les plats chauds doivent être maintenus à 53 °C jusqu'à leur service.			....
En liaison froide, les plats peuvent être conservés à 10 °C.			....
La conservation des plats en liaison froide est de 3 jours max à 3 °C.			....
Le refroidissement des plats en liaison froide se fait en 2 heures de 63 °C à 3 °C.			....

Exercice 2 Cocher les critères de qualité communs aux trois situations lors du service des repas en structure.

Le service des repas

- ☐ Respect des habitudes alimentaires
- ☐ Respect de l'autonomie
- ☐ Attitude discrète
- ☐ Lavage des mains
- ☐ Utilisation de plateaux et de cloches isothermes
- ☐ Tenue professionnelle pour le service des repas
- ☐ Incitation à goûter
- ☐ Aliments aux températures légales
- ☐ Présentation soignée du repas
- ☐ Aide à la découpe des aliments si autonomie restreinte

À retenir

Le ➕ numérique foucherconnect.fr/22en33

Synthèse rédigée et audio

Les formes de distribution des repas et collations

Distribution directe ⇨ La liaison chaude

Préparation → Cuisson → Maintien des denrées à + 63 °C à cœur du produit → Distribution

Distribution différée ⇨ La liaison froide réfrigérée

Préparation → Cuisson → Refroidissement de + 63 °C à + 10 °C → Conservation des PCEA à + 3 °C à J + 3 → Régéthermie* de + 3 °C à + 63 °C en moins d'1 heure à cœur du produit → Distribution

* Remise en température des plats sans altération de cuisson des produits.

Le service des repas

Hygiène du personnel

⇨ Lavage des mains.
⇨ Respect des règles habituelles d'hygiène corporelle personnelle.

Matériel de service en structure

⇨ Matériel adapté, propre et en bon état (chariots ou tables chauffants, cloches, plateaux isothermes).

Communication

⇨ Attitude discrète, souriante, polie
⇨ Appréciation de la satisfaction de l'usager

À table

Au lit

Tenue professionnelle

⇨ Tenue propre, changée après une tâche de soin ou d'entretien.
⇨ Pas de bijoux ni de montre.

Installation de l'usager et aide au repas

⇨ Installation adaptée et confortable.
⇨ Respect de l'autonomie.
⇨ Aide à l'ouverture des barquettes, à la découpe des aliments.

Service du repas

⇨ Respect des habitudes alimentaires.
⇨ Aliments à bonne température.
⇨ Présentation soignée du repas.
⇨ Ambiance agréable, environnement lumineux et calme.
⇨ Stimulation si manque d'appétit.

Aide à la prise des repas et surveillance de la prise alimentaire

TD 25
Bloc 2

OBJECTIFS
1. Justifier la technique et les précautions à prendre lors de l'aide à la prise des repas pour prévenir les fausses routes
2. Préciser les modalités de surveillance de la prise alimentaire et des apports hydriques

Activité 1 La prévention des fausses routes

DOC 1 Les trois phases de la déglutition

Une déglutition correcte s'effectue en 3 phases :

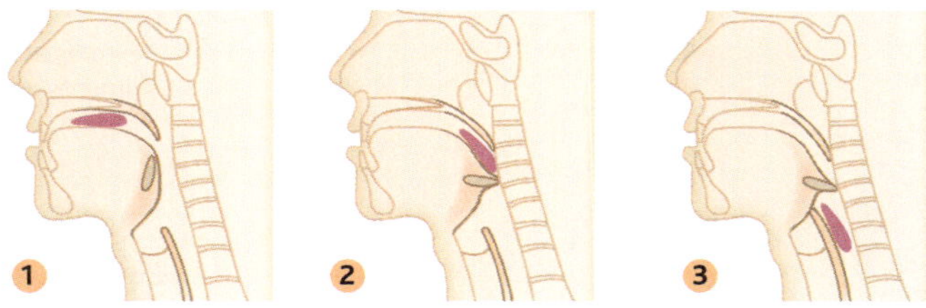

1 : Phase orale
2 : Phase pharyngée
3 : Phase œsophagienne

DOC 2 Qu'est-ce qu'une fausse route ?

Un problème surgissant au cours d'une des trois phases de la déglutition peut entraîner une **fausse route.** Elle intervient alors lors de la phase œsophagienne : l'aliment ou le liquide avalé passe dans les **voies respiratoires (trachée)** au lieu de se diriger dans le **tube digestif (œsophage)**.

On distingue :
- la fausse route partielle : la personne peut toujours respirer, l'air passe ;
- la fausse route totale : c'est l'étouffement, l'air ne passe plus, la personne ne respire plus.

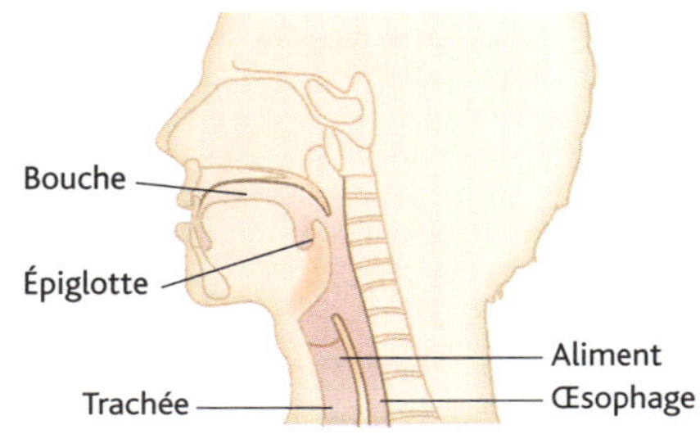

1 **(Doc 1 et 2)** Tracer, sur le schéma ci-dessus, le trajet de l'aliment en cas de fausse route.

DOC 3 Les fausses routes et leurs conséquences

Les fausses routes, qui peuvent être occasionnelles ou récurrentes, présentent des symptômes divers.

Symptômes de la fausse route occasionnelle	Symptômes de la fausse route récurrente
• **Toux** pendant ou après la déglutition. • Impression que la personne s'étrangle.	• Présence d'une gêne dans la gorge. • Toux pendant et après les repas. • Difficultés à respirer suite à la prise de nourriture. • Modification de la voix (rauque). • Incapacité à avaler sa salive. Ce trouble de la déglutition qui perdure est appelé **dysphagie**.

Les fausses routes, qui sont en général bégnines, peuvent se compliquer de mort subite par syncope réflexe ou engendrer de sérieux troubles, comme :
- une détérioration des fonctions respiratoires, des bronchites à répétition, des pneumonies ;
- un risque de malnutrition (ou de dénutrition) et de déshydratation entraînant une perte de poids ; une difficulté à la prise de médicaments.

2 **(Doc 3)** Surligner, dans le document 3, deux conséquences liées aux complications des fausses routes.

3 **(Doc 3)** Identifier les symptômes qui caractérisent la fausse route occasionnelle en reliant les points correspondants.

Fausse route occasionnelle

- Voix rauque
- Toux pendant/après la déglutition
- Gêne dans la gorge
- Impression d'étranglement
- Incapacité à avaler sa salive

4 **(Doc 1, 2 et 3)** Définir une fausse route en utilisant les informations de chaque document.

....

....

....

....

DOC 4 Comment éviter les fausses routes au moment du repas

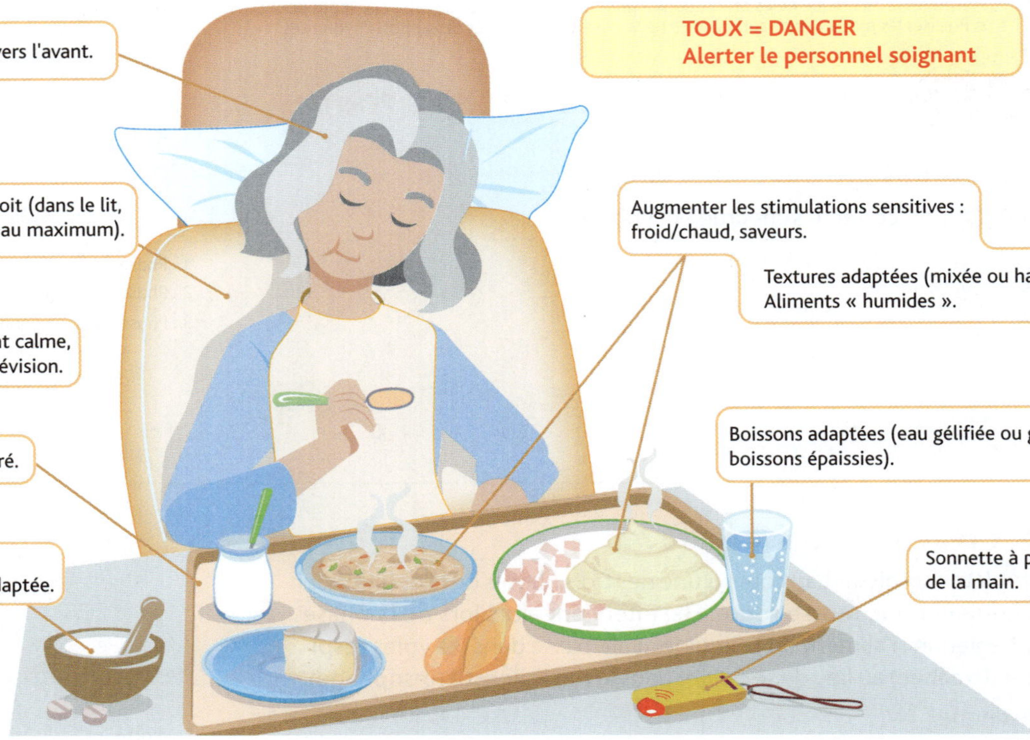

DOC 5 Des conseils à suivre

- La personne ne doit pas manger allongée : il est important de maintenir la position assise après la prise alimentaire pendant **au moins 30 minutes**.
- Pour les personnes âgées, choisir un **verre à découpe nasale** pour pouvoir boire sans avoir à lever la tête ou utiliser les **pailles anti-reflux**, (le liquide reste dans la paille entre chaque aspiration, réduisant ainsi l'aspiration d'air).
- Veiller à s'asseoir face à la personne, en lui présentant les aliments par le bas et par petites bouchées.
- Veiller à ce que la bouche soit bien vide avant d'introduire la bouchée suivante.
- Privilégier les aliments « humides », non secs, comme les plats en sauces.

5 **(Doc 4 et 5)** Présenter les précautions à prendre au moment de la prise des repas d'un patient présentant des fausses routes occasionnelles.

Installation	Alimentation
....	....
....	....
....	....
....	....
....	....
....	....

Environnement	Matériel adapté
....	....
....	....
....	....
....	....
....	....
....	....

Activité 2 La surveillance de la prise alimentaire et des apports hydriques

DOC 6 Les modalités de surveillance de la prise alimentaire des personnes âgées

Avec le vieillissement, les personnes perdent en autonomie, parfois avec des dégradations cognitives, ce qui peut entraîner des difficultés à se nourrir correctement et une altération de l'état nutritionnel, **d'où la nécessité d'une surveillance de la prise alimentaire** et des apports hydriques. La surveillance alimentaire vise à prévenir la dénutrition chez la personne âgée.

Les modalités de surveillance sont définies par la fréquence et des outils selon la population cible.

Les besoins nutritionnels peuvent varier en fonction de la santé de la personne âgée, notamment dans certaines situations (maladie d'Alzheimer, escarres, cancer, troubles de la déglutition…).

4 points essentiels à surveiller

Poids

Une perte de poids chez une personne âgée est un signal d'alerte

Surveillance

Peser la personne âgée une fois par mois, à peu près à la même heure et noter le poids. Calculer l'indice de masse corporelle : IMC = poids/taille^2 (poids en kg et taille en m) (dénutrition chez la personne âgée si IMC < 21).

Alimentation/appétit au quotidien

Alimentation avec des apports suffisants en protéines.

Surveillance

Estimer l'appétit et/ou les apports alimentaires en interrogeant la personne sur son autonomie, ses habitudes de vie, ses apports alimentaires. Vérifier que la perte d'appétit n'est pas due aux médicaments qu'elle prend ou à un régime prescrit. En parler avec le médecin.

Hydratation

Avec l'âge, la sensation de soif diminue.

Astuces pour boire davantage

Placer en évidence la bouteille ou le verre d'eau. Utiliser des petites bouteilles, plus faciles à manipuler. En cas de tremblements, utiliser une paille ou un verre à bec. Favoriser les aliments riches en eau (courgettes, oranges…). En cas de troubles de la déglutition, utiliser des poudres épaississantes ou de l'eau gélifiée, disponibles en pharmacie.

Niveau d'activité

L'activité physique doit être maintenue chez la personne âgée.

Surveillance

Observer les activités conduites comme la marche, les tâches ménagères, le jardinage, la gymnastique douce et adaptée, la mobilisation par un kinésithérapeute.

#vidéo Dénutrition : repérer les premiers signes (2'34") foucherconnect.fr/22en14

6 **(Doc 6)** Répondre aux questions ci-dessous.

- Indiquer deux outils de mesure de la surveillance de la prise alimentaire.

....

....

- Proposer une solution permettant d'estimer l'appétit de la personne.

....

....

....

....

DOC 7 Des exemples d'outils de surveillance de la prise alimentaire en structure

Les volumes des prises alimentaires spontanées ne sont pas identiques d'un résident à l'autre : chez les seniors, comme dans le reste de la population, il existe de petits et de gros mangeurs. L'idéal est donc d'adapter les quantités à l'appétit de chacun. Cette adaptation demande un suivi et une proximité de la part des personnels. Le suivi des ingestats* exige une surveillance particulière. Certaines structures proposent des grilles de surveillance des prises alimentaires et d'analyses de qualité et de suivi, sur la base d'indicateurs pertinents.

* Ensemble des aliments, boissons et condiments qui peuvent être consommés par un organisme avant d'être ingérés.

Grille de surveillance alimentaire	Courbe de poids	Test MNA
Ce suivi alimentaire doit être conduit au minimum pendant trois jours consécutifs pour le diagnostic, et sur au moins deux semaines.	Le poids doit être mesuré au même moment de la journée, pour limiter les biais liés aux apports alimentaires et hydriques. Tout établissement doit disposer d'un pèse-personne adapté : que la personne soit debout, assise ou allongée, il doit toujours être possible de la peser.	Dosage de l'albumine ou mesure de l'indice de risque nutritionnel gériatrique (GNRI), qui combine l'albuminémie et la variation de poids par rapport au poids idéal.

DOC 8 Les modalités de surveillance des apports hydriques

Surveillance de l'hydratation

Outre la grille de surveillance alimentaire à compléter pour les boissons ingérées, il existe des verres connectés : les personnes âgées bénéficient d'un rappel à l'ordre lorsqu'ils ne boivent pas suffisamment. **Le verre s'illumine pour leur rappeler de s'hydrater**, et alerte les aidants lorsqu'il y a lieu de s'inquiéter.

Le risque de déshydratation augmente avec l'âge

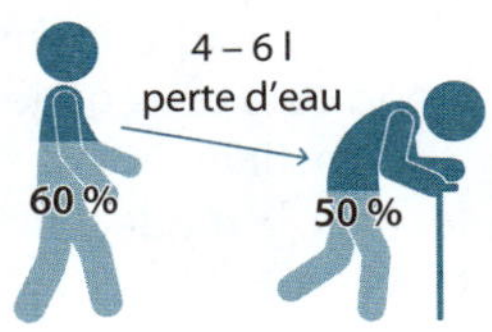

L'eau dans le corps diminue avec l'âge.
La sensation de soif diminue avec l'âge.
Les reins âgés retiennent moins d'eau.

Tous les résidents en EHPAD sont par définition à risque de déshydratation. Néanmoins, certains résidents présentent un risque supplémentaire en cas de :

- diabète – insuffisance rénale ;
- traitement (diurétiques…) ;
- handicap moteur ou cognitif ;
- syndrome infectieux – diarrhée/vomissements ;
- âge de 85 ans et plus chez la femme.

La surveillance consiste à repérer les premiers symptômes de la déshydratation, quand la soif ne se manifeste pas :

- une **perte d'appétit** inexpliquée ;
- une **sensation de fatigue** importante, dans certains cas des **somnolences** ;
- de la **fièvre**.

OUTIL 14 • Grille de surveillance alimentaire

Source : programme MobiQual

Nom : BAC **Prénom :** Rose
Date : 02 / 02 / 22 **Sexe :** F **Âge :** 85 **Poids (kg) :** 58 **Taille (cm) :** 165

	Date	Jour 1				Jour 2				Jour 3			
	CONSOMMATION	●	◐	◔	○	●	◐	◔	○	●	◐	◔	○
PETIT-DÉJEUNER	Café / thé	☐	☐	☒	☐	☐	☐	☒	☐	☐	☒	☐	☐
	Lait	☐	☐	☐	☒	☐	☐	☐	☒	☐	☐	☒	☐
	Pain / Biscotte	☒	☐	☐	☐	☒	☐	☐	☐	☐	☒	☐	☐
	Bouillie	☐	☒	☐	☐	☐	☒	☐	☐	☐	☐	☒	☐
	SOIGNANT	EF				EF				EF			
	TYPE D'AIDE*	P				P				P			
COLLATION	Boisson	☐	☐	☒	☐	☐	☐	☒	☐	☐	☐	☒	☐
	SOIGNANT	EF				EF				EF			
	TYPE D'AIDE*	P				P				P			
DÉJEUNER	Entrée	☐	☐	☒	☐	☐	☐	☒	☐	☐	☐	☐	☐
	Viande / Poisson	☐	☐	☒	☐	☐	☐	☒	☐	☐	☐	☐	☐
	Légumes	☐	☐	☒	☐	☐	☐	☒	☐	☐	☐	☐	☐
	Fromage / Laitage	☐	☒	☐	☐	☐	☒	☐	☐	☐	☐	☐	☐
	Dessert	☐	☒	☐	☐	☐	☐	☐	☐	☐	☐	☐	☐
	Nombre de verres	☐	☐	☐	☐	☐	☐	☐	☐	☐	☐	☐	☐
	SOIGNANT	CD				CD							
	TYPE D'AIDE*	P				P							

● Consommation de la totalité de la portion servie
◐ Consommation de plus de 50% de la portion servie
◔ Consommation de moins de 50% de la portion servie
○ La personne n'a rien consommé de la portion servie

***TYPE D'AIDE :**
P = AIDE PARTIELLE (installation, ouverture des conditionnements, couper la viande, stimulation, etc.)
T = AIDE TOTALE (installation et faire manger)

7 **(Doc 7)** Compléter la grille de surveillance alimentaire de Mme Rose Bac.

Jour 3, Mme Rose Bac n'a pas voulu manger l'entrée ni boire. Elle a consommé la moitié de la viande hachée mais pas de légumes et elle a terminé le laitage et le dessert.

8 **(Doc 8)** Citer deux facteurs aggravant le risque de déshydratation chez les personnes en EHPAD.

....

....

....

....

9 **(Doc 8)** Surligner, sur le document, deux outils permettant de surveiller les apports hydriques d'une personne en structure.

#fichier
Grille de surveillance alimentaire
foucherconnect.fr/22en15

Se tester

Le + numérique
foucherconnect.fr/22en50
Quiz
Exercice interactif

Exercice 1 Barrer le matériel, les aliments, les installations aux repas, qui favorisent les fausses routes.

La prévention des fausses routes

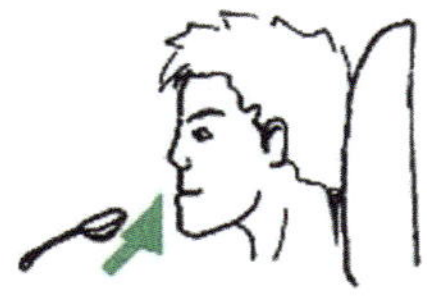
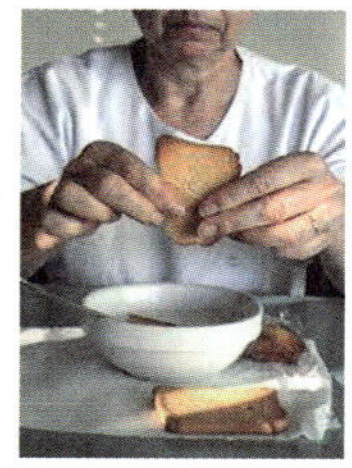

Exercice 2 Relier chaque action à sa justification.

La surveillance des apports hydriques

Actions

- Proposer des fruits riches en eau (pastèque, agrumes…).
- Tenir à disposition une carafe d'eau en dehors des repas.
- Noter les volumes de boissons absorbés (eau, thé, bouillons…).
- Proposer de l'eau, des boissons chaudes, ou froides, lors des périodes de fortes chaleurs.

Justification

- Proposer une alternative à la boisson.
- Surveiller que la personne boit suffisamment et régulièrement.
- Inciter les personnes âgées qui ont moins la sensation de soif à consommer des liquides.
- Rappeler à la personne de boire tout au long de la journée.

Exercice 3 Classer les mots suivants dans les catégories exactes.

Questionnaire sur la consommation alimentaire – Perte de poids – Repli sur soi – Pesée régulière – Analyse de sang : CRP – Manque d'appétit – Diminution de l'IMC – Fiches de surveillance de prises alimentaires

La surveillance de la prise alimentaire

Les signes à surveiller lors de la prise alimentaire

....
....
....
....
....
....

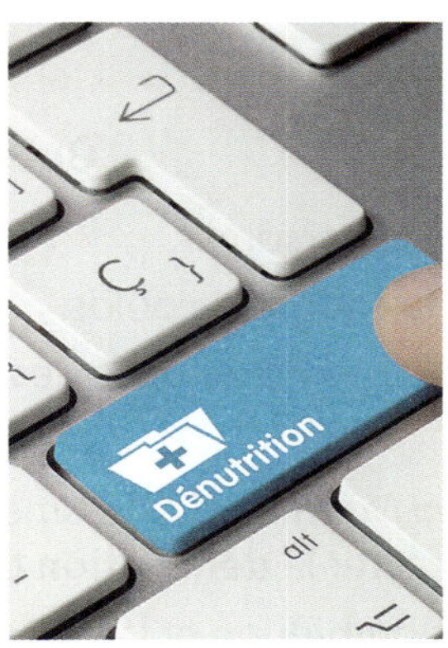

Les outils de surveillance

....
....
....
....
....
....

CHAPITRE 14

À retenir

Le + numérique foucherconnect.fr/22en51

Synthèse rédigée et audio

La prévention des fausses routes

La fausse route correspond à un mauvais trajet des aliments qui passent par les voies aériennes au lieu de passer dans l'œsophage. Elle peut avoir de graves conséquences sur l'état de santé du patient, voire être fatale. À répétition, la fausse route peut provoquer : infections respiratoires, dénutrition, déshydratation.

- Adapter l'alimentation et les textures (homogène, hachée).
- Adapter les boissons : liquide gélifié, épaissi, eau pétillante ; pas de jus de fruits avec pulpe.
- Adapter l'environnement et le matériel : ambiance calme ; verre à encoche, couverts lestés pour éviter la flexion de la tête en arrière.
- Ingestion de petites bouchées, pause entre chaque présentation par le bas de la cuillerée.
- **Après le repas :**
  - ⇨ Retirer les assiettes ou le plateau.
  - ⇨ Ne laisser aucun aliment ou boisson dans la chambre ni à portée de main.
  - ⇨ Inciter la personne à rester assise quelques minutes après le repas.
- Surveillance et vigilance du personnel pendant le repas.
- Adapter la position de la personne : assise dos droit et tête légèrement inclinée vers l'avant.

La surveillance de la prise alimentaire et des apports hydriques

Résident

....

....

Année **20**..........

Semaine

....

CNO (nombre et type)

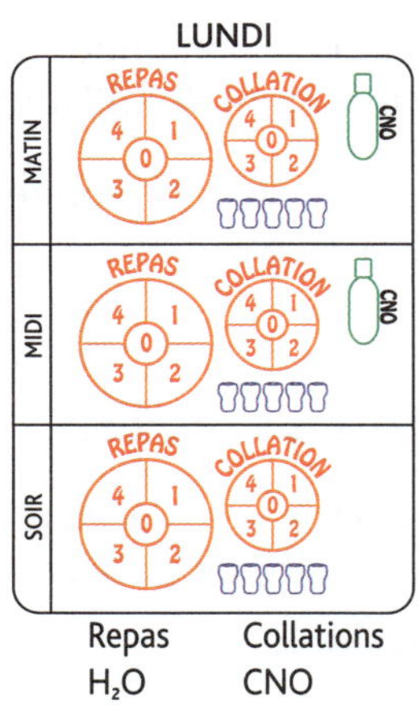

La surveillance permet de détecter rapidement, pour une personne donnée, les brusques changements dans les apports alimentaires ou hydriques.

Cette surveillance est réalisée sur une période de plusieurs semaines, voire en continu, en particulier pour les personnes souffrant de troubles cognitifs sévères.

L'équipe soignante alertera aussitôt qu'une rupture ou une baisse significative des prises hydriques ou alimentaires sera repérée.

Un dépistage de la dénutrition se met alors en place.

La fiche de surveillance hydrique et alimentaire simplifiée regroupe les sept jours d'une semaine. Pour chaque journée, les trois repas principaux sont symbolisés.

Éléments à surveiller

- Apport alimentaire
- Poids
- Hydratation
- Appétit

Outils

- Pesée régulière de la personne.
- Établissement de la courbe de poids.
- Renseignement de la fiche de prise des repas.
- Calcul d'IMC.
- Questionnaire *Mini Nutritional Assessment* (MNA) comportant 18 paramètres qui permet de détecter la **dénutrition des personnes âgées** de plus de 65 ans.
- Surveillance de l'albuminurie et la CRP (analyses).

Matériels d'aide aux repas

TD 26
Bloc 2

OBJECTIF Présenter les caractéristiques de chaque matériel, leur intérêt pour le personnel et la personne, les conditions d'utilisation, les modalités d'entretien et/ou de maintenance

Activité 1 Le matériel d'aide à la prise des repas de l'adulte

DOC 1 Quelles aides techniques à adapter au repas ?

Le choix des **aides techniques au repas** doit être fait :
– après une évaluation des besoins de la personne ;
– soit en structure, soit à domicile.

Un **ergothérapeute** évalue les capacités et les difficultés. Il prend en compte les aspects moteurs à compenser et ceux liés aux habitudes de vie. L'ergothérapeute fait ensuite des préconisations sur les aides techniques à adopter, qui peuvent être des aides à la préparation des repas et des aides à la prise du repas.

Une consultation avec un **psychologue** peut être demandée lorsque l'**aide technique** soulève des questions douloureuses par rapport à l'évolution de la maladie.

DOC 2 Les aides à la préparation et au service des repas

Ces aides sont plus particulièrement adaptées aux personnes rencontrant des difficultés de préhension ou manquant de force dans les membres supérieurs.

Ouvre-boîte autonome

Ouvre-bouteille

Idéal pour les personnes souffrant d'arthrite, d'un manque de force dans les mains.

Couteau en T à bascule

Facilite la découpe
Préhension aisée.

Aide à la découpe de fruits et légumes

Fruit ou légume fermement maintenu, évitant ainsi toutes coupures des doigts.

Tapis, set anti-dérapant

Maintient la planche à découper, les assiettes et les bols.

Support bloquant de poignée de casserole

Facilite les mélanges à une seule main, évite de se brûler ou de renverser le contenu.

Séparateur à œuf

Permet de séparer le jaune et le blanc quand une seule main est mobilisable.

Supports yaourt ou verre

Assure la stabilité lors de la consommation ou de l'ouverture.

Éplucheur à légumes ergonomique

Meilleure préhension qu'un éplucheur traditionnel.

Socle verseur basculant pour bouilloire ou bouteille

Permet de verser le contenu d'une bouilloire facilement lorsque celle-ci est trop lourde.

Masticateur pour viande en inox

Assouplit la viande et les aliments afin de faciliter la mastication.

Planche de préparation avec 4 pieds antidérapants

Maintient les légumes sur des crampons en acier inoxydable pour les découper.

1 **(Doc 1 et 2)** Lister au moins trois intérêts, pour une personne en perte d'autonomie au niveau des membres supérieurs, d'utiliser des aides techniques lors de la préparation des repas.

....

....

....

....

....

....

DOC 3

Les aides à la prise du repas

En cas de perte partielle ou totale d'autonomie, le plaisir de la table peut vite devenir une corvée.

Il existe un large choix d'assiettes, de couverts, de verres, de tasses adaptés à chaque situation.

#vidéo Aide technique repas et cuisine (3'26") foucherconnect.fr/22en09

Les couverts		
Coudés	**Combinés**	**Lestés**

Évitent la torsion du poignet.	Évitent de changer d'ustensile.	Stabilisent le mouvement parasité en cas de tremblements.

Les assiettes	
À rebord	**À compartiments**

À ventouse ou antidérapantes Utilisées lorsqu'un des membres supérieurs n'est plus fonctionnel ou lors de mouvements incontrôlés.	**Adhésives et compartiment eau chaude** Utilisées pour repérer ses aliments grâce aux compartiments en cas de déficience visuelle ou de tremblements. Maintiennent au chaud pour les personnes mangeant très lentement.

Les verres				
Verre support de paille	**Gobelet à bec**	**À anses**	**A pied large**	**A découpe nasale**

Utilisé lorsque l'amplitude d'ouverture de la bouche est insuffisante ou quand la mobilité de la tête est réduite.	En cas de difficulté pour pencher la tête vers l'arrière, de paralysies d'une hémiface, de tremblements ou lorsque la position allongée est obligatoire. Déconseillé en cas de troubles de la déglutition.	En cas de tremblements, d'amputation ou de déformation articulaire des pouces, de déficit de flexion des doigts.	Pour pallier le manque de force, et permettre une économie articulaire au niveau des doigts.	Pour éviter de pencher la tête vers l'arrière.

2 **(Doc 3)** Proposer des aides techniques lors de la prise des repas de chacune des personnes.

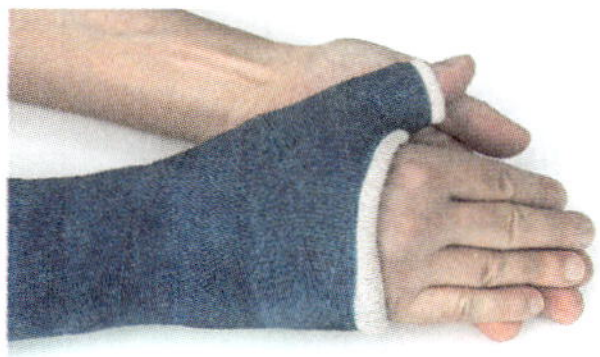	Hugo, droitier, vient d'être opéré après une fracture ouverte du radius droit. …………………… …………………… ……………………
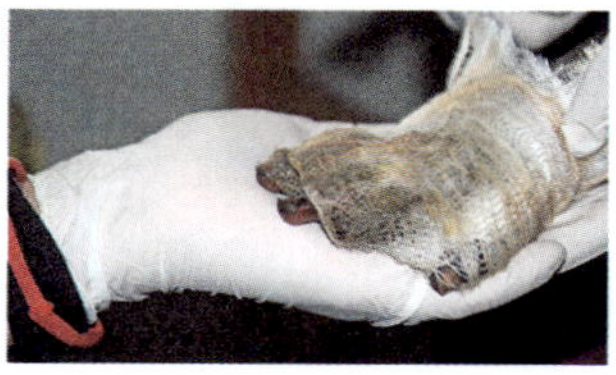	Mario s'est brûlé gravement les mains, et ses pansements le gênent dans ses mouvements. …………………… …………………… ……………………
	Jean souffre de la maladie de Parkinson et ses tremblements le gênent pour manger. …………………… …………………… ……………………
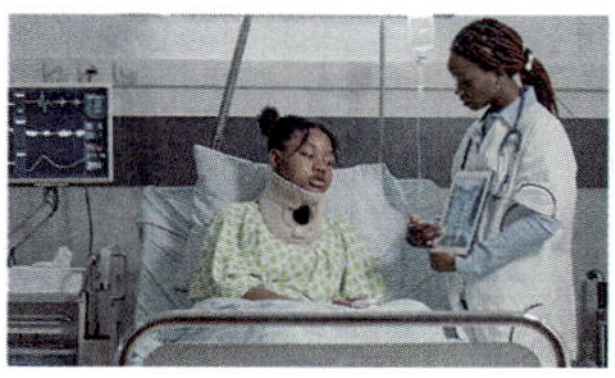	Élise a eu un accident de scooter et souffre d'une fracture des cervicales. La mobilité de sa tête et de sa bouche est réduite. …………………… ……………………

DOC 4

Comment financer les aides techniques au repas ?

Seule la prestation de compensation du handicap (PCH) permet de financer des aides techniques au repas. La PCH permet de prendre en charge le coût des besoins individuels de compensation des personnes en situation de handicap. Elle couvre 5 types de besoins dont les aides techniques, financées selon un barème fixé par l'État. Pour obtenir cette aide, il faut faire la demande auprès de la MDPH (Maison départementale des personnes handicapées) soutenue par un argumentaire d'un ergothérapeute, et deux devis comparatifs de matériel. La personne trouvera le matériel en vente sur Internet ou chez un revendeur.

3 **(Doc 4)** Surligner le nom de la prestation et l'organisme qui aide au financement des aides techniques en cas de perte d'autonomie.

Activité 2 Les aides à la prise des repas des enfants en bas âge

DOC 5

Le matériel d'aide au repas pour l'enfant

Les aides vont dépendre des capacités motrices de l'enfant lors du passage à l'alimentation diversifiée : découverte des aliments en purée (vers 4 mois révolus) ou en morceaux (lorsqu'il est en mesure de s'asseoir). Lorsque le bébé grandit, il cherche à reproduire les gestes des adultes. Mais si les matériels ne sont pas adaptés à ses capacités, il peut se détourner de son nouvel apprentissage.

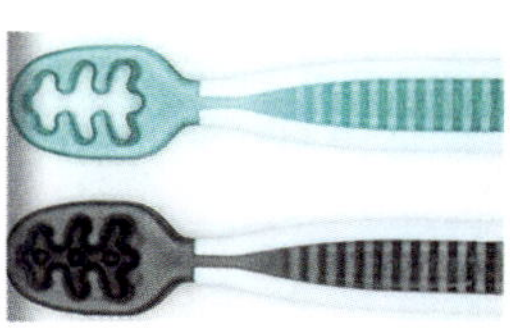

1. Les pré-cuillères
- Elles peuvent être données avant la diversification afin d'accompagner l'enfant vers la découverte sensorielle de la bouche.
- Elles permettent au bébé de percevoir sa langue et d'exercer des mouvements latéraux.
- Elles peuvent être manipulées par le bébé facilement et sans danger lorsqu'il commence à faire le main-bouche (entre 4 et 5 mois).

2. Les cuillères à double embout
- Elles s'adaptent parfaitement à la taille de la bouche tout comme à la sensibilité.

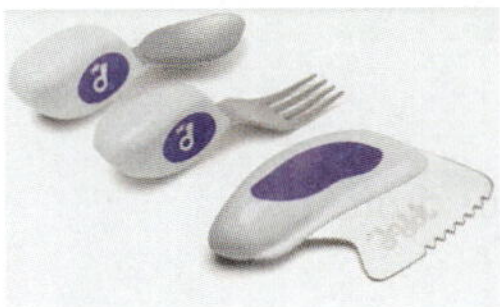

3. Les couverts ergonomiques pour les plus grands

- Ils s'adaptent à l'évolution du bébé : pour les plus grands (à partir de 12 mois) et les enfants qui sont déjà familiarisés avec les repas autonomes.
- Ils permettent une compréhension globale et une bonne coordination main-bouche grâce à leur manche court et rond.
- Ils encouragent également l'enfant à manger de façon plus ergonomique ; à développer sa motricité, nécessaire au bon développement ; à réussir sa transition vers la coutellerie adulte.

4. Les assiettes

Les assiettes compartimentées

- Elles permettent de mettre tous les aliments, de l'entrée au dessert dans un même contenant.
- Elles mettent en valeur les aliments.

L'enfant peut donc visuellement avoir une idée du début et de la fin de son repas.
Il peut aussi choisir ce qu'il va pouvoir déguster en premier.

Les assiettes à ventouse

- Elles tiennent bien en place et ne peuvent pas être éjectées par l'enfant.

5. Les tasses pour apprendre à boire seul

La baby cup

- Taille idéale et adaptée pour les bébés qui permet le développement de la **motricité fine** et initie à une **bonne utilisation de la langue et du palais** (pour une bonne santé bucco-dentaire), et cela dès 4-6 mois.
- Elle permet un apprentissage du verre. L'utilisation du verre permettra de stimuler l'autonomie de bébé et une rétraction de langue pour ce dernier.

La paille

- **Elle permet de travailler la tonicité des lèvres et des joues** (dès 6 mois) ; l'enfant aspire avec la paille entre le bout des lèvres et non tenue par les dents (mécanisme de succion).

Les tasses à bec, verres à anses

- De moins en moins recommandés par les ergothérapeutes car, pour boire, l'enfant va pencher sa tête en arrière et donc se positionner en **hyper-extension**, et il n'a rien à faire au niveau sensori-moteur pour que le liquide coule dans sa bouche.

4 **(Doc 5)** Justifier l'intérêt de proposer à l'enfant en bas âge des couverts, des verres et des assiettes adaptés à ses capacités.

....

....

....

....

....

DOC 6 Les modalités d'entretien des matériels d'aide au repas

Très utilisés dans l'environnement du jeune enfant (vaisselle, biberons, jouets…) les plastiques ne sont pas des matériaux inertes. En particulier lorsqu'ils sont chauffés, ils libèrent au cours du temps des molécules qui ont un effet sur l'organisme, même à faible dose. Aucun ne devrait être réchauffé au micro-ondes, à cause du risque d'émanations de toxines. Ce qui signifie qu'il vaut mieux aussi éviter de les passer au lave-vaisselle et privilégier le fait de les laver à la main, pour ainsi contrôler la température de l'eau.

Il existe de plus en plus d'assiettes dites « plateaux repas » qui sont fabriquées à partir d'inox de qualité alimentaire : indestructible, incassable, stérilisable (à chaud comme à froid) et passant à la machine, c'est une vaisselle inusable.

5 **(Doc 6)** Souligner trois conseils concernant l'utilisation et l'entretien des matériels d'aide au repas en plastique.

6 **(Doc 6)** Surligner les avantages de la vaisselle en inox.

CHAPITRE 15 Matériel de service et d'aide aux repas

Se tester

Le + numérique
foucherconnect.fr/22en89
Quiz
Exercice interactif

Exercice 1

Indiquer le risque à prévenir lors de la prise du repas pour chacune des situations et proposer un ou des matériels adaptés (inscrire la ou les lettres correspondantes).

A : Verre à anses

B : Couverts lestés et/ou à sangle

C : Assiette à rebord

D : Verre à découpe ergonomique ou à paille

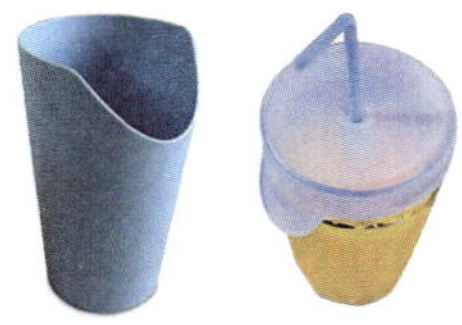

E : Couverts coudés

Situations Une personne…	Risques à prévenir	Matériels adaptés
… porte une minerve autour des cervicales à la suite d'un accident de voiture.		
… souffre de la maladie de Parkinson. Les tremblements de ses mains sont très accentués.		
… s'est cassé les deux poignets en scooter.		

Exercice 2

Cocher les caractéristiques des matériels qu'un enfant en bas âge peut utiliser pour son repas.

- S'adapte à la taille de sa bouche, de ses mains ☐
- Est ergonomique ☐
- Permet de manger sans la surveillance d'un adulte ☐
- Se manipule sans danger ☐
- Développe la motricité fine ☐
- Convient aux bébés comme aux plus grands ☐

CHAPITRE 15

À retenir

Le + numérique foucherconnect.fr/22en90

Synthèse rédigée et audio

Les objectifs de l'aide au repas et de **l'hydratation** consistent à : assurer la **prise alimentaire et hydrique** du patient afin d'éviter des complications ; stimuler l'autonomie du patient dans la **prise de son repas** ; **aider** le patient, partiellement ou totalement, **à s'alimenter**.

Le choix des **aides techniques au repas** doit être fait après une évaluation des besoins de la personne. On distingue les **aides à la prise du repas** et les **aides à la préparation des repas**.

Les aides à la préparation des repas

Quelques matériels ou ustensiles d'aide à la préparation des repas : planches à découper avec fixateur pour fruits et légumes, tapis antidérapant, casseroles à deux poignées, supports pour yaourt ou verre, stabilisateur de casserole…

Les aides à la prise du repas

Pour l'enfant : le matériel de qualité et adapté à l'âge, coloré, incassable, ergonomique, va permettre à l'enfant de devenir de plus en plus autonome.

Pour l'adulte : des systèmes techniques : large choix d'assiettes, de couverts, de verres, de tasses sont adaptés pour compenser une limitation d'activité rencontrée par une personne du fait de son handicap, d'**une perte partielle ou totale d'autonomie.**

Situations	Aides techniques	
Tremblements, mauvaise coordination des mouvements, une seule main valide	• Assiette à butée • Assiette à rebord • Set de table antidérapant • Planche à tartiner • Couteau à lame courbe	
Difficultés pour tenir ses couverts par manque de force, arthrose, etc.	• Couverts à manches grossis • Couverts à manches flexibles • Manches à prise digito-palmaire • Sangles de poignets	
Difficultés pour boire dues aux tremblements, au manque de force, à la mauvaise coordination des mouvements	• Verres anti-renversement • Verres à poignées	
Troubles de la déglutition	• Verre à paille • Verre à encoche nasale	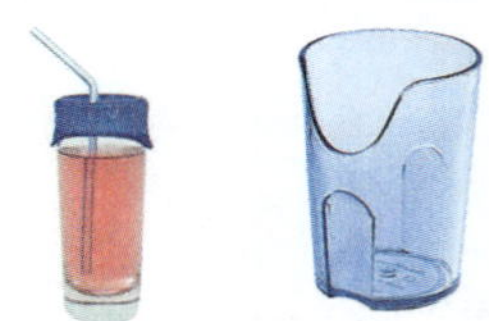
Troubles de la vision	• Verres et assiettes de couleur	

Seule la **prestation de compensation du handicap (PCH)** permet de financer des **aides techniques au repas.**

Matériels et appareils de remise en température : enceinte à micro-ondes, chauffe-biberon

TD 27

Bloc 2

OBJECTIFS 1. Expliquer la fonction globale 2. Identifier les consignes d'utilisation, de nettoyage, de maintien en état 3. Énumérer les règles de sécurité à respecter lors de l'entretien de l'appareil 4. Justifier la fréquence des opérations d'entretien

Activité 1 L'utilisation de l'enceinte à micro-ondes

DOC 1 L'enceinte à micro-ondes, un concentré de technologie

Différents modèles d'enceintes à micro-ondes sont disponibles et dotés de plusieurs fonctions :

- **La cuisson enchaînée**, grâce à la programmation automatique, procède à la décongélation puis à la cuisson des aliments (seulement sur les micro-ondes combinés).
- **La fonction vapeur** permet de remettre en température, cuire les aliments sans perdre leurs qualités gustatives et nutritives (vitamines et sels minéraux sont ainsi préservés).
- **La fonction grill** permet de dorer, de griller ou de gratiner les plats.

1 **(Doc 1)** Expliquer la fonction globale de l'enceinte à micro-ondes à partir des informations relatives aux fonctions des appareils présentés.

....

....

....

....

....

....

DOC 2 Un extrait de notice d'utilisation de l'enceinte à micro-ondes

Précautions de cuisson

1. Respecter la durée de cuisson et contrôler la cuisson (retourner une fois les aliments pendant leur cuisson aux micro-ondes afin d'accélérer la cuisson).
⚠ Les aliments excessivement cuits peuvent s'enflammer et générer de la fumée.
2. Homogénéiser et vérifier la température de cuisson des aliments avant de les consommer pour éviter tout risque de brûlure.
3. Recouvrir les aliments pendant la cuisson afin d'éviter les projections ; utiliser une cloche au besoin et des plats adaptés, car les aliments placés dans les coins ont tendance à trop cuire.
4. Ne jamais faire fonctionner l'enceinte à vide.
5. Les ondes ne pénétrant pas dans le métal, les ustensiles et plats métalliques ou comportant des décorations métalliques ne doivent pas être utilisés dans un four à micro-ondes.
6. Ne pas utiliser d'objets en papier ou carton recyclé, car ils peuvent contenir des fragments métalliques pouvant provoquer des étincelles ou un incendie.

Ustensiles de cuisson

Ustensiles	Micro-ondes	Grill	Cuisson combinée
Verre résistant à la chaleur	Oui	Oui	Oui
Verre non résistant à la chaleur	Non	Non	Non
Céramique résistante à la chaleur	Oui	Oui	Oui
Plat en plastique spécial micro-ondes	Oui	Non	Non
Papier essuie-tout	Oui	Non	Non
Plateau en métal	Non	Oui	Non
Grille	Non	Oui	Non
Papier aluminium et récipients en aluminium	Non	Oui	Non

7. Vérifier la présence du logo sur les différents plats ou emballages.

2 **(Doc 2 et FT12, p. 139)** Identifier et justifier les règles à respecter lors de l'utilisation de l'appareil et de son entretien.

	Utilisation	Sécurité	Entretien
Règles	....	....	....
Justifications	....	....	....

3 **(FT12, p. 139)** Relever et justifier la fréquence des entretiens préconisés de l'enceinte à micro-ondes.

Fréquence des entretiens	Justifications
....	....
....	....
....	....
....	....

4 **(FT15)** Relever et justifier une règle de sécurité à prendre en compte.

Avant de procéder à l'entretien	Pour le bon fonctionnement de l'appareil
....	....
....	....

Activité 2 L'utilisation du chauffe-biberon

La biberonnerie est en zone 3 en structure hospitalière, ce qui signifie risque infectieux élevé.

DOC 3 Recommandations ANSES et extrait de notice d'utilisation

Les nourrissons sont particulièrement sensibles et le réchauffement du lait doit être sûr et hygiénique. En pratique hospitalière et en structure petite enfance, il est déconseillé d'utiliser des systèmes de réchauffement utilisant l'eau (bain-marie, chauffe-biberon à eau), car les bains-marie peuvent favoriser la propagation des micro-organismes. L'utilisation du four à micro-ondes est proscrite. En effet, la température dans le biberon de lait est hétérogène et peut être très élevée, cela entraînerait des risques de brûlures graves de la bouche, de la gorge du bébé.

ANSES.

Notice du chauffe-biberon à sec
Caractéristiques techniques

Classe de protection : une prise de terre

Alimentation : 230 volts/50 Hz

Cet appareil réchauffe de 2 à 10 biberons à la fois selon le modèle.

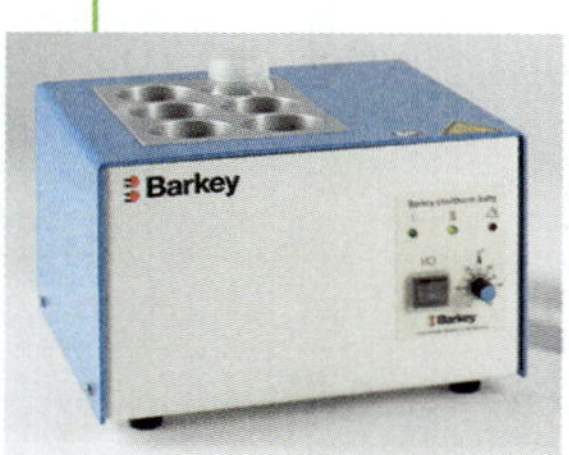

C'est un dispositif qui permet de chauffer le lait à une température adaptée, à 37 °C.

D'après Chauffe-biberons à sec Clinitherm Baby.

Réchauffage des biberons

On utilise une technologie de réchauffement à sec qui permet un réchauffage par l'extérieur, sans brassage d'air et sans ventilation. Cette technique de chauffe assure une montée en température homogène du biberon, et donc du lait, évitant ainsi les risques de brûlures.

Nettoyage de l'appareil

Toujours débrancher l'appareil et attendre qu'il soit froid avant de l'entretenir. Utiliser une lavette pour nettoyer l'intérieur des cuves à biberon après chaque utilisation, par essuyage humide, et réaliser quotidiennement un essuyage humide extérieur de l'appareil. La production de calcaire étant limitée en l'absence d'eau, le nettoyage est facilité. Ne jamais immerger l'appareil. Ne pas utiliser de produits abrasifs. Utiliser un produit détergent-désinfectant à usage alimentaire.

5 **(Doc 3)** Surligner la fonction globale du chauffe-biberon. Encadrer deux règles de sécurité électriques à respecter lors de l'entretien.

6 **(Doc 3)** Justifier l'utilisation de ce type de matériel, en structure hospitalière et petite enfance, en complétant le tableau ci-dessous.

Utilisation du chauffe-biberon à sec	Justifications
Une règle d'hygiène →	....
Une règle de sécurité →	....

7 **(Doc 3)** Relever un élément qui explique la simplicité d'entretien de cet appareil et justifier sa fréquence d'entretien.

....
....
....
....
....
....
....
....
....

Four de remise en température, chariot multifonction

TD 28

Bloc 2

OBJECTIFS 1. Indiquer les paramètres à contrôler au moment de la réception des repas ou des collations, lors du maintien et la remise en température 2. Présenter pour chaque appareil la fonction, les consignes d'utilisation, de nettoyage, les règles de sécurité à respecter, la fréquence des opérations d'entretien

Activité 1 Les paramètres à contrôler en restauration collective

DOC 1 Des contrôles indispensables

<table>
<tr><th>En liaison froide…</th><th>En liaison chaude…</th><th>Des paramètres à contrôler à la réception des repas, lors du maintien et en remise en température</th></tr>
<tr><td>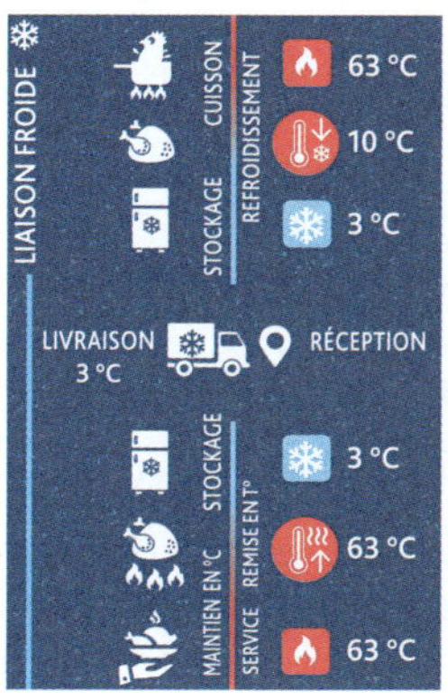
</td><td>
</td><td>Le danger microbiologique est le danger principal à maîtriser dans le secteur des repas.
La variable principale pour en limiter les effets reste la température et, implicitement, le temps.
La propreté et l'hygiène constituent également des paramètres importants ainsi que la séparation des denrées car, si elles ne sont pas maîtrisées, elles peuvent engendrer ou favoriser des contaminations.
Il est donc nécessaire de s'assurer périodiquement, par des contrôles réguliers, des températures requises, des DLC et DDM, de l'étiquetage, de l'intégrité, de l'aspect de fraîcheur ou de contrôles organoleptiques.
Cet objectif permet de limiter la prolifération des micro-organismes pathogènes dans les plats.</td></tr>
</table>

1 **(Doc 1)** Souligner les deux principaux paramètres à contrôler en restauration collective.

2 **(Doc 1)** Justifier la prise en compte de ces paramètres.

....

Activité 2 Les appareils de remise en température

DOC 2 Les fours professionnels de remise en température

Dans le milieu de la **restauration collective**, les **fours professionnels de remise en température** sont nécessaires pour tenir au chaud ou réchauffer les plats (à + 63 °C en moins d'une heure) avant de les servir. Il y a la possibilité de cuire des aliments à basse température avec certains modèles. Le maintien à température des préparations est important pour la qualité de service et le respect des normes d'hygiène. Ce processus de remise en température permet au plat cuisiné de conserver toutes ses qualités nutritionnelles et gustatives.

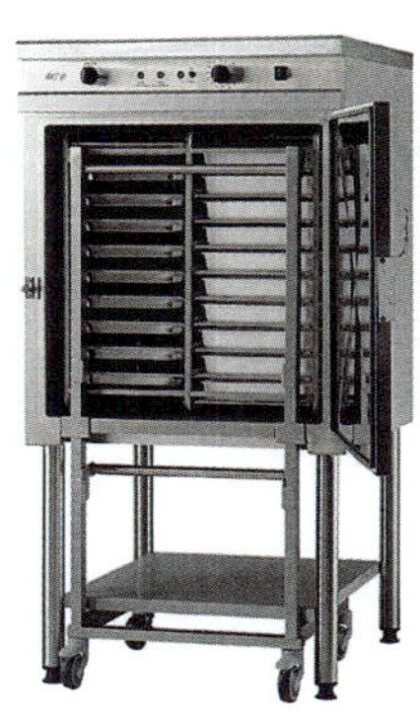

En inox.
Commandes mécaniques simples : réglage de la température (90 °C pour le maintien de la température, 140 °C à 160 °C pour la remise en température) et minuterie (de 0 à 120 minutes ou position infini).
Chambre avec angles arrondis pour le respect des normes d'hygiène et pour faciliter le nettoyage.
Espace entre niveaux : 65 mm.
Chauffage ventilé avec résistances blindées.
Porte double épaisseur avec fermeture automatique.
L/H/P : 64,8 x 59,3 x 53,2 cm 40 kg.

3 **(Doc 1 et 2)** Encadrer la fonction globale de ce four et indiquer l'étape supplémentaire pour des plats livrés en liaison froide.

....

4 **(Doc 2)** Souligner l'avantage de ce matériel au niveau des aliments.

5 **(Doc 2, Annexe 1, p. 211)** Relever deux éléments facilitant l'entretien du four et les justifier.

....

....

DOC 3 Les chariots multifonction en restauration collective

Il existe trois types de chariots de réchauffage ou de maintien en température des plats :
- **à thermoconvection (air pulsé)** : ils fonctionnent avec un ventilateur installé au-dessus d'une résistance, et l'air chaud va dans le compartiment de remise à température. Cette technique assure la qualité organoleptique de tous aliments dans le respect des normes HACCP, ainsi que l'utilisation de tous les types de vaisselle (porcelaine, jetable…). Cette technologie permet d'obtenir d'excellents résultats sur tous les produits.
- **à thermo contact** : ils réchauffent les plats grâce à des plaques électriques, comportant chacune son thermostat.
- **à induction** : la remise en température s'effectue par transfert d'ondes. Avantage : la sûreté de son utilisation en matière d'hygiène (peu de contacts avec les zones chaudes). Inconvénient : nécessite des plateaux et une vaisselle spécifiques.

#vidéo
Chariot de réchauffage
(3'35")
foucherconnect.fr/22en46

6 **(Doc 3)** Présenter la fonction globale d'un chariot multifonction.

....

....

DOC 4 L'entretien et la sécurité des matériels

Désinfection automatique par vaporisation en 3 portes fermées.

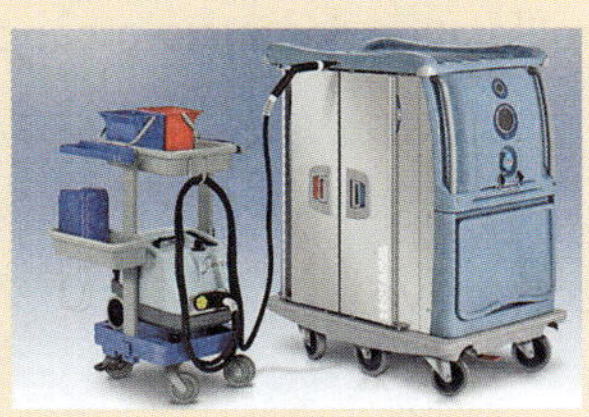

Entretien

Pour garantir un fonctionnement parfait et hygiénique, les bacs chauffants et les armoires chauffantes doivent être nettoyés après chaque utilisation et traités avec soin, avec des produits adaptés : eau savonneuse, détergents-désinfectants alimentaires, détergents-désinfectants non chlorés (l'eau de Javel attaque l'inox), dégraissant pour vitrages. Les saletés très adhérentes sont enlevées avec une brosse non métallique (matière plastique, soies naturelles ou laine d'acier inoxydable). Le détartrage s'effectue avec un produit antitartre ou de l'eau vinaigrée dès que cela est nécessaire.

Sécurité : la navette (chariot) est légère, facilement malléable, grâce aux roues, aux poignées frontales et à une barre de tractage. Elle est munie d'un frein central, d'un pare-chocs résistant et non marquant. Le bruit est réduit. Un fonctionnement sûr de l'appareil passe par une utilisation conforme et attentive. L'état doit être irréprochable du point de vue technique : pas de dommages ni de transformation sur l'appareil, transport portes fermées et freins débloqués, manipulation en prenant garde aux personnes se trouvant sur la trajectoire, sans lâcher l'appareil lorsqu'il roule. La fiche secteur est ôtée sans tirer sur le câble de connexion puis accrochée au support prévu à cet effet.

7 **(Doc 4)** Justifier les règles ci-dessous à respecter lors de l'utilisation de l'appareil.

Règles	Justifications
Bionettoyer après utilisation.	....
Ne pas utiliser d'eau de Javel.	....
Utiliser un DDA.	....
Manipuler avec précaution : • Les branchements électriques.	....
• L'appareil en déplacements dans les couloirs.	....

Entretenir l'enceinte à micro-ondes

FICHE TECHNIQUE 12

OBJECTIF 1. Assurer l'entretien de l'enceinte à micro-ondes

Matériels

- 2 bassines
- 3 lavettes
- Papier absorbant
- Poubelle
- Gants de ménage

Produits

- Détergent dégraissant neutre et eau de Javel
- Détergent désinfectant alimentaire (Dda)

ÉTAPES PRÉALABLES

- Se mettre en tenue professionnelle FT2
- Se laver les mains FT1, puis mettre les gants de ménage
- Préparer le matériel et les produits – débrancher l'appareil pour limiter tout risque électrique

PRINCIPES DE BASE

- Contrôler l'état de propreté du matériel
- Respecter les consignes d'utilisation des produits (dosage, température de l'eau…)

1 L'entretien quotidien de l'enceinte à micro-ondes

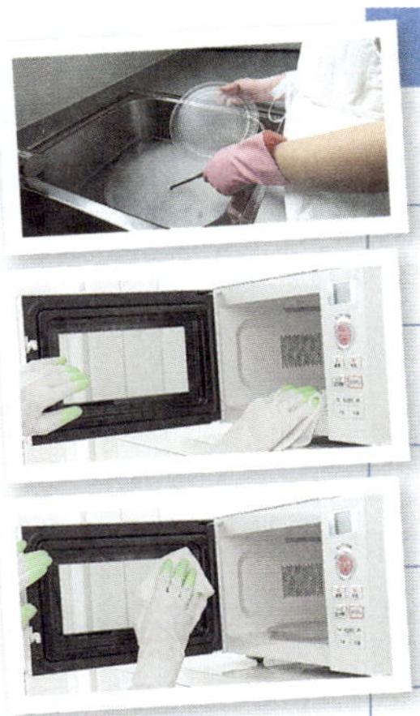

Succession des opérations	Exigences	Justifications
Laver les éléments mobiles : plateau, anneau à roulettes.	**Les tremper** dans une solution détergente et rincer.	**Éliminer** les salissures et le produit.
Bionettoyer l'intérieur de l'enceinte.	**Appliquer** le dDA en respectant le temps d'action.	**Éliminer** les salissures, les micro-organismes.
Bionettoyer la porte intérieure, extérieure et le joint.	**Insister** sur le joint.	**Assurer** la fermeture hermétique de l'enceinte.
Rincer les parois intérieures.	**Utiliser** de l'eau propre et chaude.	**Éliminer** les salissures, micro-organismes et produit.
Sécher.	**Utiliser** un papier à usage unique.	**Éliminer** toute trace d'eau.
Bionettoyer, rincer, sécher l'extérieur de l'enceinte puis rebrancher l'appareil.	**Procéder** de manière identique que pour l'intérieur de l'enceinte.	**Faciliter** l'élimination de toutes les salissures, des micro-organismes et du produit.

Entretien de l'enceinte à micro-ondes

⚠ Si l'appareil n'est pas entretenu régulièrement, la surface et le joint de l'appareil risquent de se dégrader, d'affecter la durée de vie de celui-ci et conduire à une situation dangereuse.

Entretien pluriquotidien après le service des repas

1. **Bionettoyer** les parois intérieures et extérieures.
2. **Décoller** les salissures résistantes à la vapeur obtenue par chauffage d'eau dans l'enceinte.
3. **Réaliser** un essuyage humide de l'intérieur de l'enceinte et vérifier que l'eau ne pénètre pas par ses orifices de ventilation, ce afin de ne pas endommager les composants internes.
4. **Nettoyer** les surfaces extérieures portes et poignées.

Entretien hebdomadaire

1. **Bionettoyer** toutes les surfaces (cf. entretien pluriquotidien).
2. **Compléter** le nettoyage par une application de détergent-désinfectant à usage alimentaire.

Entretenir le chariot multifonction de restauration collective

FICHE TECHNIQUE 13

OBJECTIF 1. Assurer l'entretien du chariot multifonction de restauration collective

L'entretien pluriquotidien du chariot multifonction après chaque service

Matériels

- Centrale de nettoyage, bassines
- Lavettes
- Papier absorbant.
- Gants de ménage
- Brosse métallique (matière plastique en soie naturelle ou laine d'acier inoxydable).

Produits

- Détergent dégraissant neutre
- Détartrant ou eau vinaigrée
- Détergent-désinfectant alimentaire (Dda).

ÉTAPES PRÉALABLES

- Se mettre en tenue professionnelle FT2
- Se laver les mains FT1 puis mettre les gants de ménage
- Préparer le matériel et les produits – débrancher l'appareil sans tirer sur la fiche secteur pour limiter tout risque électrique

PRINCIPES DE BASE

- Contrôler l'état de propreté du matériel
- Respecter les consignes d'utilisation des produits (dosage, température de l'eau…)

Succession des opérations	Exigences	Justifications
> **Sortir** systématiquement l'appareil du service	> **Attendre** le refroidissement de l'appareil.	> **Réaliser** le nettoyage du chariot sans risque d'endommager le matériel.
> **Ouvrir** complètement la ou les portes du chariot de distribution des repas.	> **Permettre** la circulation de l'air à l'intérieur de l'enceinte durant la totalité de l'entretien.	> **Limiter** le risque de corrosion des aciers inoxydables en reconstituant la couche passive d'oxyde de chrome au contact de l'air.
> **Nettoyer** l'appareil.	> **Utiliser** une lavette imprégnée de solution détergente et essorée ainsi qu'une brosse métallique. > **Nettoyer** du haut vers le bas et de l'intérieur vers l'extérieur, puis terminer par l'intérieur des portes et l'extérieur de l'enceinte.	> **Éliminer** les salissures résistantes ou incrustées, les taches de rouille à la suite du service du repas.
> **Rincer**	> **Rincer** abondamment, de la même manière.	> **Éliminer** les salissures et les produits.
> **Sécher**	> **Sécher** soigneusement avec un chiffon propre, du papier absorbant.	> **Éliminer** toute trace d'eau et d'humidité.

⚠ Entretien du chariot multifonction de distribution de repas

Chacune des étapes liées à l'entretien présente des risques de détérioration de la couche passive d'inox : eau calcaire/surdosage de produits d'entretien/utilisation de détergents chlorés/rinçage insuffisant. Pour tout cas de corrosion, il convient d'identifier l'élément ou l'étape qui en est à l'origine et d'éliminer la tache de rouille avec un abrasif doux ou une toile émeri fine.

Entretien quotidien après la fin des services de la journée

❶ **Bionettoyer** les parois intérieures et extérieures avec un détergent désinfectant alimentaire et la brosse métallique pour éliminer toute salissure résistante.
❷ **Respecter** un temps d'action du produit.
❸ **Réaliser** un rinçage abondant puis un essuyage humide de toutes les surfaces, poignées comprises.
❹ **Laisser** sécher complètement l'appareil avant de refermer les portes.

Entretien hebdomadaire

❶ **Bionettoyer** toutes les surfaces cf. entretien quotidien.
❷ **Compléter** par un rinçage avec utilisation possible d'un jet basse pression.
❸ **Réaliser** un essuyage humide afin d'éliminer l'eau, sécher parfaitement.

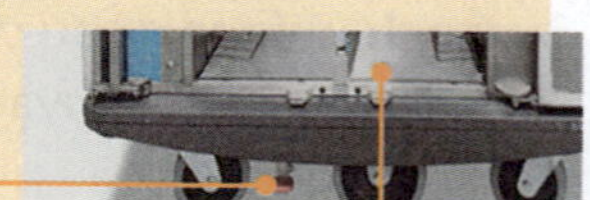
Trappe d'évacuation de l'eau de lavage
Fond du chariot multifonction de service des repas

CHAPITRE 16 Matériels de remise en température

Se tester

Le + numérique
foucherconnect.fr/22en64
Quiz
Exercice interactif

Exercice 1 Relier les règles d'utilisation et d'entretien à la justification correspondante pour l'utilisation de l'enceinte à micro-ondes.

Matériels et appareils de remise en température

- Recouvrir et retourner les aliments pendant la cuisson. •
- Homogénéiser et vérifier la température des préparations avant de servir. •
- Réaliser l'entretien de l'enceinte à micro-ondes pour la maintenir propre. •
- Toujours débrancher l'appareil avant de procéder à l'entretien. •

- • Éviter tout risque de brûlure.
- • Faciliter l'entretien, cuire de manière uniforme.
- • Pour éviter tout risque d'électrisation ou d'électrocution.
- • Éviter toute détérioration et contaminations éventuelles.

Exercice 2 Cocher la bonne case pour les affirmations relatives à l'utilisation et à l'entretien du chauffe-biberon à sec.

	Vrai	Faux
La technologie de réchauffement à sec assure une température non homogène du lait entraînant un risque de brûlure.		
L'absence d'eau dans la cuve de réchauffage évite la propagation de micro-organismes contenus dans l'eau du chauffe-biberon.		
La production de calcaire est limitée en l'absence d'eau, le nettoyage est facilité.		

Exercice 3 Répondre au quiz ci-dessous relatif à la restauration collective.

La remise en température des préparations culinaires doit être de + 66 °C.

- ☐ C'est faux, c'est 63 °C.
- ☐ C'est faux, le chef choisit la température qu'il souhaite.
- ☐ C'est vrai.
- ☐ C'est faux, c'est 61 °C.

La remise en température des préparations culinaires en liaison réfrigérée doit correspondre à un passage de l'aliment de :

- ☐ + 3 °C à température ambiante ou + 63 °C en moins de 2 heures.
- ☐ + 3 °C à température ambiante ou + 63 °C en moins d'une heure.
- ☐ + 3 °C à + 10 °C en moins de 30 minutes.
- ☐ + 3 °C à +10 °C en moins de 3 heures.

Pour l'entretien du chariot de distribution des repas et du four de remise en température en inox, l'agent utilise :

- ☐ Une éponge abrasive tampon métallique.
- ☐ De l'eau de Javel.
- ☐ Un détergent désinfectant alimentaire.
- ☐ Une lavette en microfibre.

Lors de la distribution des plateaux-repas dans les différents étages de l'hôpital, l'agent…

- ☐ Circule avec le chariot dans les couloirs sans regarder autour de lui.
- ☐ N'utilise pas le frein du chariot afin de faire le service plus vite.
- ☐ Débranche le chariot de la prise en tirant sur l'appareil.
- ☐ Circule en tenant le chariot par les poignées.

À retenir

Le + numérique foucherconnect.fr/22en65
Synthèse rédigée et audio

L'enceinte à micro-ondes

Fonction : décongeler, cuire, remettre en température ou encore griller, dorer ou gratiner les aliments.

Utilisation :
Respecter des précautions de durée, de température. Choisir les ustensiles.
Protéger pour éviter les projections.

Des règles d'entretien :
Pluriquotidien après le service des repas pour le maintenir propre.
Hebdomadaire pour compléter le nettoyage avec un détergent-désinfectant à usage alimentaire.

Le chauffe-biberon

Fonction : dispositif qui permet de chauffer le lait à une température de 37 °C.

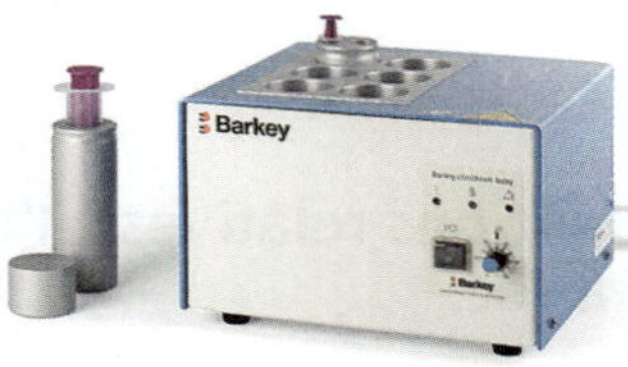

Utilisation :
Réchauffage des biberons par réchauffement du lait avec une température homogène sans risque de brûlures.

Des règles d'entretien :
La production de calcaire étant limitée en l'absence d'eau, le nettoyage est facilité.
Entretenir les cuves après chaque utilisation par essuyage humide et au quotidien.

Des règles de sécurité communes pour ces trois appareils :
Débrancher l'appareil en dehors des utilisations pour éviter tout risque électrique.
Attendre qu'il soit froid avant de l'entretenir.
Ne jamais immerger l'appareil.

Le four de remise en température

Fonction : remise en température des plats de + 3 °C à + 63 °C en moins d'une heure et maintien à une température de + 65 °C avant le service.

Utilisation :
En restauration collective pour le réchauffage des plats reçus en liaison froide ou le maintien des plats en liaison chaude.

Des règles d'entretien :
Enlever tous les résidus présents dans la chambre de cuisson. Nettoyer les joints, la porte vitrée et les grilles avec un produit nettoyant spécial ou une solution naturelle, comme un mélange de vinaigre et de bicarbonate de soude. Vaporiser le mélange sur les parois, puis faire fonctionner le four pendant 10 minutes à 120 °C. Nettoyer avec une éponge humide une fois le four refroidi.

Le chariot multifonction

Fonction : remise en température par chaleur ventilée, thermocontact ou induction et distribution des plats chauds et froids.

Utilisation :
Services de distribution et de dessertes des repas et collations en milieu hospitalier, en EHPAD.

Des règles d'entretien :
Après refroidissement du chariot, le nettoyer à l'aide d'une lavette et d'un détergent-désinfectant alimentaire (DdA). Rincer plusieurs fois et laisser sécher portes ouvertes. Possibilité d'utiliser un jet de vapeur + un désinfectant.

Constituants alimentaires

TD 29
Bloc 4

OBJECTIFS 1. Citer les principaux constituants alimentaires 2. Indiquer les rôles majeurs des constituants alimentaires

Activité 1 Les différents constituants alimentaires

DOC 1 Les apports nutritionnels

L'alimentation apporte tous les constituants alimentaires nécessaires à la satisfaction des besoins et au maintien du corps en bonne santé. Les aliments, qu'ils soient d'origine animale ou végétale, renferment les constituants alimentaires dont l'organisme a besoin pour assurer son fonctionnement. Ce sont les protides ainsi que certains éléments minéraux indispensables aux besoins plastiques, les glucides et les lipides essentiellement utilisés pour les besoins énergétiques, les vitamines, les éléments minéraux, l'eau et les fibres ayant principalement un rôle fonctionnel.

1 **(Doc 1)** Surligner les différents constituants alimentaires.

2 **(Doc 1)** Déduire les trois rôles de ces constituants alimentaires.

....

#vidéo
Les bases de la nutrition : l'intérêt des protéines (3'04")
foucherconnect.fr/22en26

Activité 2 Les constituants énergétiques

DOC 2 Les rôles des protides

Les **protides** sont un assemblage d'acides aminés, formés d'atomes de carbone, d'hydrogène, d'oxygène et d'azote, reliés entre eux par des liaisons peptidiques. Ils sont les éléments de base des protéines. Les acides aminés sont au nombre de vingt dans la matière vivante, dont huit sont appelés « indispensables », car notre organisme ne sait pas les synthétiser. Ils doivent être obligatoirement fournis par l'alimentation. Dans l'alimentation, le déficit de l'un de ces acides aminés « indispensables » empêche l'organisme d'utiliser les sept autres. Les protides constituent l'élément de base de toutes cellules vivantes, elles représentent la seule source d'azote, élément chimique indispensable à la vie.

Rôle plastique →
- Les protides entrent dans la constitution des ongles, des cheveux (kératine) et de la peau et des enzymes, des neurotransmetteurs, des hormones peptidiques et des immunoglobulines.
- Deux protéines (actine et myosine) interviennent dans les mécanismes de la contraction musculaire. Les protides participent au renouvellement cellulaire : les acides aminés apportés par les protides de l'alimentation sont utilisés par l'organisme pour remplacer les cellules endommagées.
- Grâce à leur apport en azote, ils compensent les pertes de l'organisme (azote rejeté par voie urinaire ou fécale).

Rôle énergétique → Les protides ont un rôle énergétique : 1 g de protides fournit 17 kJoules ou 4 kcal.

3 **(Doc 2)** Préciser les rôles des protides en donnant des exemples.

....

....

....

....

DOC 3 Les rôles des glucides

Les **glucides** sont les constituants organiques les plus abondants dans la matière vivante. Leur principale source est le **milieu végétal**. Ils sont composés de molécules d'hydrogène, de carbone et d'oxygène.

Rôle énergétique →

- Les **glucides** ont un rôle essentiellement énergétique. C'est la source d'énergie la plus rapidement utilisable par l'organisme.
- 1 gramme de glucides fournit 17 kJoules ou 4 kcal à l'organisme.
- Les cellules du corps utilisent le glucose pour couvrir leurs besoins en énergie.
- Les glucides sont indispensables au fonctionnement des muscles et du cerveau. Le glycogène est le « sucre » de réserve de l'organisme.

Rôle plastique →

Certains glucides ont un rôle dit de « constitution ». Ils entrent dans la composition de tissus fondamentaux de l'organisme : les cartilages, les acides nucléiques, le mucus.

#vidéo
Le parcours des glucides dans l'organisme (3'05")
foucherconnect.fr/22en25

4 **(Doc 3)** Préciser les différents rôles des glucides en donnant des exemples.

....

....

....

....

DOC 4 Les rôles des lipides

Les **lipides** sont présents dans les graisses alimentaires. Chimiquement, ils sont composés de substances appelées acides gras, constitués d'atome de carbone, d'hydrogène et d'oxygène. Selon la position des acides gras et le nombre de liaisons carbones dans la molécule, les acides gras sont dits « saturés », « mono-insaturés » ou « polyinsaturés ».

Rôle énergétique →

- Les lipides sont les constituants alimentaires qui fournissent le plus d'énergie à l'organisme : 1 gramme de lipides fournit 38 kJoules ou 9 kcal.
- Une grande partie de l'énergie est stockée sous forme de réserve de graisse, utile notamment lorsque les besoins énergétiques sont élevés.
- Ils jouent aussi un rôle dans la thermorégulation du corps comme source d'énergie calorifique.

Rôle plastique →

- Les lipides complexes (phospholipides, lécithines) sont les constituants essentiels des membranes des cellules.
- Ils jouent le rôle de protection et servent aussi d'isolant thermique pour l'organisme.

Rôle fonctionnel →

Les lipides servent de moyen de transport aux vitamines liposolubles (A, D, E et K).

#vidéo
Les lipides (5'14")
foucherconnect.fr/22en24

5 **(Doc 4)** Indiquer les différents rôles des lipides.

....

....

....

....

....

Activité 3 Les constituants non énergétiques

DOC 5 Quels sont les rôles des vitamines ?

Les **vitamines** sont des substances essentielles pour l'organisme. Ces substances sont, en effet, nécessaires à un grand nombre de processus physiologiques. Le corps humain étant incapable de les fabriquer, à l'exception de deux d'entre elles (les vitamines K et D), une alimentation variée permet de couvrir les besoins du corps indispensables au fonctionnement harmonieux de notre organisme.

13 familles de vitamines définies et classées en deux catégories

Les vitamines liposolubles	Les vitamines hydrosolubles
Les vitamines liposolubles (solubles dans les graisses) : **A, D, E, K.**	**Les vitamines hydrosolubles** (solubles dans l'eau) du groupe **B** (B1, B2, B3 ou PP, B5, B6, B8, B9 et B12) et la vitamine **C.**

Fonctions biologiques : elles participent à la construction de l'organisme (croissance, développement du squelette…), fonctionnement et entretien du corps (transformation et utilisation des macronutriments, vision, coagulation du sang, systèmes musculaire, nerveux, immunitaire, fabrication d'ADN…).
Prévention : elles interviennent dans la prévention de nombreuses pathologies (maladies liées au vieillissement, maladies cardiovasculaires, cancers). Des déficits, voire des carences, entraînent des troubles cliniques et/ou pathologiques. Voici quelques exemples de vitamines :

Vit. C *Acide ascorbique*	– Stimule les réactions de défense de l'organisme contre les attaques infectieuses, donc renforce notre système immunitaire. – Est impliquée dans les mécanismes d'absorption intestinale du fer.
Vit. D *Calciférol*	– Assure une minéralisation optimale des os lors de la croissance, mais aussi leur renouvellement tout au long de la vie. – Joue un rôle dans le renforcement de notre système immunitaire.
Vit. A *Rétinol*	– Est indispensable à une bonne vision, en particulier en situation de lumière crépusculaire. – A une action sur le système immunitaire, sur la différenciation et la croissance cellulaire.

6 **(Doc 5)** Souligner les deux catégories de vitamines (nom, signification et les vitamines) et surligner le rôle général des vitamines.

7 **(Doc 5)** Indiquer le rôle majeur des vitamines A, C, D.

Vitamine A : ....

Vitamine C : ....

Vitamine D : ....

DOC 6 Les rôles multiples des éléments minéraux

Les aliments apportent des éléments minéraux, indispensables au bon fonctionnement du corps. Une vingtaine d'entre eux présentent un caractère essentiel chez l'homme. Tous les éléments minéraux (excepté l'iode, le fluor et le cobalt) exercent des rôles multiples. Ils interviennent dans diverses fonctions. Il n'y a pas de contraction musculaire sans calcium, potassium et magnésium.

8 **(Doc 6)** Indiquer le rôle général des éléments minéraux.

....

....

....

DOC 7 Quelques exemples d'éléments minéraux et leurs rôles

Ca Le **calcium** édifie et renouvelle le squelette. Il participe à la contraction musculaire et cardiaque, à la coagulation sanguine, aux échanges cellulaires, à la perméabilité membranaire, à la libération d'hormones et à la transmission de l'influx nerveux.

Fe Le **fer** joue un rôle majeur constituant dans la fabrication et le fonctionnement de l'hémoglobine (protéine des globules rouges qui véhicule l'O_2 jusqu'aux cellules). Il entre également dans la constitution de la myoglobine, protéine responsable de l'oxygénation des muscles.

P Le **phosphore** constitue, avec le calcium et le magnésium, la masse minérale du squelette. Il contribue au maintien de l'équilibre acido-basique (pH). Il participe à la plupart des réactions biochimiques de l'organisme, notamment sous forme d'adénosine triphosphate (ATP).

9 **(Doc 7)** Compléter le rôle principal de chaque élément minéral.

- Calcium : ....
- Fer : ....
- Phosphore : ....

DOC 8 Le rôle de l'eau dans l'organisme

L'**eau** est le principal constituant du corps humain. La quantité moyenne d'eau contenue dans un organisme adulte est de 65 %, ce qui correspond à environ 45 litres d'eau pour une personne de 70 kilogrammes.
L'organisme élimine en permanence de l'eau *via* les excrétions (principalement l'urine), la respiration (au moment de l'expiration), et surtout la transpiration, mais ne peut pas stocker l'eau. Pour maintenir l'organisme en bonne santé, les pertes en eau doivent toujours être compensées par les apports. La quantité globale d'eau nécessaire à un adulte est d'environ 2,5 litres par jour, dont environ 1 litre est apporté par les aliments et 1,5 litre par les boissons. Sans apport d'eau d'aucune sorte, il ne peut vivre plus de deux ou trois jours. En plus d'être le constituant essentiel des cellules, l'eau remplit plusieurs fonctions :

- Elle participe aux nombreuses réactions chimiques dans l'organisme.
- Elle assure le transit d'un certain nombre de substances dissoutes indispensables aux cellules.
- Elle permet l'élimination des déchets métaboliques.
- Elle aide au maintien d'une température constante à l'intérieur du corps (thermorégulation).

L'eau a donc un **rôle fonctionnel et plastique**.

#vidéo
L'eau dans le corps (3'51")
foucherconnect.fr/22en27

10 **(Doc 8)** Indiquer les fonctions que remplit l'eau pour l'organisme et l'importance de boire 1,5 litre d'eau par jour.

....
....
....
....
....
....
....
....

DOC 9 Le rôle des fibres alimentaires

Les **fibres** sont des glucides que l'organisme ne sait ni digérer ni assimiler. Il en existe deux types : les fibres solubles et les fibres insolubles dont les effets sont complémentaires. Au niveau du transit intestinal, elles augmentent le volume des selles et diminuent la constipation. Elles ont aussi un impact sur la satiété, ce qui contribue au contrôle de l'appétit et du poids.

	Fibres solubles Ex. : pectines de la pomme	Fibres insolubles Ex. : la cellulose dans les pruneaux
Rôles	Elles permettent de : • prévenir la constipation ; • diminuer l'absorption du cholestérol et des graisses alimentaires. Les fibres jouent un rôle dans la diminution des maladies cardio-vasculaires ; • ralentir la digestion des glucides. Leur consommation aurait un impact important sur la prévention du diabète de type 2.	En accélérant le transit et la fréquence des selles, elles permettent de lutter contre la constipation. Leur grande capacité à gonfler et à retenir l'eau le long de leur trajet dans l'estomac et l'intestin facilite la réduction de la quantité des prises alimentaires et permet d'augmenter le volume des selles, ce qui accélère le transit intestinal.

11 **(Doc 9)** Souligner les rôles des deux types de fibres.

12 **(Doc 9)** En déduire le rôle principal des fibres alimentaires.

....
....

Groupes d'aliments

TD 30

Bloc 4

OBJECTIFS 1. Indiquer, pour chaque groupe d'aliments, les constituants caractéristiques 2. Justifier les équivalences énergétiques, protidiques et calciques dans des situations données

Activité 1 Les groupes d'aliments

DOC 1 La catégorisation des aliments

L'Anses propose, en 2017, une catégorisation des aliments en 12 groupes qui présentent une homogénéité en termes d'usages de consommation et de composition nutritionnelle.
L'annexe 3, page 216, permet de les visualiser.
Les plats composés, comme les plats cuisinés (paëlla, lasagne, tartes salées, etc.), les sandwiches (sandwich baguette, hamburgers, etc.), ou certains desserts (riz au lait, etc.) n'ont pas été considérés comme un groupe en tant que tel, mais comme une somme d'aliments appartenant à différents groupes.

DOC 2 Les menus de la crèche « Les Lutins »

12/01	6- mois	9-12 mois	12 - 18 mois	18 - 36 mois
Midi	• Purée d'épinards • Compote de pommes	• Œuf dur nature • Purée épinards/pommes de terre • Fromage blanc • Compote de pommes • Eau	• Œuf dur nature • Purée épinards/pommes de terre • Camembert • Compote de pommes • Eau et pain	• Salade de lentilles • Œuf dur • Chou-fleur béchamel • Camembert • Pomme • Eau et pain
Collation	• Compote	• Petits-suisses • Compote	• Madeleines • Petits-suisses et compote	• Madeleines • Petits-suisses et compote

1 **(Doc 1, 2 et annexe 3, p. 216)** Indiquer les groupes d'aliments apportés par les menus destinés aux enfants de 18 à 36 mois et leurs apports principaux. Conclure.

Menu	Groupes d'aliments	Apports principaux
....	....	....
....	....	....
....	....	....
....	....	....
....	....	....
....	....	....
....	....	....
....	....	....
....	....	....

....

....

Activité 2 Les équivalences alimentaires

DOC 3 Les équivalences alimentaires

Certains aliments sont interchangeables par leurs apports nutritionnels ou énergétiques identiques à l'intérieur d'un même groupe ou parfois entre les différents groupes. On parle alors d'**équivalences alimentaires**, elles permettent :

- d'établir des rations alimentaires et de remplacer un aliment que l'on n'aime pas ou que l'on ne peut pas consommer en raison d'une allergie ou d'une intolérance alimentaire ou d'un régime alimentaire ;
- de diversifier l'alimentation, une alimentation variée est source d'équilibre, car chaque aliment apporte des constituants alimentaires en plus ou moins grandes quantités ;
- de gérer le budget alimentaire ;
- de tenir compte des choix culturels, religieux, régimes liés à des convictions alimentaires.

Il faut distinguer les équivalences protéiques (apport en protéines), l'équivalence calcique (apport en calcium) et l'équivalence énergétique (apport en kilojoules).

2 **(Doc 3)** Surligner le principe des équivalences alimentaires et souligner les intérêts.

3 **(Doc 3)** Indiquer les équivalences alimentaires possibles.

....

DOC 4 Les équivalences énergétiques

Les équivalences énergétiques correspondent à la quantité d'énergie apportée par un aliment sans tenir compte des apports nutritionnels. L'équivalence se fait essentiellement entre des produits glucidiques et lipidiques.

38 g à 40 g d'amidon sont apportés par :		
75 g de pain	**50 g** de biscottes	**50 g** de farine
200 g de pommes de terre	**150 à 170 g** de pâtes ou de riz cuits	**220 g** de légumes secs cuits

4 **(Doc 4)** Souligner le principe de l'équivalence énergétique.

DOC 5 Les équivalences protéiques

Les aliments du groupe viande et charcuterie, produits de la pêche, œufs sont interchangeables, car ils apportent à valeur biologique égale des protides constitués de tous les acides aminés indispensables. Les aliments du groupe lait et produits laitiers apportent des protides constitués de la majorité des acides aminés indispensables. On trouve également des protides dans les légumineuses et les céréales complètes, mais elles ne possèdent peu, voire pas d'acides aminés indispensables suivant les aliments. Il convient de varier les sources pour couvrir les apports nutritionnels recommandés.

ÉQUIVALENCES PROTIDIQUES

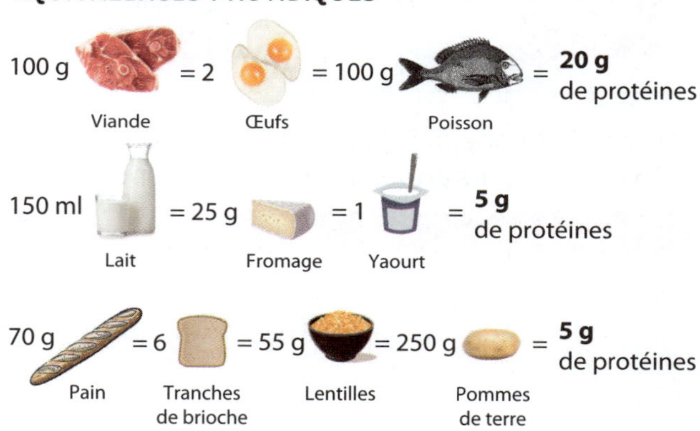

5 **(Doc 5 et 6)** Indiquer des propositions d'aliments pour couvrir 20 g de protéines.

....

....

6 **(Doc 5)** Souligner la règle à respecter pour couvrir les besoins protéiques.

DOC 6 Les équivalences calciques

150 mg de calcium sont apportés par :		
15 mg d'emmental	**100 g** de fromage fraise	**150 g** de noix
50 g de camembert	1 yaourt	**500 g** d'oranges
125 ml de lait	**2 kg** de viande de bœuf	**65 g** d'amandes

7 **(Doc 6)** Indiquer ce que doit consommer une personne intolérante au lactose pour couvrir ses besoins de 300 mg de calcium

....

....

....

Se tester

Le + numérique
foucherconnect.fr/22en66
Quiz
Exercice interactif

Exercice 1 Relier les constituants alimentaires à leurs rôles principaux.

Constituants alimentaires	Rôles principaux
Glucides •	• Plastique et énergétique
Lipides •	• Fonctionnel
Protides •	• Énergétique : énergie musculaire
Eau •	• Énergétique : thermorégulation

Exercice 2 Cocher la bonne réponse.

	Vrai	Faux
Les fibres ont un rôle énergétique.		
L'eau participe au bon fonctionnement de l'organisme.		
Les fibres évitent la constipation.		
L'eau permet de réguler la température du corps.		
Les vitamines apportent de l'énergie.		
Les minéraux sont synthétisés par l'organisme.		
Il existe trois types de vitamines.		
Les minéraux ont un rôle fonctionnel.		
Les vitamines ont chacune un rôle bien spécifique.		

Exercice 3 Cocher les bonnes réponses.

Les groupes aliments et les équivalences

Les aliments sont classés selon : ☐ leur apport nutritionnel ☐ leur teneur en eau

Les aliments sont classés en : ☐ 7 groupes ☐ 12 groupes

Le groupe des produits laitiers est riche en : ☐ calcium ☐ en glucides

Les équivalences alimentaires se réalisent uniquement sur le même groupe. ☐ Vrai ☐ Faux

Les œufs peuvent remplacer la viande. ☐ Vrai ☐ Faux

L'équivalence énergétique se fait entre : ☐ les aliments glucidiques et lipidiques ☐ les aliments glucidiques et protéiques

Le groupe des fruits et légumes apporte : ☐ des vitamines ☐ des protéines

Le groupe des produits céréaliers est riche en : ☐ eau ☐ glucides

À retenir

Le + numérique foucherconnect.fr/22en67

Synthèse rédigée et audio

Les constituants alimentaires

Constituants alimentaires

Protides
Rôle énergétique :
1 g de protides ⇨ 17 kJ.
Rôle plastique : renouvellement cellulaire, fonctionnement de l'organisme, intervention dans la contraction musculaire.

Les vitamines
Rôle fonctionnel : participe au bon fonctionnement de l'organisme.

Glucides
Rôle énergétique :
1 g de glucides ⇨ 17 kJ.
Nécessaire au fonctionnement des muscles, du cerveau.
Rôle plastique.

Les éléments minéraux
Rôle fonctionnel : participe au bon fonctionnement de l'organisme.
Rôle plastique : favorise la croissance.

Lipides
Rôle énergétique :
1 g de lipides ⇨ 38 kJ.
Rôle dans la thermorégulation.
Rôle plastique : constituants des membranes cellulaires.
Rôle fonctionnel : transport des vitamines liposolubles.

Les fibres
Rôle fonctionnel : participe au bon fonctionnement de l'organisme.

L'eau
Rôle fonctionnel et plastique.

Les groupes d'aliments

Au nombre de 12 (cf. Annexe 3, p. 216) ;

↕

Chacun apporte des constituants spécifiques.
Tous les groupes sont nécessaires au bon fonctionnement de l'organisme, en quantités adaptées aux besoins pour éviter les excès ou les carences.

Les équivalences alimentaires

Les équivalences permettent de substituer un aliment à un autre, tout en respectant les mêmes apports nutritionnels.

Viande → Équivalences protidiques → Poisson ou œuf *ou* Produits laitiers *ou* Légumineuses

Produits glucidiques → Équivalences énergétiques → Produits lipidiques

Produits laitiers → Équivalences calciques → Produits laitiers

Besoins nutritionnels et apports recommandés pour l'enfant, l'adolescent et l'adulte

TD 31
Bloc 4

OBJECTIFS 1. Indiquer et justifier les apports nutritionnels de la personne aux différents âges 2. Justifier les modifications des besoins de l'organisme en fonction de l'activité, de l'état physiologique et pathologique 3. Répertorier les principes de l'équilibre nutritionnel, y compris hydrique 4. Énoncer les conséquences d'une alimentation hyperlipidique, hyperglucidique, des carences en fer, vitamines D et B9

Activité 1 Les besoins nutritionnels : enfant et adolescent

DOC 1 Assurer les apports nutritionnels, les moyens pour y parvenir

Objectif
Accompagner croissance et développement des activités chez l'enfant et l'adolescent.

↓

Satisfaire les modifications morphologiques et intellectuelles très importantes (croissance, développement physique, psychomoteur et intellectuel).

Permettre le développement des hormones sexuelles durant l'adolescence.

L'enfant de 4 à 10 ans
Les besoins en protéines, en calcium, en vitamine D et en énergie sont plus élevés (les enfants gagnent 5 cm à 6 cm et 2 kg à 3 kg de poids par an). Le développement psychomoteur et intellectuel doit être soutenu par un apport accru en lipides (omégas 3), en glucose et en vitamine B1 pour la structuration cérébrale. L'apport en glucides doit satisfaire les dépenses physiques quotidiennes. L'apport en vitamine C doit être surveillé, afin d'éviter toute défaillance immunitaire.

Les adolescents
Les apports en énergie suivent les besoins importants pour le développement des muscles, des tissus et de la multiplication des globules rouges au cours de cette période. Un surcroît de fer (de 12 mg à 18 mg) pour lutter contre la fatigue. Les apports en calcium sont supérieurs pour la solidification du squelette de (1 200 mg à 1 500 mg/j).

1 **(Doc 1)** Compléter le tableau ci-dessous.

Pour l'enfant		
Apports nutritionnels		**Justifications**
Besoins en calcium, en protéines et en énergie	⇨	pour la croissance du poids et de la taille.
....	⇨	....
....	⇨	....
....	⇨	....
Pour l'adolescent		
....	⇨	pour l'évolution des muscles, des tissus et la production importante de globules rouges.

DOC 2 Le statut nutritionnel en fer

L'insuffisance d'apport en **fer** est le plus fréquent des déficits micro-nutritionnels en France. Cela peut entraîner de fortes fatigues, un manque d'énergie et de force musculaire allant jusqu'à l'anémie ferriprive et des difficultés d'apprentissage qui disparaissent lorsque l'apport est corrigé. La quantité d'ANC croît au moment de l'adolescence de 12 mg à 18 mg/j (chez les filles elle est supérieure compte tenu des pertes de sang au moment des règles). Les abats de viande rouge, les fruits de mer et les légumes verts qui apportent du fer ne sont pas des aliments favoris de ces publics, ce qui peut accentuer les carences.

2 **(Doc 2)** Souligner ce qui explique la carence en fer et en indiquer les conséquences.

....
....
....
....
....

Activité 2 Les besoins satisfaits et le maintien de l'équilibre nutritionnel : âge adulte

DOC 3 L'équilibre nutritionnel pour l'adulte et les seniors

L'adulte	La personne âgée
Dans quel but :	
Assurer l'équilibre alimentaire, source de bien-être à l'âge adulte : permettre les dépenses énergétiques liées au **métabolisme de base** (énergie nécessaire pour assurer les fonctions vitales), à l'activité physique, au renouvellement des cellules, au fonctionnement de l'organisme.	**Maintenir l'équilibre alimentaire des seniors** : favoriser le fonctionnement du transit intestinal et continuer à stimuler la mémoire et l'activité intellectuelle, réparer les cellules, les tissus.
En cas de fracture, l'apport protidique passe de 2,5 g/kg de poids/j durant la période de rééducation.	
Zoom sur les apports en lipides pour l'adulte	**Zoom sur les apports en protides pour les personnes âgées**
L'apport maximal en lipides doit rester à 40 %, limite basse de L'AET (apport énergétique totaux), valeur au-delà de laquelle le risque de déséquilibre énergétique est accru, entraînant un développement des maladies cardio-vasculaires.	L'apport en protéines est augmenté par rapport à l'âge adulte et passe à 12 % de l'AET au lieu de 10 %. On passe de 1 g à 1,2 g par kg de poids/j pour assurer le maintien de la masse musculaire et osseuse.

3 **(Doc 3)** Justifier l'importance des variations pour les apports en lipides et en protides.

Chez l'adulte, l'apport maximal en lipides doit rester à 40 % de l'AET pour : ....

....

....

....

Chez la personne âgée, l'apport en protides passe à 12 % de l'AET pour : ....

....

....

....

DOC 4 Les apports nécessaires en vitamines D et B9 chez l'adulte

70 % des adultes ont une insuffisance d'apport en **vitamine D**, voire une carence dans 6,5 % des cas. L'Anses rappelle que la couverture des besoins en vitamine D peut être assurée par une exposition au soleil de 15 minutes/jour et l'alimentation. Cette couverture permet d'assurer notamment la fixation du calcium, pour la minéralisation du squelette, des dents et stimule le système immunitaire. Pour la **vitamine B9**, 75 % des femmes en âge de procréer ont une insuffisance d'apport et 7 % présentent une carence. Le principal enjeu est de prévenir le défaut de fermeture du tube neural, une anomalie grave de développement du fœtus qui peut survenir si ces apports sont insuffisants. L'Anses précise que ne considérer cet enjeu qu'au moment de la période préconceptionnelle n'est pas suffisant. La couverture des besoins en vitamine B9 des femmes en âge de procréer est une priorité. Dans ce but, les besoins en vitamine B9 sont couverts par la consommation de légumes à feuilles vertes, légumineuses, germes de blé ou jaune d'œuf et pour la vitamine D, de poissons gras, de produits laitiers enrichis.

4 **(Doc 4)** Compléter le tableau ci-dessous.

	Combler les carences pour :
Vitamine D	....
Vitamine B9	....

Activité 3 Des personnes et des situations particulières

DOC 5 Des facteurs de variation des besoins nutritionnels

Différents âges	État des personnes
Enfance, adolescence, âge adulte, femme enceinte ou allaitante, personne de plus de 60 ans sans pathologie.	**L'état physiologique** : au cours de cette période naturelle de vie, l'organisme fonctionne harmonieusement, les fonctions vitales ne sont pas atteintes. Il adapte son métabolisme en fonctions des situations.
Adulte sédentaire ou **très actif ⇨ des dépenses énergétiques qui diffèrent.**	**L'activité physique** exprime ce qui est mesurable. La dépense énergétique varie si l'on marche ou si l'on fait une course.
Personne malade ou accidentée. Personne dénutrie avec un IMC < à 21 kg.	**L'état pathologique** est causé par la maladie, l'infirmité qui font modifier les besoins nutritionnels.

5 **(Doc 5)** Souligner les éléments qui justifient les variations des besoins nutritionnels.

DOC 6 Les situations particulières à l'âge adulte : femmes enceintes et allaitantes

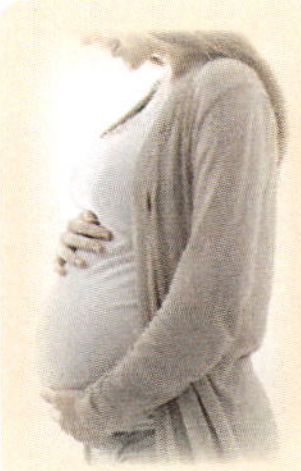

Pour la femme enceinte : les apports en vitamines B9 (rôle essentiel dans la production d'ADN), en fer (augmentation de volume sanguin et placenta) et en calcium (développement du fœtus au 3e trimestre de la grossesse), en eau (liquide amniotique) sont augmentés.

Pour la femme allaitante : les besoins énergétiques sont considérablement augmentés, passant à 10 450 kJ/j. Ils permettent d'apporter les éléments nutritionnels nécessaires au lait. Les besoins en eau sont aussi supplémentés de 600 ml/j.

6 **(Doc 6)** Cocher les apports nutritionnels spécifiques de la femme enceinte et allaitante et les justifier.

	Femme enceinte	Femme allaitante	Justification
Supplémenter en vitamine B9			....
Supplémenter en fer			....
Augmenter l'apport hydrique			....
Augmenter l'apport énergétique			....

DOC 7 Les pathologies chez la personne âgée

En cas de situations inflammatoires chroniques, cancers, escarres, défaillances d'organes, les ANC (apports nutritionnels conseillés) sont augmentés, car la dépense énergétique est croissante et passe de 146 kJ à 188 kJ de poids/j. Ces pathologies augmentant les besoins en protéines, en passant de 1,2 g à 1,5 g/kg/j. si ces besoins ne sont pas satisfaits, cela peut conduire rapidement la personne à un état de dénutrition avec un IMC inférieur à 21 kg/m², aggravant les pathologies.

7 **(Doc 7)** Expliquer ce qui justifie la modification des apports nutritionnels conseillées chez certaines personnes âgées malades.

....

....

....

....

....

DOC 8 L'équilibre hydrique, les conseils pour le maintenir

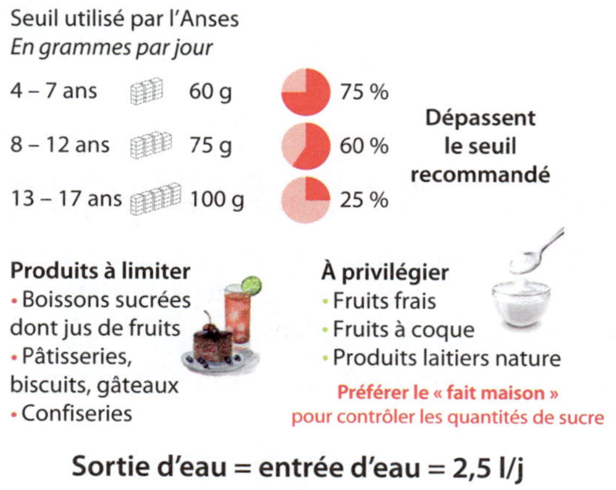

Anses, 2019.

Un déséquilibre hydrique se manifeste par la sensation de soif, la fatigue, les maux de tête.

L'activité physique augmente la dépense énergétique et la sudation, entraînant une perte en eau équivalente à 2 % du poids du corps, diminuant sérieusement les performances et accentuant les risques de tendinites. Pour le sportif, il est donc conseillé de boire 1 l supplémentaire d'eau par jour et un à trois l d'eau par heure durant l'effort (toutes les 20 minutes, deux verres d'eau), ce qui correspondra dans la plupart des cas à un bon équilibre hydrique.

L'état pathologique : en cas de diarrhée aiguë, de vomissements, de fièvre, boire avec régularité de petites quantités de liquide (bouillons de légumes, biberons d'eau sucrée, solutions de réhydratation orale) et proposer des aliments anti-diarrhéiques (eau de riz, pommes en compote, banane, gelée de coing, pain grillé).

8 **(Doc 8)** Encadrer les éléments qui caractérisent les principes de l'équilibre hydrique et souligner les manifestations possibles d'un déséquilibre hydrique.

9 **(Doc 1 à 8)** Compléter le tableau en indiquant, selon les situations, l'état des personnes par une lettre (A, B ou C), les nouveaux apports et leurs justifications.

Situation	État : A : physiologique B : pathologique C : physique	Apports nutritionnels	Justifications
Enfant de 3 ans en pleine croissance, qui doit satisfaire à une dépense physique quotidienne de 30 minutes minimum.	....		
Personne âgée de 90 ans avec un IMC de 21 kgm^2 et les yeux enfoncés, un état de fatigue important et des maux de tête.	....		
Femme allaitante de 26 ans.	....		
Enfant de 2 ans qui vomit et qui a de la température et une forte diarrhée due à une gastro-entérite.	....		
Adulte de 30 ans, très actif, pratique en compétition la course à pied et s'entraîne 2 soirs par semaine.	....		
Femme adulte de 40 ans, accidentée, fracture du péroné.	....		

Se tester

Le + numérique
foucherconnect.fr/22en68
Quiz
Exercice interactif

Exercice 1 Relier les besoins spécifiques des enfants à la justification correspondante.

Besoins en calcium, en protéines et énergie •	• pour le développement psychomoteur et intellectuel.
Besoins en lipides, glucides et vitamines B1 •	• pour la croissance en poids et en taille.
Besoins en glucides •	• pour les dépenses physiques.
Besoins en vitamine C •	• pour les défenses immunitaires.

Exercice 2 Besoins nutritionnels des adolescents : cocher la bonne réponse.

Affirmations	Vrai	Faux
Les besoins nutritionnels en calcium sont plus importants qu'à l'âge adulte.		
À l'adolescence, il y a un risque de carence en fer.		
Les besoins nutritionnels en fer sont plus élevés chez les garçons.		
Les besoins en énergie sont en augmentation pour la production des tissus, des muscles et des globules rouges.		

Exercice 3 Souligner les affirmations justes concernant les besoins nutritionnels des adultes, de la femme enceinte et allaitante.

Les besoins nutritionnels des adultes varient en fonction de l'âge, de l'activité physique.

Chez l'adulte, la part de lipides en pourcentage de l'apport énergétique total passe de 40 à 50 %.

On constate une carence en vitamine D chez 70 % des adultes en France.

La vitamine D n'est pas utile pour fixer le calcium pour permettre la minéralisation des os.

La femme enceinte doit être supplémentée en vitamine B9 pour son rôle essentiel dans la production de l'ADN.

La femme enceinte doit être supplémentée en fer pour l'augmentation du volume sanguin et la constitution du placenta.

Les apports énergétiques sont diminués chez la femme allaitante, car elle doit perdre du poids.

L'apport hydrique doit être augmenté chez la femme enceinte et allaitante pour la constitution du liquide amniotique et la production du lait maternel.

Exercice 4 Cocher la réponse exacte concernant les besoins nutritionnels de la personne âgée.

L'apport en protides, en limite basse de l'apport énergétique total passe à :	☐ 6 %.	☐ 12 %.	☐ 25 %.
L'apport en calcium de 1 200 mg/jour est modifié par rapport à l'adulte de référence.	☐ Il est augmenté.	☐ Il est diminué.	☐ Il est équivalent.
Pour une personne âgée qui est dénutrie et qui a un indice de masse corporelle inférieur à 21, on parle d'état :	☐ Physiologique.	☐ Pathologique.	☐ Lié à l'activité.

CHAPITRE 18

À retenir

Le + numérique foucherconnect.fr/22en69

Synthèse rédigée et audio

Les besoins nutritionnels varient en fonction de l'âge, de l'activité, de l'état physiologique ou pathologique d'une personne.

Besoins nutritionnels de l'enfant et de l'adolescent

- Satisfaire les apports en calcium, en protéines et en énergie, en glucides, en vitamine B1 et en vitamine C.
- → Permettre la croissance, les dépenses physiques, le développement psychomoteur et intellectuel.
- Augmenter les apports en fer pour passer de 12 à 18 mg à l'adolescence.
- Surveiller une consommation excessive en glucides chez 75 % des enfants de 4 à 7 ans et un adolescent sur deux.
- Augmenter les apports en énergie chez l'adolescent.
- → Favoriser l'évolution des muscles, des tissus et la production de globules rouges.
- → Accompagner la croissance et le développement des activités.

Besoins nutritionnels de l'adulte, de la femme enceinte et allaitante

- Fixer la limite haute de l'apport en lipides à 40 % de l'apport énergétique total
- → Limiter le risque d'apparition des maladies cardio-vasculaires.
- Surveiller les apports en vitamine D : 75 % des adultes sont carencés. Surveiller l'apport en vitamine B2 chez la femme en âge de procréer.
- Supplémenter la femme enceinte en vitamine D pour la minéralisation du squelette et en vitamine B9 pour la fermeture du tube neural chez le fœtus.
- Pour la femme allaitante, les apports en eau et en énergie sont augmentés pour la fabrication du lait maternel.
- → Assurer l'équilibre, source de bien-être.

Besoins nutritionnels de la personne âgée

- Augmenter la limite basse de l'apport en protides de 12 % de l'apport énergétique total.
- → Préserver la masse osseuse et musculaire.
- Surveiller l'équilibre hydrique pour pallier rapidement un état de fièvre, des diarrhées ou une constipation.
- Passer l'apport nutritionnel conseillé en protides de 1,2 g à 1,5 g par kg/poids/jour.
- Répondre à un état pathologique : défaillance d'organes, cancers.
- → Maintenir l'équilibre alimentaire.

Alimentation lactée

TD 32
Bloc 4

OBJECTIFS 1. Indiquer la ration lactée à répartir sur la journée en fonction de l'âge 2. Énoncer les caractéristiques nutritionnelles des différents types de lait 3. Justifier leurs choix en fonction des besoins

Activité 1 La ration lactée

DOC 1 La chronologie des biberons

Âge	Quantité d'eau par biberon en ml	Nombre de mesurettes de lait rases	Nombre de biberons par 24 heures
0 à 1 mois	90 ou 120	3 ou 4	6
1 à 2 mois	120 ou 150	4 ou 5	6 ou 5
2 à 3 mois	150	5	5
3 à 4 mois	150 ou 180	5 ou 6	5 ou 4
4 à 6 mois et +	180 ou 210	6 ou 7	5 ou 4
Au-delà de 6 mois	**500 ml de lait minimum en complément d'une alimentation diversifiée.**		

La quantité de lait par biberon augmente en fonction de l'évolution des capacités gastriques du nourrisson, de l'appétit de l'enfant, qui varie d'un biberon à l'autre et d'un jour à l'autre. Une quantité moindre par biberon permet de limiter le reflux gastro-œsophagien.

La règle d'Appert (modifiée par Lestradet)

La ration de lait est calculée pour un nourrisson, jusqu'à 6 kg de poids. Elle peut être guidée par la règle d'Appert élargie : **1/10e du poids en (grammes) + 250 ml + ou – 100 ml**
On la répartit sur le nombre de biberons quotidien.

1 **(Doc 1)** Déduire du tableau la règle de base (eau/mesurette de lait) pour la confection du biberon.

2 **(Doc 1 et 2)** Compléter la ration lactée sur 24 heures pour chaque enfant dans la fiche de suivi en faisant apparaître les calculs.

DOC 2 Les transmissions relatives aux enfants

Extrait de la fiche de suivi de l'alimentation des bébés à la crèche

Enfant (Âge, poids)	Remarques	Ration lactée pour 24 heures	Suivi des repas (le …/…/…)
Gabin 3 mois 5,3 kg	Faible poids à la naissance, lait 1er âge.		11 h : 1 biberon de 150 ml terminé.
Lolly 4 mois 6 kg	Régurgitations fréquentes, lait 1er âge.		11 h : 1 biberon de lait de 180 ml terminé.
Martin 6 mois et demi 7,2 kg	Début de la diversification alimentaire. Émissions de selles dures, lait 2e âge.		11 h 15 : 1 biberon de lait de 180 ml non terminé, 1 compote de pommes.

3 **(Doc 1 et 2)** Commenter l'évolution de la ration lactée.

Activité 2 L'alimentation lactée et le lait maternel

DOC 3 Le lait de femme

Lait maternel, des constituants alimentaires énergétiques :
- **Protéines** entre 8 et 12 g/L,
- **Lipides (35 g/L en moyenne),**
- **Glucides** (75 g/L de glucides, dont 63 g de lactose et 12 g d'oligosaccharides).

→ Parfaitement ajustées pour :
- une vidange gastrique plus rapide de l'estomac (caséine soluble, de petite taille, expliquant une coagulation plus fine du lait) ;
- une action **trophique**[1] sur les muqueuses intestinales et gastriques, ce qui leur confère une immunité plus importante.

→ En quantité et qualité adaptée pour :
- un taux d'absorption atteignant 95 % (une **lipase**[2] spécifique contribue à la digestibilité rapide des lipides) ;
- la structure des membranes dans le développement cérébral et la maturation rétinienne (riche en cholestérol, en acides gras essentiels) ;
- réguler les apports, rassasier l'enfant (les lipides sont plus riches en fin de tétée).

→ Pour leurs rôles essentiels :
- dans la mise en place de l'écosystème bactérien colique ;
- dans les infections digestives et extra-digestives.

Lait maternel, des constituants alimentaires non énergétiques :
- **Des sels minéraux** (2,50 g/l)
- **Du fer et du zinc**

→ Une quantité adaptée :
- pour l'immaturité rénale du nourrisson, ce qui constitue une sécurité en cas de pertes hydriques excessives, par transpiration ou diarrhée,
- pour mieux assurer le maintien à l'équilibre de la balance hydrominérale.

→ Pour une bonne **biodisponibilité**[3] des oligo-éléments en raison des **ligands**[4] présents dans le lait facilitant son absorption.

1. **Trophique** : relatif à la nutrition des organes, des tissus.
2. **Lipase** : enzyme produite par le pancréas. Elle intervient dans la digestion.
3. **Biodisponibilité** : fraction de la substance utilisée, absorbée.
4. **Ligand** : molécule caractérisée par sa tendance à se lier à une autre.

4 **(Doc 3)** Souligner les avantages du lait maternel.

5 **(Doc 3)** Compléter les informations du flyer destiné aux professionnels.

Information à destination des professionnels Le lait maternel est composé de constituants utiles à la croissance du nourrisson.				
Constituants				
Protéines	Glucides	Lipides	Éléments minéraux	Vitamines
Intérêts				
....	....	....	....	Tous les nouveau-nés reçoivent : • la vit. D : pour assurer une bonne minéralisation osseuse ; • la vit. K : pour prévenir le risque hémorragique des nouveau-nés.

Activité 3 Le choix d'un aliment lacté diététique

DOC 4 Des aliments lactés diététiques

Lorsque l'allaitement n'est pas possible, il est remplacé par un aliment lacté diététique. Ces préparations industrielles, également appelées **laits infantiles**, mises au point à partir du lait de vache, sont strictement réglementées.

Ces laits infantiles sont riches en éléments nutritifs : acides gras essentiels (AGE) pour un meilleur développement cérébral et la vision. Ils apportent des protéines de qualité, en quantité ajustée et digestes. Ils apportent calcium et vitamine D pour l'ossification, du fer et du zinc pour la fabrication des globules rouges et pour le renforcement du système immunitaire. La teneur en sodium est contrôlée à titre préventif, pour éviter des problèmes d'hypertension artérielle à l'âge adulte.

Lait premier âge
ou **préparation pour nourrisson** ; elle est proche du lait maternel, jusqu'à 6 mois. Le taux de protéines et de sodium sont réduits. Du calcium et des sels minéraux sont ajoutés. Ce lait est enrichi en oligosaccharides pour lutter contre les infections. Il couvre à lui seul totalement les besoins journaliers du nourrisson pour favoriser sa croissance.

Lait deuxième âge
ou **préparation de suite** ; elle est destinée au nourrisson de 6 à 10-12 mois. Elle accompagne le début de la diversification quand le nourrisson a au moins un repas complet diversifié par jour. Le but de ce lait est de continuer à apporter les nutriments qu'il va trouver plus difficilement dans son alimentation. Il est supplémenté en fer et en acides gras essentiels.

Lait de croissance
ou **préparation pour enfants en bas âge** ; elle est destinée aux enfants de 12 mois jusqu'à 3 ans. À cet âge, l'enfant a une alimentation diversifiée. Ce lait devenu aliment de complément permet de combler les besoins en lipides pour le développement neurosensoriel.

D'après Pediact.com

6 **(Doc 4)** Lister les caractéristiques nutritionnelles des aliments lactés diététiques et indiquer leurs intérêts.

Caractéristiques nutritionnelles	Intérêts

7 **(Doc 4)** Présenter les différents aliments lactés diététiques dans le tableau ci-dessous.

Appellations	Tranches d'âges	Justifier leurs utilisations

DOC 5 Des laits particuliers

- **Les laits anti-régurgitations** : ces laits contiennent des agents épaississants (amidon de maïs qui ralentit le transit ou de caroube qui l'accélère). Ils limitent les reflux gastro-œsophagiens qui surviennent quelques heures après la tétée.

- **Les laits hypoallergéniques** : ils sont donnés à la naissance si le nourrisson présente des antécédents familiaux d'allergie et/ou d'intolérances alimentaires. À utiliser jusqu'à la diversification, 6 mois. Ils sont à base de protéines partiellement hydrolysées.

- **Les laits pour prématurés** : jusqu'à un poids de 2,3 kg. Le taux de protéine solubles est plus élevé : entre 2,3 et 2,9 g/100 g pour éviter la surcharge rénale. Ils sont supplémentés en nucléotides, ce qui entraîne un effet bénéfique sur le système immunitaire et la croissance intestinale.

- **Les laits antidiarrhéiques** : pour les plus de 6 mois. Ils sont appauvris en lactose pour faciliter la synthèse protéique. Ils contiennent du zinc, ce qui permet de diminuer la sévérité de la diarrhée en stimulant le fonctionnement cellulaire intestinal.

- **Les laits à base de protéines de riz** : destinés aux nourrissons qui souffrent d'allergies aux protéines de lait de vache et d'intolérance au lactose qui provoquent des troubles digestifs, des vomissements après les tétées.

- **Les laits contre la constipation** : le taux de lactose est augmenté. On peut y ajouter des probiotiques ou des fibres qui vont également faciliter le transit.

- **Les laits anti-coliques** : donnés avant 3 mois, ces laits sont hydrolysés en lactose, diminuant l'acide lactique et les coliques.

D'après Pediact.com

8 **(Doc 5)** Justifier la prescription du pédiatre pour les cas des enfants présentés.

Situation du nourrisson	Lait prescrit par le pédiatre	Justifier
Léa, 8 mois, a des selles liquides depuis deux jours sans amélioration.	**Lait antidiarrhéique**	....
Yves, 3 mois, sa mère est allergique au lactose.	**Lait hypoallergénique**	....
	Lait à base de protéines de riz	....
Bruce, né avant terme, 2 kg, a de grandes difficultés à rattraper un poids suffisant.	**Lait pour prématuré**	....
Alice, 6 mois, a des selles très dures et peu fréquentes.	**Lait contre la constipation**	....
Iris, 2 mois, a des douleurs abdominales après les tétées.	**Lait anti-coliques**	....
Jules, 4 mois, a des reflux très fréquents après les tétées.	**Lait anti-régurgitations**	....

Alimentation diversifiée

TD 33
Bloc 4

OBJECTIFS **1.** Indiquer et justifier les différentes étapes de la diversification alimentaire. **2.** Justifier en fonction des besoins et des possibilités digestives de l'enfant.

Activité 1 L'alimentation diversifiée, informations générales

DOC 1 La diversification alimentaire : quoi, quand et comment ?

La diversification alimentaire
Elle consiste à introduire progressivement des aliments autres que le lait (aliments solides) dans l'alimentation du nourrisson (enfant de moins de 1 an). Elle conduit progressivement à installer une alimentation de plus en plus proche de celle de l'adulte entre l'âge de 1 et 2 ans.

Âge
La diversification est débutée au plus tôt à partir de 4 mois révolus chez le nourrisson et au plus tard à l'âge de 6 mois.

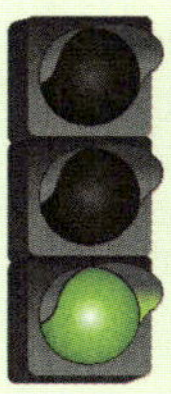

Il est conseillé :
- de commencer la diversification à 4 mois. Le lait pour nourrissons ne couvre pas suffisamment les besoins nutritionnels nécessaires au bon développement de l'enfant à partir de cet âge ;
- d'introduire les différents groupes d'aliments de manière simultanée entre 4 et 6 mois : légumes, fruits, volaille, poisson, viande, œufs, légumes secs (lentilles, haricots, pois chiches).

Il est déconseillé :
- de retarder au-delà de 6 mois la diversification alimentaire, même chez les enfants à risque d'allergie alimentaire (père, mère, frère ou sœur allergique).

Il semblerait en effet que le fait de retarder l'introduction d'un aliment allergène puisse augmenter le risque de développer plus tard une allergie alimentaire à cet aliment. Une étude a démontré que le risque d'allergie était 3 ou 4 fois plus élevé si l'on introduisait l'œuf chez un enfant de 1 an plutôt qu'à 6 mois. On arrive aux mêmes conclusions pour les arachides. Il reste important d'introduire l'aliment seul sur les conseils du pédiatre de l'enfant.

1 **(Doc 1)** Expliquer en quoi consiste la diversification alimentaire et indiquer la période de mise en place.

....

....

2 **(Doc 1)** Souligner, dans le document, la justification qui explique le début de la diversification alimentaire.

3 **(Doc 1)** Compléter le schéma relatif aux nouvelles préconisations en matière d'introduction d'aliments allergènes chez le jeune enfant.

EXPLICATION

....
....
....
....

JUSTIFICATION

....
....
....
....

CONSEIL IMPORTANT

....
....
....
....

Activité 2 L'alimentation diversifiée, les grandes étapes

DOC 2 Les spécificités de l'appareil digestif

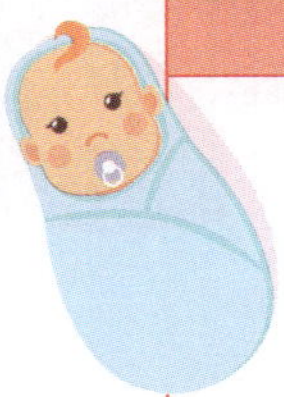

Maturation physiologique	Habiletés motrices orales
De 4 à 6 mois : texture mixée	
• La **salivation** augmente. • Le **réflexe** d'extrusion[1] disparaît (l'enfant accepte des aliments qui ne sont plus exclusivement liquides).	• Succion plus volontaire (cycle de plus en plus long avant que le nourrisson ne fasse une pause). • Déplace maintenant la nourriture vers **l'arrière** de **sa bouche** et de **sa gorge**.
De 6 à 12 mois : texture hachée puis écrasée	
• L'enzyme amylase, responsable de la digestion des glucides, est présente en quantité suffisante dans la salive pour permettre la digestion du pain, des pommes de terre et des céréales. • La digestion et l'absorption intestinale se font grâce au développement des entérocytes[2]	• **La mastication** se met en place : – 6 à 9 mois : (**mâchonnement**) mouvement avant-arrière de la langue, – 9 à 12 mois : mastication **de gauche à droite** et la **pointe de la langue** sort moins de la bouche.
De 12 à 18 mois : texture en petits morceaux et de plus en plus gros	
• **Les reins** sont capables de bien mieux filtrer le sodium.	• **Les dents** permettent à l'enfant de **croquer**, l'enfant referme la bouche pour **mordre** sur l'aliment solide. La mastication se perfectionne et devient **très efficace**.

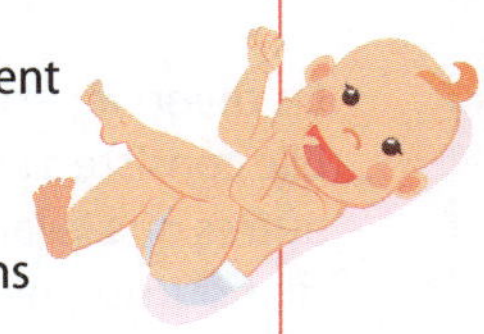

D'après https://www.consoglobe.com/alimentation-du-bebe-faut-il-diversifier-cg

D'après http://op17.fr/wp-content/uploads/2016/12/deglutition_enfants.pdf

1. Fait de repousser avec la langue tout ce qui entre dans la bouche à part une tétine.
2. Cellules de l'intestin grêle, en forme de brosses fines, qui permettent le transit sélectif des nutriments.

4 **(Doc 2, Annexe 4, p. 217)** Compléter le tableau relatif à l'alimentation de chaque enfant.

Enfant	Produits laitiers	Fruits et légumes	Légumes secs	Féculents P. de terre	VPO	Matières grasses	Textures
Léo 5,5 mois							
Lolly 9 mois							
Martin 24 mois							

Quantités : 1 cc = une cuillère à café ; 1 cs/H = une cuillère à soupe hebdomadaire ; bi-hebdomadaire : 2 H

5 **(Doc 2)** Souligner les informations qui justifient l'introduction chronologique des aliments.

CHAPITRE 19

Se tester

Alimentation du nourrisson, du jeune enfant

Le + numérique
foucherconnect.fr/22en70
Quiz
Exercice interactif

Exercice 1 Cocher la bonne réponse pour chaque affirmation.

Alimentation lactée

Affirmations	Vrai	Faux
Le lait maternel est adapté aux besoins du nourrisson jusqu'à 4 mois seulement.		
Les préparations pour nourrissons sont adaptées aux bébés âgés de plus de 6 mois.		
Le lait de suite est complémenté en fer pour compenser les insuffisances d'apports en début de diversification alimentaire.		
Les préparations pour enfant en bas âge peuvent commencer à être utilisées chez les bébés à partir de 11 mois.		
La règle d'Appert est utilisée pour calculer la ration lactée de l'enfant de moins de 6 mois.		
L'apport de 500 ml de lait doit être maintenu dans la ration lactée journalière de l'enfant de moins de 1 an.		

Exercice 2 Relier les laits spéciaux aux besoins particuliers des enfants.

- Lait antirégurgitation •
- Lait antidiarrhéique •
- Lait pour prématuré •
- Lait hypoallergénique ou lait à base de protéines de riz •

- • Bébé né avant terme, 2 kg, faible poids à la naissance.
- • Bébé de 8 mois, selles liquides depuis plus de 24 heures.
- • Bébé de 4 mois, reflux fréquents entre les tétées.
- • Nourrisson de 3 mois, parents allergiques au lactose.

Exercice 3 Cocher la bonne réponse.

Alimentation diversifiée

La diversification alimentaire peut commencer :	☐ à la naissance	☐ entre 4 et 6 mois	☐ après 1 an
Tous les groupes d'aliments sont donnés en textures mixées lisses :	☐ entre 4 et 6 mois	☐ après 12 mois	☐ après 24 mois
L'enzyme amylase, responsable de la digestion des glucides, est présente dans la salive pour digérer du pain, des pommes de terre et des céréales :	☐ à 4 mois	☐ à 6 mois	☐ après 1 an
La mastication se met en place :	☐ entre 6 et 8 mois	☐ entre 9 et 12 mois	☐ après 18 mois
Tous les aliments allergènes peuvent être introduits seuls dans l'alimentation diversifiée de l'enfant :	☐ entre 4 et 6 mois	☐ entre 8 et 12 mois	☐ après 2 ans

À retenir

Le + numérique foucherconnect.fr/22en71

Synthèse rédigée et audio

L'alimentation lactée

Exclusive jusqu'aux 4 à 6 mois du nourrisson ⇨ aux besoins et à ses possibilités digestives.
Après 6 mois, 500 ml de lait sont conservés dans l'alimentation de l'enfant de moins de 1 an.

La ration lactée évolue en fonction :
- du poids.
- de l'âge.
- des besoins : capacité de l'estomac, appétit de l'enfant.

La ration de lait est calculée pour un nourrisson, jusqu'à 6 kg de poids, elle peut être guidée par la règle d'Appert modifiée :

1/10e du poids (en grammes) + 250 ml + ou – 100 ml

Le lait maternel

Des nutriments énergétiques	Pour ?	Des nutriments non énergétiques	Car ?
Glucides, lipides, protides de bonne qualité.	• Lutter contre les infections. • Le développement cérébral. • La structuration des cellules. • La maturation de la rétine.	• Sodium, en quantités ajustées. • Zinc, calcium et fer.	Indispensables pour le bon fonctionnement de l'organisme.

Les laits infantiles

On les appelle également « aliments lactés diététiques ».

Appellation commune et réglementaire	Quand les utiliser ?	Principales propriétés nutritionnelles
Lait 1er âge : **Préparation pour nourrisson**	De 0 à 6 mois	Préparations enrichies en oligosaccharides (glucides) pour lutter contre les infections.
Lait 2e âge : **Préparation de suite**	De 6 à 10-12 mois	Préparations enrichies en fer et en acides gras essentiels.
Lait de croissance : **Préparations pour enfants en bas âge**	De 12 mois à 3 ans.	Préparations apportant des lipides pour le développement sensoriel.

Il y a des laits spéciaux adaptés aux situations des nourrissons (allergies, régurgitations).

L'alimentation diversifiée

Quoi ?
Passage progressif d'une alimentation exclusive liquide (lait) à une alimentaire variée (solide).

Quand ?
Entre les 4 mois révolus et les 6 mois de l'enfant.

Pourquoi ?
Le lait pour nourrissons ne couvre pas suffisamment les besoins nutritionnels nécessaires au bon développement de l'enfant à partir de cet âge.

Comment ?
- Introduire les différents groupes d'aliments de manière simultanée entre 4 et 6 mois : légumes, fruits, volaille, poisson, viande, œufs, légumes secs (lentilles, pois chiches).
- Introduire l'aliment seul et sur le conseil du pédiatre de l'enfant, y compris pour les enfants allergiques.

En fonction de l'âge et de la maturité digestive :
- Adapter les textures en fonction de l'âge : de 4 à 6 mois : **texture mixée**, de 6 à 12 mois : **texture hachée puis écrasée**, de 12 à 18 mois : **texture en petits morceaux et de plus en plus gros**,
- Augmenter les quantités. Exemples : 5 mois, 5 grammes de VPO ; 9 mois, 10 g ou ¼ œuf dur ; et 24 mois, 20 g à 30 g ou ½ œuf dur.
- Servir les aliments cuits à l'eau, à la vapeur, puis les aliments crus autour de 1 an.

Alimentation des enfants de 4 ans à 10 ans

TD 34
Bloc 4

OBJECTIFS 1. Indiquer et justifier les besoins et apports nutritionnels des enfants de 4 à 10 ans 2. Proposer une adaptation quantitative et qualitative aux besoins spécifiques des enfants dans une situation donnée 3. Justifier les aliments choisis en raison de leur valeur nutritionnelle, des goûts, des habitudes culturelles 4. Vérifier l'équilibre alimentaire

Activité 1 Les besoins nutritionnels de l'enfant de 4 ans à 10 ans

DOC 1 Les besoins spécifiques de l'enfant de 4 ans à 10 ans

Croissance staturo-pondérale 	Développement psycho-moteur et intellectuel 	Activités physiques quotidiennes 
Besoins … élevés en protéines, en énergie, en calcium et en vitamine D.	**Besoins** … importants en glucose, en lipides, dont des acides gras oméga 3, et en vitamine B1.	**Besoins** … importants en énergie et en glucides.
Justification ………………	**Justification** ………………	**Justification** ………………

1 **(Doc 1, TD 29)** Justifier les besoins nutritionnels qui découlent des modifications morphologiques et intellectuelles de l'enfant entre 4 ans et 10 ans.

Activité 2 L'alimentation de l'enfant de 4 ans à 10 ans

DOC 2 La répartition des apports énergétiques totaux journaliers de 4 ans à 10 ans

Selon les données du rapport d'expertise de l'Anses, pour les enfants de 4 à 10 ans, les glucides doivent représenter la première source en énergie de la journée : environ 45-50 % ; les protéines : environ 15 % avec une limite basse variant de 6 % à 9 % et une limite haute de 16 % à 19 % ; les lipides entre 35 % et 40 % des apports énergétiques totaux (AET).

2 **(Doc 2, Annexe 5, p. 219)** Compléter le tableau en précisant les apports nutritionnels conseillés en glucides, en g/jour, pour un enfant de 5 ans (fille ou garçon).

	ANC en glucides en g/j
Pour un enfant de 5 ans à 5 850 kJ/j	………………

3 **(Doc 2, Annexe 6, p. 223)** Proposer, en précisant leur quantité, 3 aliments pour couvrir l'ANC journalier en calcium.

ANC journalier en calcium d'un enfant de 5 ans : ………………

→ ………………
→ ………………
→ ………………

Activité 3 L'équilibre alimentaire pour l'enfant de 4 à 10 ans

DOC 3 La composition des repas

Au petit-déjeuner

- Un produit laitier (lait chaud ou froid, avec ou sans cacao, ou un yaourt nature ou du fromage blanc).
+ Un produit céréalier (des tartines de pain avec une fine couche de beurre et de la confiture, ou du miel, ou des céréales peu sucrées).
+ Un fruit ou un fruit pressé, ou un demi-verre de jus de fruits sans sucre ajouté.

Au déjeuner et au dîner

Des produits céréaliers (pain, pâtes, semoule, riz…) ou pommes de terre, ou des légumes secs

+

Des légumes

+

1 ou 2 fois par jour, de la viande, ou du poisson, ou de l'œuf

+

Du lait et des produits laitiers

+

Des fruits

+

En boisson : de l'eau, rien que de l'eau

Au goûter

À la maison : pain, carré de chocolat, verre de lait ou une crêpe au sucre, un fruit et de l'eau.
À l'école : un fruit et un ou deux biscuits secs et de l'eau.

4 **(Doc 3)** Vérifier l'équilibre alimentaire des menus journaliers en proposant des corrections argumentées.

	Petit-déjeuner	Déjeuner	Goûter	Dîner
Lundi	• Jus d'orange • Lait • Biscotte • Beurre et gelée de groseille	• Quiche • Purée de pomme de terre • Poulet • Yaourt et poire	• Biscuit • Lait aromatisé sucré • Jus de raisin	• Potage julienne • Pâtes à la crème • Fromage blanc • Mandarine

Propositions : ……………………………………………………………………

……………………………………………………………………

……………………………………………………………………

……………………………………………………………………

	Petit-déjeuner	Déjeuner	Goûter	Dîner
Mercredi	• Lait au chocolat • Pain • Beurre • Miel	• Salade d'endives • Filet de Merlu • Riz • Crème dessert • Glace	• Pain beurré • Miel • Barre de chocolat • Soda	• Épinards béchamel • Jambon • Pain • Camembert • Poire

Propositions : ……………………………………………………………………

……………………………………………………………………

……………………………………………………………………

……………………………………………………………………

Alimentation des adolescents (10 ans – 17 ans)

TD 35
Bloc 4

OBJECTIFS **1.** Proposer une adaptation quantitative et qualitative aux besoins spécifiques des adolescents dans une situation donnée **2.** Justifier les aliments choisis en raison de leur valeur nutritionnelle, des goûts, des habitudes culturelles, de l'état de la personne. **3.** À partir d'exemples de menus, vérifier qu'ils permettent d'atteindre l'équilibre alimentaire

Activité 1 Une adaptation aux besoins glucidiques et protéiques

DOC 1 Les apports énergétiques totaux des adolescents

AET de 8 770 kJ → à 12 140 kJ

AET De 9 200 kJ → à 14 235 kJ

Rappels : L'apport glucidique doit être de 40 % à 55 % des AET, l'apport lipidique de 35 % à 40 % et l'apport protidique de 10 % à 20 % des AET (soit 0,9 à 1,2 g/kg de poids corporel).

1 **(Doc 1)** Compléter le tableau ci-dessous en précisant les apports nutritionnels conseillés en glucides en grammes par jour pour les adolescents.

	ANC en glucides en g/j de 10 ans	→	à 17 ans
Pour les filles	....	→	....
Pour les garçons	....	→	....

DOC 2 Une adaptation quantitative et qualitative aux besoins en protéines

Âge	13 ans	14 ans	15 ans	16 ans	17 ans
Garçons	36 g	41 g	47 g	50 g	51 g
Filles	38 g	42 g	43 g	44 g	43 g

Varier les sources de protéines : consommer des protéines animales, riches en acides aminés essentiels, associées avec des protéines végétales.

On trouve 20 g de protéines animales dans : 100 g de viande (bœuf, porc, veau, volaille…) ou 100 g de jambon ou 100 g de poisson ou 2 gros œufs ou 3 à 4 produits laitiers.

Une alimentation végétarienne (avec suffisamment de produits laitiers et œufs) peut être équilibrée à condition d'associer au même repas céréales et légumineuses, afin d'avoir un bon apport en protéines. Par exemple : riz + lentilles, ou riz + soja, ou semoule + pois chiches, ou maïs + haricots rouges.

2 **(Doc 2, Annexe 6, p. 223)** Proposer quatre aliments (en précisant leurs quantités) pour couvrir les besoins protéiques d'une adolescente de 15 ans végétarienne et justifier.

....
....
....
....
....
....
....
....
....

Activité 2 Une adaptation aux besoins en fer et en calcium

3 **(Annexe 6, p. 223)** Proposer, pour une adolescente de 16 ans anémiée, trois aliments riches en fer et donner leurs quantités.

....

....

4 **(Annexe 6, p. 223)** Proposer pour couvrir les besoins calciques d'un adolescent quatre aliments et indiquer leurs quantités.

....

....

Activité 3 L'équilibre alimentaire sur la journée

DOC 3 Les recommandations pour des menus adaptés aux adolescents

DÉJEUNER	• Légumes crus ou cuits en entrée. • Légumes d'accompagnement + féculents ou légumes secs + plat protidique (ou plat composé comprenant un légume d'accompagnement et un plat protidique). • Fromage sec ou fromage blanc ou yaourt. • Fruits crus ou cuits.
DÎNER	Sa composition doit tenir compte de celle du repas du midi. Il comprend le plus souvent un potage de légumes + un complément protidique (la ration quotidienne de protéines est répartie entre les deux repas principaux) + un plat d'accompagnement (légumes cuits ou féculents ; si l'enfant ou l'adolescent a eu des féculents à midi, il recevra des légumes cuits le soir) + un produit laitier (fromage ou yaourt ou entremets) + un fruit + du pain + et de l'eau.

5 **(Doc 3)** Compléter les menus du déjeuner et du dîner ci-dessous destinés à des adolescents et justifier les choix.

Déjeuner	Dîner
•	• Riz
• Steak haché accompagné de pommes de terre vapeur	• ....
• Camembert avec du pain	• ....
•	• Des fraises avec du sucre et de la chantilly

Justification : ....

....

....

....

DOC 4 L'équilibre alimentaire avec l'option sandwich appréciée par les adolescents

Si l'adolescent opte pour la formule sandwich à midi, il faut l'inciter à varier leur composition ; les sandwichs à base de jambon, poulet, thon ou d'œufs sont moins gras (s'ils ne contiennent pas trop de beurre ou de mayonnaise) que les sandwichs au saucisson, au pâté ou aux rillettes.
Il peut rajouter des crudités (salade, tomates, concombres) pour apporter les 5 fruits et légumes recommandés par jour. Il est bien d'accompagner son sandwich d'un produit laitier (yaourt) et d'un fruit à midi et de compenser le soir par un plat de légumes.

6 **(Doc 3)** Surligner quatre conseils pour un adolescent qui opte pour la formule sandwich à midi, afin de respecter l'équilibre alimentaire sur la journée.

#fichier
Recommandations PNNS pour les enfants et les adolescents
foucherconnect.fr/22en23

Se tester

Le + numérique
foucherconnect.fr/22en72
Quiz
Exercice interactif

Exercice 1 Cocher les cases en fonction du besoin couvert.

L'alimentation des enfants

	Besoin plastique ou constructeur	Besoin fonctionnel	Besoin énergétique
Les protéines permettent le développement physique.			
Le glucose et la vitamine B1 sont indispensables au bon fonctionnement du cerveau.			
Le calcium et la vitamine D interviennent dans la croissance osseuse.			
Le glucose est consommé par les muscles particulièrement pendant l'activité physique.			

Exercice 2 Indiquer les groupes d'aliments qui doivent être présents au cours des quatre principaux repas de l'enfant afin d'équilibrer les repas sur la journée en plaçant les lettres correspondantes face à chaque repas.

Fruits et légumes	A	Petit-déjeuner	....
Féculents	B		
Légumineuses	C		
Viandes, charcuteries, produits de la pêche, œufs	D	Déjeuner	....
Lait et produits laitiers	E		
Matières grasses ajoutées	F	Collation de 16 h	....
Produits sucrés ou sucrés et gras	G		
Eau	H	Dîner	....
Boissons sucrées	I		
Sel	J		

Exercice 3 Souligner les réponses correctes.

L'alimentation des adolescents

1. Indiquer l'intérêt de la courbe de corpulence.

Suivre l'évolution du poids et de la taille pour prévenir le risque d'obésité.

Suivre l'évolution du poids pour prévenir le risque d'obésité.

Suivre l'évolution de la taille pour prévenir le risque d'obésité.

2. Indiquer ce qui fait varier les besoins nutritionnels.

L'âge Le sexe Le poids L'activité physique

3. Identifier le rôle des acides gras essentiels dont les oméga 3.

Plastique (maturation du cerveau)

Fonctionnel (réactions chimiques)

Énergétique (thermorégulation)

4. Repérer les nutriments dont la carence provoque une mauvaise minéralisation osseuse et des risques de fractures.

Fer Calcium Vitamine D Iode

À retenir

Le + numérique foucherconnect.fr/22en73
Synthèse rédigée et audio

L'alimentation de l'enfant

L'alimentation de l'enfant répond aux :

Besoins constructeurs ou plastiques	Besoins fonctionnels	Besoins énergétiques

Pour la croissance staturo-pondérale	Pour le développement psycho-moteur et intellectuel	Pour les activités physiques quotidiennes

Ces besoins sont couverts par :

 Protéines +  Calcium +  Vitamine D	 Glucides +  Vitamine B1 +  Acides gras essentiels	 Glucides complexes des céréales et légumineuses +  Glucides simples des fruits

L'alimentation de l'adolescent

AET en moyenne de 13 000 kJ/j
en fin d'adolescence

Besoins énergétiques
en glucides et lipides

Besoins fonctionnels
en eau, fibres et vitamines

Besoins constructeurs
en protides et en minéraux

AET en moyenne de 9 000 kJ/j
en début d'adolescence

Surveiller l'apport
en fer chez l'adolescent

Alimentation des adultes

TD 36
Bloc 4

OBJECTIFS 1. Proposer une adaptation quantitative et qualitative aux besoins spécifiques des personnes 2. Justifier les aliments choisis 3. À partir d'exemples de menus, vérifier qu'ils permettent d'atteindre l'équilibre alimentaire

Activité 1 L'adaptation aux besoins nutritionnels de l'adulte

DOC 1 Intervalles de référence pour les constituants énergétiques (en % de l'AET*)

Population	Protides	Lipides	Glucides
Homme ou femme d'activité physique faible.	12 % à 20 %	35 % à 40 %	40 % à 55 %
Homme ou femme d'activité physique normale.	10 % à 20 %	35 % à 40 %	40 % à 55 %
Homme ou femme d'activité physique élevée.	10 % à 20 %	30 % à 35 %	50 % à 60 %

* AET : apport énergétique total.

1 **(Doc 1, Annexe 5, p. 219)** Calculer les apports nécessaires de chaque constituant alimentaire pour une femme d'activité normale âgée entre 50 et 60 ans.

Besoins énergétiques quotidiens	Apports en g/j femme âgée entre 50 et 60 ans (activité physique normale)		
....	Protides :	Lipides :	Glucides : ....

DOC 2 La couverture du besoin en vitamine D reste un enjeu de santé publique

En 2019, plus de 70 % des adultes français présentaient une insuffisance d'apport en **vitamine D**, voire une carence dans 6,5 % des cas. Au-delà des mesures de gestion qui pourraient être envisagées (enrichissement des denrées en vitamine D, complémentation personnalisée à travers le système de soins…), l'Anses rappelle que la couverture des besoins en vitamine D peut être assurée par :

- l'exposition au soleil : 15 à 20 minutes en fin de matinée ou dans l'après-midi assurent à l'organisme un apport journalier suffisant en vitamine D ;
- la consommation d'aliments riches en vitamine D comme les poissons gras (le hareng, les sardines, le saumon et le maquereau), certains champignons (girolles, cèpes et morilles), les produits laitiers (enrichis en vitamine D), le jaune d'œuf, le chocolat noir, le beurre et les margarines. Un apport satisfaisant est de 15 microgrammes (µg) avec une limite supérieure de sécurité de 100 µg.

https://www.anses.fr/fr/content/publication-des-nouvelles-références-nutritionnelles-en-vitamines-et-minéraux-pour-la
https://www.anses.fr/fr/content/les-références-nutritionnelles-en-vitamines-et-minéraux#D

2 **(Doc 2, Annexe 6, p. 223)** Nommer deux aliments qui permettent de couvrir le besoin en vitamine D en précisant la quantité à consommer.

....

....

....

Activité 2 L'adaptation aux besoins nutritionnels de la femme enceinte

DOC 3 L'augmentation des besoins énergétiques de la femme enceinte

La grossesse nécessite une alimentation variée, saine et équilibrée adaptée aux besoins énergétiques. Les besoins énergétiques vont évoluer au cours de la grossesse en passant d'une supplémentation de 418 kJ/jour au 1er trimestre à 1 045 kJ/jour aux 2e et 3e trimestre en plus de l'AET avant la grossesse.

3 **(Doc 3, Annexe 5, p. 219)** Calculer l'apport énergétique recommandé pour une femme de 30 ans enceinte de 3 mois.

....

....

DOC 4 Les besoins énergétiques de la femme enceinte

Besoins en constituants énergétiques de la femme enceinte

GLUCIDES	LIPIDES	PROTIDES
Consommation 5 g/kg de poids/jour.	Consommation 80 g/jour.	Supplémentation : 1,3 g/j lors du premier trimestre. 6,1 g/j lors du deuxième trimestre. 10 g/j lors du troisième trimestre.

4 **(Doc 3 et 4, Annexe 5, p. 219)** Calculer les apports nutritionnels en grammes par jour pour Jeanne (62 kg) enceinte de 5 mois.

En glucides	En lipides	En protides
....	....	....

DOC 5 Des besoins modifiés chez la femme allaitante

Une augmentation modérée de la ration alimentaire est tout à fait suffisante (10 450 kJ).

Les femmes qui allaitent ont souvent envie de boire. Il est recommandé de consommer de l'eau, des jus de fruits frais et du bouillon de légumes, à volonté, au minimum 2 litres par jour. Les besoins calciques sont de 1 200 mg/j. Les aliments riches en calcium et en vitamine D sont, en particulier, les produits laitiers (yaourts, fromages à pâte dure comme le gruyère ou le parmesan), indispensables à la mère comme au bébé.

5 **(Doc 5, Annexe 6, p. 223)** proposer six aliments afin de couvrir les besoins calciques journaliers d'une femme allaitante allergique au lactose. Justifier.

Aliments	Quantité de calcium (mg)
....	....
....	....
....	....
....	....
TOTAL	....

....

....

....

....

....

DOC 6 Bien manger pour être en forme

L'équilibre alimentaire ne se construit pas sur un repas ou sur une journée, mais plutôt sur la semaine. C'est pour cela qu'il n'existe ni aliment interdit ni aliment miracle. Tout est une question de choix et de quantité. Ainsi, un repas copieux peut être compensé avec des repas plus légers et équilibrés par la suite.

6 **(Doc 6)** Justifier le fait qu'un repas copieux ne perturbe pas l'équilibre alimentaire.

....

DOC 7 Des repères de consommation

Les repères de consommation ne font pas référence aux nutriments mais aux groupes d'aliments.

Il est recommandé de :

- consommer au moins 5 fruits et légumes par jour ; 3 produits laitiers par jour ; des féculents ou légumineuses à chaque repas ; de la viande (privilégier les moins grasses ; veau, bœuf…) ou du poisson, ou des œufs (1 à 2 fois par jour) ; de l'eau à volonté ;
- limiter la consommation de matières grasses, de charcuterie à 25 g/jour ; de produits sucrés et de sel.

PNNS.

7 **(Doc 6 et 7)** Déduire les indications pour établir des menus respectant l'équilibre alimentaire.
Vérifier que les menus permettent d'atteindre l'équilibre alimentaire en surlignant, dans le tableau ci-dessous, ce qui est correct et en rayant ce qui est en trop.

Indications permettant d'établir des menus respectant l'équilibre alimentaire : ....

....

....

....

Menus d'une semaine

	Petit-déjeuner	Déjeuner	Dîner
Lundi	Café sucré Pain beurré Laitage Fruit	Betteraves rouges Filet de poisson aux herbes Riz/épinards Yaourt nature	Potage légumes - pommes de terre Riz pilaf Omelette au gruyère Petits suisses nature Pomme
Mardi	Café sucré Pain beurré Laitage Fruit	Salade de tomates Poulet rôti - petits pois Camembert Poire	Salade verte Œufs mimosa Quiche lorraine Fromage blanc/confiture Mandarine
Mercredi	Café sucré Pain beurré Laitage Fruit	Salade verte Steak haché grillé Purée de pommes de terre/brocolis Yaourt aux fruits	Potage aux vermicelles Gratin d'endives sauce béchamel et gruyère Poire Pomme cuite
Jeudi	Café sucré Pain beurré Laitage Fruit	Carottes râpées Hachis parmentier Compote de pommes	Salade de lentilles Haricots verts sauce tomate Port Salut (fromage) Crème au chocolat Kiwi
Vendredi	Café sucré Pain beurré Laitage Fruit	Poireaux vinaigrette Escalope de dinde cordon bleu Épinards à la crème Orange	Velouté potimarron pommes de terre Soufflé au fromage Hachis parmentier Salade de fruits frais

Activité 4 L'équilibre alimentaire de la femme enceinte ou allaitante

DOC 8 Des repères de consommation pour une alimentation équilibrée

Groupes d'aliments	Repères de consommation	
Fruits et légumes	Au moins 5/jour	À chaque repas, crus, cuits, nature ou préparés. Pendant la grossesse, veiller à ce qu'ils soient bien lavés et exempts de toute trace de terre.
Féculents	1 portion à chaque repas	Favoriser les aliments céréaliers complets, riz, pâtes, semoule, pain.
Légumineuses	1 portion	À chaque repas en alternance avec les féculents.
Viandes et charcuteries, produits de la pêche, œufs (VPO)	1 ou 2 fois par jour	En quantité inférieure à celle de l'accompagnement constitué de légumes et de féculents. Viande : privilégier les morceaux les moins gras (escalopes de veau, poulet, steak haché à 5 % MG). Poisson : au moins 2 fois par semaine. Supprimer : certaines charcuteries, dont les rillettes, les pâtés, le foie gras, les coquillages, les poissons et les viandes crues.
Lait et produits laitiers	3/jour	Privilégier les produits moins gras : lait, yaourts, fromage blanc. Pendant la grossesse, privilégier les fromages à pâte pressée cuite (type beaufort, comté, emmental, gruyère, parmesan).
Matières grasses ajoutées	Limiter	Privilégier les matières grasses végétales (huiles d'olive, de colza, etc.). Limiter les graisses d'origine animale (beurre, crème…).
Produits sucrés, sucres et gras	Limiter	Limiter les aliments gras et sucrés (pâtisseries, viennoiseries, crèmes dessert, glaces…).
Eau	À volonté	Eau du robinet ou eaux en bouteille.
Boissons sucrées	Limiter	Limiter les boissons sucrées. Pas de boisson alcoolisée.
Sel	Limiter	Réduire l'ajout de sel.

INPES

8 **(Doc 8)** Compléter le tableau en adaptant les repas à l'état physiologique d'une femme allaitante, en surpoids de 15 kg. Rayer les aliments inadaptés et proposer des aliments de remplacement. Justifier les adaptations.

Petit-déjeuner	Déjeuner	Goûter	Dîner
Thé sucré Pain blanc beurré Confiture Pommes	Pain blanc Gratin de chou-fleur (lait entier + gruyère râpé) Gâteau de semoule au caramel	Tisane Gâteau marbré	Potage de légumes Pain complet Pâtes à la carbonara *(crème + lardons + œuf)* Crème dessert chocolatée
Adaptation des repas			
…………………… …………………… ……………………	…………………… …………………… ……………………	…………………… …………………… ……………………	…………………… …………………… ……………………
Justifier			
…………………… …………………… …………………… …………………… …………………… ……………………	…………………… …………………… …………………… …………………… …………………… ……………………	…………………… …………………… …………………… …………………… …………………… ……………………	…………………… …………………… …………………… …………………… …………………… ……………………

Alimentation des personnes âgées

TD 37

Bloc 4

OBJECTIFS 1. Proposer une adaptation quantitative et qualitative aux besoins spécifiques des personnes dans une situation donnée 2. Justifier les aliments choisis en raison de leur valeur nutritionnelle, des goûts, des habitudes culturelles, de l'état physiologique ou pathologique de la personne 3. Vérifier qu'ils permettent d'atteindre l'équilibre alimentaire à partir d'exemples de menus

Activité 1 L'adaptation quantitative et qualitative pour la personne âgée

DOC 1 Des conseils de consommation adaptés à la personne âgée

Aliments	Apports nutritionnels	Exemple de portions quotidiennes adaptées
Viandes, charcuteries, produits de la pêche, œufs (VPO)	Protéines et oméga 3 → Vitamine D →	**100 g à 150 g pour couvrir une grande partie des apports en protéines → 1 g/à 1,2 g/jour.** avec les poissons gras et le jaune d'œuf.
Lait et produits laitiers	Protéines → Calcium →	**3 produits laitiers/jour.** **1 200 mg par jour de calcium** (à titre d'exemple : 300 mg peuvent être fournis par 250 ml de lait, 2 yaourts). Attention, le lait de soja est très pauvre en calcium.
Fruits et légumes frais et secs	Calcium → Vitamine D →	150 mg sont apportés par 150 g de fruits secs, figues, noix ou 200 g de légumes secs ou 500 g de légumes verts, épinards, brocolis. Persil.
Produits sucrés ou sucrés et gras	Glucides, Lipides	**50 g maximum de glucides/jour**, soit 2 morceaux de sucre blanc, 2 carrés de chocolat noir 40 %, 1 cuillère à soupe de miel et 1 cuillère à soupe de confiture de fraise.
Boisson	Calcium → Eau →	Certaines eaux minérales apportent **150 mg de calcium par litre**. Boire 1,5 l/jour pour limiter le risque de constipation.

1 **(Doc 1, Annexe 6, p. 223)** Calculer l'apport nécessaire en protéines pour cette personne et établir des propositions pour satisfaire cet apport.

Apport nécessaire en protéines par jour : ....

Mme Rose, femme de 75 ans, 65 kilogrammes, souffrant de sarcopénie et d'ostéoporose, ayant peu d'appétit, n'aime pas le poisson et les fromages forts.

Apports en protéines par le groupe VPO :	Apport en protéines par les produits laitiers :
Exemple : 150 g de thon nature : 29,9 × 1,5 = 44,85 g + 1 œuf dur = 13,5 g, soit <u>58,35 g au total.</u>	*Exemple :* 30 g de roquefort : 19,1 × 0,3 = 5,73 g 150 ml de lait entier : 3,25 × 1,5 = 4,87 g, soit <u>10,60 g au total.</u>
Proposition :	**Proposition :** ....

2 **(Doc 1, Annexe 6, p. 223)** Justifier l'intérêt de privilégier les produits laitiers pour satisfaire les apports en calcium et proposer des aliments (quantité en g) pour assurer un apport adapté en calcium pour la personne.

....

....

....

....

....

DOC 2 La qualité nutritionnelle en nutriments non énergétiques

Une mauvaise qualité nutritionnelle qui ne répond pas aux besoins nutritionnels spécifiques des personnes âgées diminue l'immunité et peut aggraver les problèmes de santé avec l'état de dégradation liée à l'âge. Pour l'éviter, une alimentation équilibrée et variée, permettant de combler les besoins en vitamines et en minéraux, constitue un atout pour bien vieillir. Les personnes âgées ont un risque important d'ostéoporose. Un régime alimentaire riche en calcium est indispensable pour maintenir les os en bon état, pour ralentir la pathologie. Une supplémentation est indispensable si sa consommation est inférieure à 400-500 mg/j. Le calcium des produits laitiers reste le mieux absorbé. La vitamine D agit également en prévention de l'ostéoporose en contribuant à limiter le processus de dégradation osseuse.

3 **(Doc 2)** Souligner les conséquences d'une mauvaise qualité nutritionnelle pour les personnes âgées et surligner un moyen de prévention.

4 **(Doc 2)** Justifier l'importance de l'apport en vitamine D dans la situation de Mme Rose.

....

Activité 2 Adapter les repas de la journée

DOC 3 L'alimentation enrichie

Quoi ? Définition : augmenter les apports énergétique et protéique d'une ration sans en augmenter le volume.

Comment ? Aliments utilisés : de la poudre de lait ou du lait concentré entier, du fromage râpé, des œufs, de la crème fraîche épaisse, du beurre fondu et de l'huile.

Pourquoi ? Cette alimentation permet de lutter efficacement contre la sarcopénie*.

* Perte progressive de la masse musculaire, liée au vieillissement.

5 **(Doc 3)** Indiquer pourquoi il est important d'enrichir les plats dans l'alimentation de la personne âgée. Justifier.

....
....
....
....
....
....
....
....

6 **(Doc 1, 2 et 3, Annexe 6, p. 223)** Compléter les repas de la journée afin d'atteindre l'équilibre alimentaire de la personne âgée.

Petit-déjeuner	Déjeuner	Goûter	Dîner
– 200 ml de thé – 50 g de pain complet – 20 g de confiture – 100 g de pommes	– 30 g de pain blanc – Gratin d'épinards (80 g d'épinards + 100 ml de lait demi-écrémé + 40 g de gruyère râpé) – Une orange – 200 ml d'eau	– 200 ml de tisane – 50 g de cake au chocolat	– 250 ml de potage de légumes en julienne – 30 g de pain complet – 100 g de pâtes sauce tomate – Un yaourt nature – Une poire au sirop
Adapter les repas de la journée en ajoutant des aliments :			
....	....	....	....
Enrichir les préparations :			
....	....	....	....

Se tester

Alimentation des adultes et des personnes âgées

Le + numérique
foucherconnect.fr/22en74
Quiz
Exercice interactif

Exercice 1 Relier les pourcentages de l'AET aux constituants correspondants dans le cas de l'adulte.

Les apports nutritionnels

Protéines •	• 35 % de l'AET
Glucides •	• 15 % de l'AET
Lipides •	• 50 % de l'AET

Exercice 2 Cocher Vrai ou Faux pour chacune des affirmations sur les besoins particuliers.

Des besoins particuliers

	Vrai	Faux
La femme enceinte doit enrichir son alimentation en vitamine B9.		
La femme enceinte a un AET supérieur à celui de la femme allaitante.		
La femme allaitante a besoin de boire plus de 2 litres de boisson par jour.		
Les besoins en calcium de la femme enceinte sont de 1,2 gramme par jour.		

Exercice 3 Associer chaque groupe d'aliments à son repère de consommation quotidien en reportant la lettre correspondante.

Les repères de consommation

Groupes d'aliments			
....	Fruits et légumes	....	Matières grasses ajoutées
....	Féculents	....	Produits sucrés/sucrés et gras
....	Légumineuses	....	Eau
....	VPO et charcuteries	....	Boissons sucrées
....	Lait et produits laitiers	....	Sel

Repères de consommation	
A	À volonté
B	Au moins 5 portions par jour
C	3 portions par jour
D	1 ou 2 portions par jour
E	1 portion par jour
F	Limiter

Exercice 4 Souligner les informations exactes concernant l'alimentation des personnes âgées.

L'alimentation des personnes âgées

La limite basse en % de l'AET est augmentée pour les protides pour les personnes âgées.

La quantité de sucres rapides à consommer évolue à 100 grammes par jour.

La quantité de protides passe à 1,2 g par kg de poids/jour pour le maintien de la masse osseuse.

La consommation de produits laitiers doit être diminuée chez la personne âgée à deux par jour.

Les féculents, les légumes secs ne sont pas conseillés chez la personne âgée sédentaire.

L'apport en féculents et légumes secs favorise le maintien de l'activité physique et intellectuelle.

L'apport en calcium passe de 1 200 mg/j à 900 mg/j chez la personne âgée.

Une alimentation enrichie en protéines permet de lutter contre la sarcopénie.

L'apport de vitamine D et calcium permet de lutter contre l'ostéoporose.

À retenir

Le + numérique foucherconnect.fr/22en75

Synthèse rédigée et audio

L'alimentation des adultes

L'apport énergétique total est couvert par :

Protéines : 10 % à 20 %
Pour : croissance, maintenance, hormones, muscles, immunité, transport…
Sources : céréales, noix, graines et légumineuses (soja et dérivés).

Lipides : 35 % à 40 %
Pour : protection, réserve, structure, énergie, hormones…
Sources : huiles végétales, avocat, oléagineux.

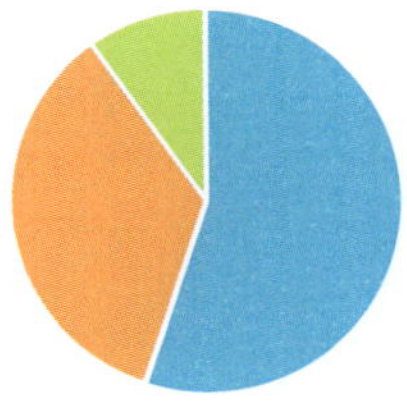

Glucides : 40 % à 55 %
Pour : énergie, satiété…
Sources : pommes de terre, céréale, légumineuses, oléagineux, fruits et légumes

L'alimentation des adultes, des femmes enceintes et allaitantes

Le PNNS en cours recommande une attention particulière pour chaque groupe d'adultes suivants.

Adultes de référence	Femmes enceintes	Femmes allaitantes
  Apports en **vitamine D** à surveiller et s'exposer au soleil pour synthétiser cette vitamine.	 Le PNNS recommande aux femmes enceintes d'augmenter leurs apports en **protides**.	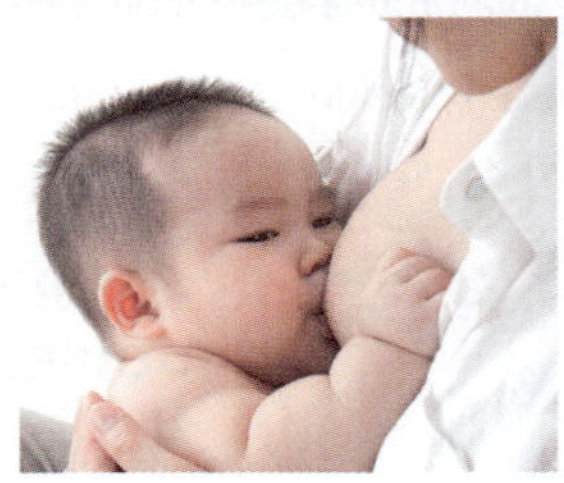  La femme allaitante a besoin de **s'hydrater** davantage et de consommer plus de CALCIUM que l'adulte de référence.

L'alimentation des personnes âgées

L'alimentation de la personne âgée est semblable à celle de l'adulte pour maintenir l'équilibre alimentaire. Elle doit être variée sur les quatre repas de la journée.

Les conseils

 Consommer 3 ou 4 produits laitiers par jour.	 Limiter les sucres rapides à 50 g/jour et favoriser la consommation de féculents, de légumes secs.
Consommer un minimum de 1,2 g de protides/kg de poids/j. 	Maintenir l'activité physique et favoriser la synthèse de la vitamine D avec l'exposition au soleil. 

Des besoins spécifiques à satisfaire

- Le calcium : 1 200 mg/jour pour préserver la masse osseuse et limiter les risques d'ostéoporose.
- La limite basse de l'apport énergétique en protides passe à 12 % pour favoriser le maintien de la masse musculaire et limiter le risque de sarcopénie.
- Les féculents et les légumes secs sont importants pour un apport énergétique suffisant pour favoriser le maintien de l'activité intellectuelle et physique.

Textures adaptées aux besoins

TD 38 Bloc 2

OBJECTIFS 1. Caractériser et justifier les principales textures proposées en fonction des besoins de la personne 2. Justifier l'utilisation de compléments alimentaires

Activité 1 L'adaptation des textures des aliments aux besoins de la personne

DOC 1 La classification des textures

La texture des aliments est une qualité organoleptique qui peut se définir comme « la manifestation sensible et fonctionnelle des propriétés structurales et mécaniques des aliments, détectées par les sens de la vision, de l'ouïe, du toucher et de la kinesthésie ».

Depuis 2015, le référentiel de l'IDDSI (*International Dysphagia Diet Standardisation Initiative*) classifie les **différentes textures** des aliments en 5 grades.

- Grade 7 : Texture normale
- Grade 6 : Texture petits morceaux tendres
- Grade 5 : Texture finement hachée et lubrifiée
- Grade 4 : Texture mixée
- Grade 3 : Texture liquéfiée

N.B. : les grades 0, 1, 2 sont relatifs aux liquides plus ou moins épais.

DOC 2 Les différentes textures

La mastication (broyage des aliments par les dents) et la salivation permettent aux aliments d'être avalés. Il est nécessaire que l'aliment consommé soit déjà d'une consistance permettant la déglutition. Lorsque la mastication est difficile, cette phase de préparation est impossible.

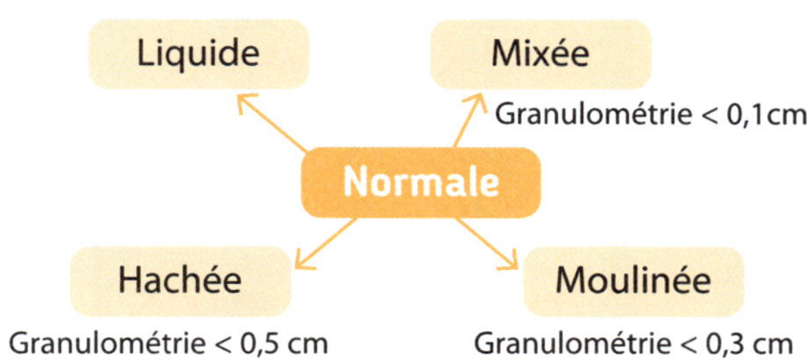

La texture liquide :
- fluide, prise au biberon, au verre ou à la paille ;
- composée d'eau (bouillon, thé, tisane), de laitage, de jus de fruits filtrés, de boissons pétillantes.

La texture liquide épaissie ou gélifiée :
- préparation prête à l'emploi (en format coupelle ou gourde) ;
- en poudre à reconstituer (en format boîte ou stick) ;
- en gélifiant une préparation grâce à des épaississants alimentaires.

La texture moulinée :
- composée de viande moulinée avec sauce ou jus et de légumes moulinés ;
- composantes présentées séparément et ont un aspect « purée ».

La texture hachée :
- l'élément protidique (viande, poisson, œufs…) est haché ou tendre, et additionné de légumes non transformés ;
- alimentation normale et équilibrée destinée à soulager les efforts de mastication des morceaux.

La texture mixée (au verre ou à la paille) :
- hyperlisse, homogène sans morceaux avec viandes et légumes, de consistance épaisse ;
- possible également pour les desserts avec des fruits frais mixés.

1 **(Doc 1 et 2)** Dégager deux objectifs visés par la modification de texture des aliments pour certains patients.

....

....

....

2 **(Doc 1 et 2)** Nommer les différentes textures possibles de présentation de la pomme pour un dessert.

....
....

....
....

....
....

....
....

....
....

DOC 3 Quelles textures pour quels troubles ?

Présence de molaires	Mobilité de la langue	Nombre de mastications vigoureuses	Fausses routes	Texture
Oui	Oui	15-20	Non	Normale ou facile à mâcher (tendreté)
Manque	Oui	Peu	Non	Moulinée ou hachée
Peu ou pas	Non	Pas	Oui	Mixée

DOC 4 La prescription des textures modifiées

L'alimentation mixée peut être **transitoire**, **temporaire** ou **définitive** en fonction des cas. Celle-ci peut évoluer dans le temps en fonction des **capacités de déglutition et de mastication**, c'est pourquoi un suivi régulier est recommandé afin de surveiller et d'adapter la texture au fil du temps.

Indications	Conseils généraux
• Traumatismes faciaux. • Dysgueusie : goût modifié (âge, médicaments, mycoses). • Troubles de la déglutition (dysphagie) : AVC, Parkinson, démences, SLA*… • Altération de la dentition. • Fatigabilité à la mastication, asthénie. * SLA : sclérose latérale amyotrophique (maladie de Charcot).	• Adapter les textures des boissons et des repas, dans le respect des régimes. • Repérer le geste alimentaire : mange trop vite, trop lentement, en met trop en bouche, a du mal à saisir les aliments pour réguler la prise du repas. • Adapter le matériel : matériel ergonomique (cf. TD 26, p. 129) : sièges adaptés, couverts ergonomiques. • Positionner au fauteuil ou au lit la personne pour boire et manger (cf. TD 24, p. 201). • Personnaliser les repas (goûts, dégoûts) et tenir compte des **habitudes** et des **contraintes** de chacun. • Soigner la présentation et assaisonner les plats (épices) pour stimuler les sens (vue, odorat, goût), la salivation et le goût. • Varier les boissons : sirop, jus de fruits, eau gélifiée ou épaissie.

3 **(Doc 1,2, 3 et 4)** Indiquer les principales textures en fonction des besoins de la personne. Préciser le grade pour chaque texture.

Situation de la personne

- Dentition en mauvais état dont quelques molaires manquantes.
- Risque de fausses routes car difficultés à déglutir suite à un AVC.
- Difficultés à déglutir. Les aliments restent collés au fond de la gorge. Souffre d'écœurement lié à la nourriture.
- Fatiguée par la mastication par manque de dents.

Texture	Grade
Texture mixée	....
Texture petits morceaux tendres	....
Texture liquéfiée	....
Texture finement hachée	....

DOC 5 Les manger mains

Des solutions d'alimentation à texture modifiée sont adaptées pour les personnes atteintes d'Alzheimer. Avec le manger mains, les aliments sont transformés pour être facilement consommés avec les doigts. Cette solution d'alimentation à texture modifiée prend la forme de bouchées attrayantes qui stimulent l'appétit.

Les avantages du manger mains :

- Maintenir l'autonomie autour de l'alimentation.
- Maintenir les capacités restantes au niveau des praxies.
- Valoriser les personnes. Retrouver et/ou conserver le plaisir de manger seul.

4 **(Doc 5)** Proposer et justifier une adaptation des menus à une personne atteinte de la maladie d'Alzheimer.

....

....

Activité 2 L'utilisation des compléments alimentaires

DOC 6 Les compléments alimentaires

Les compléments alimentaires sont des sources concentrées :
- de nutriments (vitamines et/ou éléments minéraux) ;
- ou de substances à but nutritionnel ou physiologique (caféine, mélatonine, glucosamine…) ;
- ou de plantes et de préparations de plantes.

BUT → **Pallier les carences du régime alimentaire régulier d'une personne.**

Ce ne sont pas des aliments

Ce ne sont pas des médicaments

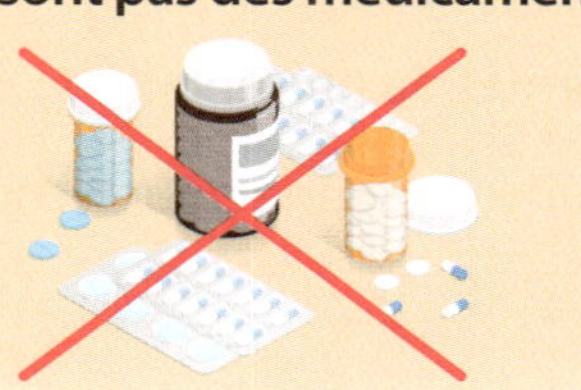

Sont à consommer avec précaution

Utilisation : souvent spécifiques à certaines pathologies, situations ou périodes de la vie, les compléments alimentaires complètent une alimentation équilibrée et variée, mais ne se substituent pas à celle-ci, s'utilisent selon un dosage précis : une sous-dose n'aura aucun effet et une surdose pourra entraîner des effets indésirables.
Conseils : éviter des prises prolongées, répétées, et signaler à un professionnel de santé tout effet indésirable, respecter scrupuleusement les conditions d'emploi fixées par le fabricant, responsable de la sécurité des produits qu'il commercialise.

L'avis d'un professionnel de santé est fortement recommandé pour :

Les femmes enceintes ou allaitantes

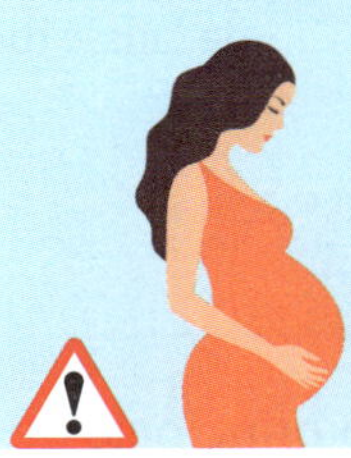

Les enfants et les adolescents

Les personnes sous traitement médical

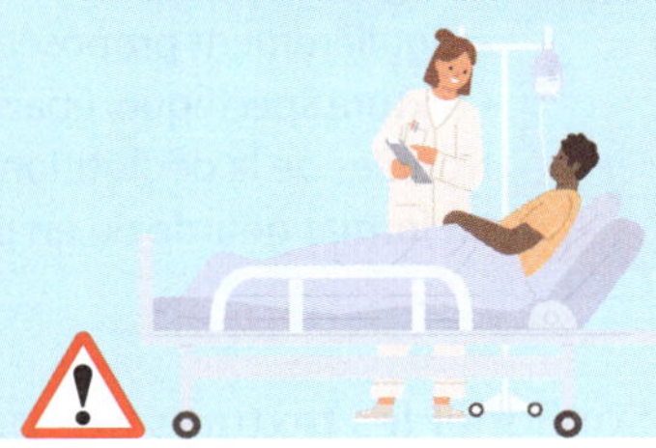

5 **(Doc 6)** Indiquer deux situations où une personne peut être amenée à consommer des compléments alimentaires.

....

....

6 **(Doc 6)** Souligner quatre consignes essentielles liées aux précautions d'utilisation des compléments alimentaires.

7 **(Doc 6)** Justifier la surveillance médicale nécessaire lors de la prise de compléments alimentaires.

....

....

DOC 7

L'utilisation des compléments alimentaires

Type de complément nutritionnel	Présentation	Utilisation des compléments alimentaires
Complément nutritionnel hyperprotéiné	Sous forme de crème lactée Variante sans fibres ni lactose pour les intolérants, ainsi que sans sucre pour les diabétiques.	Prise en charge de la dénutrition de la personne âgée.
Complément nutritionnel calorique	Sous forme de boisson lactée. Environ le même nombre de calories qu'un repas devrait apporter.	Prise en charge de la dénutrition du patient (âgé, cancer, anorexie).
Complément de type poudre de protéines	Poudre à diluer ou à incorporer dans des préparations. Inodore et sans saveur, on peut l'utiliser aussi bien dans des préparations salées que sucrées.	Personnes qui ont une consommation alimentaire correcte mais qui souffrent d'infections, de dénutrition. Permet d'apporter une quantité importante de protéines sans modifier les habitudes alimentaires.
Complément de type plat préparé	Consommé en remplacement d'un plat mixé ou d'une soupe.	Les personnes ayant peu d'appétit.

8 **(Doc 7)** Souligner dans le document les formes de présentation les plus courantes des compléments nutritionnels.

9 **(Doc 7)** Citer au moins 3 états de santé d'une personne pour lesquels les compléments alimentaires peuvent être utilisés.

....

....

DOC 8

Les produits de réhydratation

Enfant	**Solution de réhydratation orale bébé :** • sous forme de poudre à mélanger à de l'eau ; • selon le dosage indiqué par le médecin ; • des petits volumes à chaque fois pour limiter les risques de vomissements.	Compenser les pertes en eau et en minéraux, consécutives aux diarrhées et aux vomissements.
Adulte	**Solution de réhydratation orale adulte :** • liquide, en bouteille, prête à l'emploi (différentes saveurs).	
	Eau gélifiée • régulièrement proposée et administrée en petites quantités ; • texture spécifique, épaisse, apporte plus de confort aux personnes souffrant de troubles de la déglutition (grande variété de parfums, en version sucrée ou édulcorée, en format gourde ou en pot).	Limiter les risques de fausse route.

10 **(Doc 8)** Souligner les textures des produits de réhydratation et encadrer la justification principale de l'utilisation de ces produits.

Différents régimes prescrits

TD 39

Bloc 2

OBJECTIF Caractériser et justifier les principaux régimes (hyposodés, hypoglucidiques, hypolipidiques, sans résidus, hyperprotidiques)

Activité 1 Le régime alimentaire

DOC 1 Qu'est-ce qu'un régime alimentaire ?

Un régime alimentaire est une modification de l'alimentation habituelle à des fins thérapeutiques :
- En cas de diabète, de goutte, d'obésité…
- Pour satisfaire des besoins physiologiques spécifiques : femmes enceintes, sportifs, personnes âgées, etc.

Sous contrôle médical

Aliments autorisés

Aliments limités

Aliments interdits

Il est établi pour la personne, à partir :
- des indications médicales, de son mode de vie et de ses préférences alimentaires ;
- de conseils concernant la préparation des aliments, leur cuisson, leur répartition ;
- d'une durée en lien avec sa pathologie.

1 **(Doc 1)** Définir un régime alimentaire.

....

....

Activité 2 Le régime hyposodé

DOC 2 Qu'est-ce qu'un régime hyposodé ?

L'OMS (Organisation mondiale de la santé) recommande de consommer **moins de 5 g de sel par jour** chez l'adulte.

Strict : 0,7 g à 0,9 g de sel par jour (300 mg à 350 mg de sodium) : en cas d'œdèmes, d'insuffisance rénale, d'insuffisance cardiaque et d'insuffisance hépatique.	**Standard :** environ 1,5 g de sel par jour (600 mg de sodium) : chez la femme enceinte souffrant de prééclampsie* et lors des poussées d'hypertension artérielle.	**Élargi :** de 2,4 g à 4,8 g par jour (1 g à 2 g de sodium) : en cas d'insuffisance cardiaque chronique stable, insuffisance rénale chronique, ou de traitement par corticoïdes.

Conseils : ne pas saler les aliments ni à table ni durant leur préparation.
Éviter poisson et viande fumés, charcuterie, produits cuisinés industriels, fromages, produits de boulangerie, eaux gazeuses, céleri…
Utiliser, si nécessaire, des sels de substitution qui restituent le goût du sel.
Aromatiser les plats avec des épices, des aromates, du citron, de l'ail… pour donner du goût.
Utiliser, pour varier son alimentation, des produits de régimes désodés dans le commerce qui doivent porter la mention « régime appauvri en sodium ou à teneur en sodium réduite ». Toute autre appellation n'est pas conforme.

* Maladie de la grossesse qui associe une hypertension artérielle et la présence de protéines dans les urines et qui résulte d'un dysfonctionnement du placenta.

2 **(Doc 2)** Caractériser le régime hyposodé et surligner trois conseils de préparation des aliments.

....

....

Activité 3 Le régime hypoglucidique

DOC 3 Qu'est-ce qu'un régime hypoglucidique ?

Principe
- Limiter les sources de glucides dans l'alimentation : pâtisseries, féculents, céréales, sucre, pâte à tartiner…
- Privilégier les aliments à index glycémique (IG) bas : légumes verts, légumineuses, fruits frais, laitages, viande, poisson, œuf…
- Engendrer un état de cétose*.

Prescription
- En cas de surpoids, d'obésité, de maladies cardiovasculaires.
- Pour diminuer le nombre et l'intensité des crises d'épilepsie.
- Pour augmenter l'endurance au détriment de la force dans certains sports, comme le rugby.

En cas de **diabète** : régime sous contrôle médical car, sans ajustement du traitement, il y a des risques de crises d'hypoglycémie.

* État métabolique pendant lequel le corps va puiser son énergie dans les graisses, grâce aux corps cétoniques.

3 **(Doc 3)** Rayer, ci-dessous, les aliments à limiter dans le cadre d'un régime hypoglucidique :

Frites – Compote de pomme sans sucre ajouté – Choux à la crème – Riz – Yaourt – Steak – Haricots verts – Miel – Abricots secs – Corn flakes – Chips – Lentilles – Crêpes.

Activité 4 Les régimes hyperprotidique, hypolipidique, sans résidus

DOC 4 Le régime hyperprotidique

Le régime hyperprotidique est conseillé en cas de dénutrition (sous forme de produits enrichis en protéines), de sarcopénie* (souvent le cas de la personne âgée) et pour la réparation plastique en cas d'escarres, de plaies graves et de brûlures. Il est conseillé **d'augmenter la consommation de tous les aliments riches en protides.** Parfois utilisé dans le cadre de régime amaigrissant, il doit être sous contrôle médical, car risques de carences, de troubles du transit et du système rénal.

* Perte progressive et élevée de la masse, de la force et de la fonction musculaires au cours du vieillissement.

4 **(Doc 4)** Justifier l'application d'un régime hyperprotidique par rapport aux pathologies pour lesquelles il est prescrit.

……………………………………………………………

……………………………………………………………

……………………………………………………………

……………………………………………………………

DOC 5 Le régime hypolipidique

Il consiste à **diminuer les matières grasses de l'alimentation** : en cas d'hypercholestérolémie, d'hypertension artérielle, d'obésité, d'insuffisance cardiaque, de diabète de type 2, d'artériosclérose. Limiter la consommation de produits d'origine animale comme les œufs, la viande, les produits laitiers. Éviter les produits cuisinés industriels, la charcuterie, les huiles et graisses de cuisson, les pâtisseries/viennoiseries.

DOC 6 Le régime sans résidus

Il consiste à **supprimer les fibres alimentaires de l'alimentation dans le but de réduire la fréquence des selles** : en cas d'une maladie intestinale comme la maladie de Crohn (maladie inflammatoire de l'intestin), de diarrhée aiguë intense, de diverticulite. Prescrit avant une coloscopie, avant ou après une intervention chirurgicale de l'appareil digestif. Éviter les légumes et fruits crus, les produits laitiers, les céréales complètes et les viandes fibreuses ou tendineuses. Sélectionner des modes de cuisson qui rendent les préparations digestes : vapeur, au four, en papillote. Toujours limité dans le temps et suivi d'une période de réadaptation.

5 **(Doc 3 à 6)** Indiquer une caractéristique alimentaire principale de chaque régime, puis le relier à une pathologie.

Régime	Caractéristique principale	Pathologies
Hyperprotidique	…………………………… •	• Diarrhées aiguës intenses
Sans résidus	…………………………… •	• Dénutrition
Hyposodé	…………………………… •	• Obésité
Hypoglucidique	…………………………… •	• Œdème et insuffisance rénale
Hypolipidique	…………………………… •	• Hypercholestérolémie, hypertension artérielle

Allergies alimentaires et intolérance au gluten

TD 40
Bloc 1

OBJECTIFS 1. Définir une allergie et une intolérance alimentaire 2. Indiquer les mesures à respecter en cas d'allergies alimentaires et en cas d'intolérance au gluten

Activité 1 Les différences entre allergie et intolérance alimentaire

DOC 1 L'allergie alimentaire : définition et symptômes

L'**allergie alimentaire** est une réaction immédiate anormale du système immunitaire à une substance contenue dans un aliment, qui peut provoquer une réaction **allergique** au niveau :

- de la peau (démangeaisons, éruptions cutanées, rougeurs, gonflement des lèvres, du visage et des membres) ;
- du tube digestif (nausées, vomissements, diarrhées) ;
- des voies respiratoires (rhinite allergique, respiration sifflante), sensation de gonflement de la gorge dû à un œdème pharyngé ou laryngé nommé « œdème de Quincke », difficulté à respirer, sensation d'étouffement. Un choc anaphylactique* peut survenir.

Le mécanisme allergique se met en place en 2 temps.

1. Il y a d'abord une phase de **sensibilisation**, sans signes apparents. C'est la mise en place des cellules « mémoire » (immunoglobulines).
2. Ensuite, lors d'une seconde ingestion de l'aliment allergène, il y a **déclenchement de l'allergie** par l'activation des immunoglobulines.

* Réponse allergique grave caractérisée par une chute de la tension artérielle ainsi qu'une éventuelle perte de conscience, dangereuses pour la victime, notamment au niveau de la respiration. Les patients à risque savent comment agir en cas de symptômes et conservent sur eux un traitement d'urgence (dose d'adrénaline auto-injectable).

1 **(Doc 1)** Souligner la définition d'une allergie alimentaire.

2 **(Doc 1)** Relever une des conséquences les plus graves d'une allergie alimentaire au niveau de l'organisme.

....

DOC 2 L'intolérance alimentaire : définition et symptômes

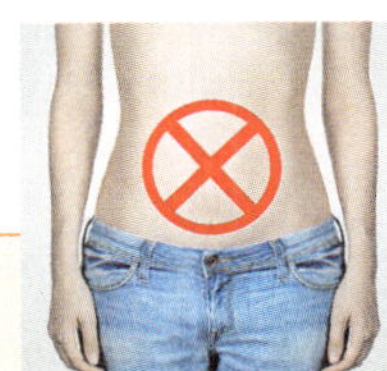

L'intolérance **alimentaire** est une réaction de type irritatif et inflammatoire, le plus souvent au niveau de l'intestin, due à des composés chimiques contenus dans certains aliments.	Une intolérance peut passer inaperçue plusieurs années. Les premiers troubles sont digestifs : douleurs, diarrhées ou constipation, ballonnements. Avec le temps, des modifications de l'état de santé peuvent apparaître : fatigue chronique, maux de tête, malaises, maladies rhumatismales (maladies inflammatoires des articulations) ou encore cutanées (psoriasis, eczéma)
Un simple test sanguin permet de **détecter une intolérance** alimentaire et le taux de certains anticorps afin, ainsi, de déterminer un profil immunitaire personnel pour chaque patient.	Les réactions liées à l'intolérance alimentaire sont d'ordre : • **enzymatique** (ex. : une déficience en lactase entraîne une intolérance au lactose) ; • **pharmacologique** : concerne les aliments qui contiennent de l'**histamine** ou de la **tyrosine** comme les fromages vieillis, et les aliments fermentés, ou bien des aliments qui contiennent des **substances histamino-libératrices**, comme le chocolat et les blancs d'œufs ; • d'origine indéterminée.

3 **(Doc 2)** Souligner la définition de l'intolérance alimentaire.

4 **(Doc 1 et 2)** Relever deux différences entre une allergie alimentaire et une intolérance alimentaire.

....

....

....

....

Activité 2 Les mesures à respecter en cas d'allergies alimentaires

DOC 3 Les principaux allergènes alimentaires

Les principaux allergènes

▷ #vidéo
Allergies alimentaires et notre corps (2'53")
foucherconnect.fr/ 22en32

Allergène
Un allergène est une substance qui déclenche l'allergie, un ensemble de réactions du système immunitaire à la suite d'un contact, d'une ingestion, voire d'une inhalation.

Les allergènes alimentaires les plus fréquents selon la personne

Chez l'enfant 6 % à 8 %

Œuf
Arachide
Fruits à coque
Protéines du lait de vache (le lait maternel ne provoque pas d'allergie)
Moutarde
Poisson

Chez l'adulte 2 % à 4 %

Blé - Sésame - Soja
Poissons/Crustacés/Mollusques
Fruits à coque
Moutarde
Certains fruits (kiwi, fraise, mangue…)
Certains légumes (asperge, céleri, chou…)

5 **(Doc 1, 2 et 3)** Cocher, pour chaque cas, s'il s'agit d'un risque d'allergie ou d'intolérance en fonction des aliments ingérés et des symptômes.

Aliments ingérés	Symptômes	Allergie	Intolérance
Tartine de pain/ Confiture	Maux de ventre		
Fraises en salade de fruits	Démangeaisons sur les bras		
Huîtres	Difficulté à respirer, gorge gonflée		
Lait – Chocolat chaud	Diarrhées, vomissements		
Pâtes à la farine de blé	Ballonnements, ventre douloureux		
Omelette	Rougeurs sur le visage, langue engourdie		

6 **(Doc 3)** Barrer les produits qui doivent être remplacés dans une recette de crêpes « maison » pour un enfant allergique aux fruits à coque et aux cacahuètes, et faire une proposition de remplacement.

Ingrédients recette crêpes « maison »	Solution de remplacement
Farine	....
Sucre, lait	....
Huile d'arachide	....
Œufs	....
Pâte à tartiner aux noisettes	....

DOC 4 La consultation d'un allergologue

En cas de symptômes d'une allergie

- **Un bilan allergologique** en plusieurs étapes :
  – Des **tests cutanés** : consistant à mettre des allergènes en contact avec la peau. La réaction provoquée est évaluée au bout de 15 minutes en mesurant la rougeur et le gonflement qui en résultent.
  – Un **dosage sanguin** : définit le ou les allergènes en cause.
- **Une prescription :** épreuve d'éviction-réintroduction, c'est-à-dire supprimer l'allergène suspecté de l'alimentation pendant 2 à 4 semaines, puis observer la disparition des symptômes.

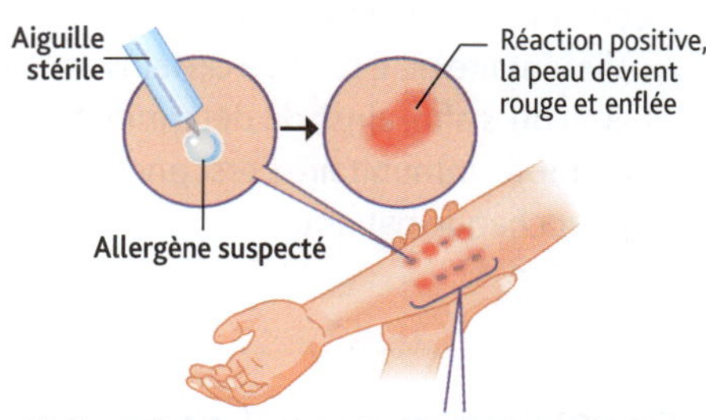

Plusieurs allergènes suspectés sont déposés sur la peau de l'avant-bras où ils pénètreront au moyen d'une piqûre

En cas d'urgence : *pour une* ***allergie très marquée à un aliment****, le médecin peut prescrire un* ***kit de soins d'urgence****. Cette trousse contient une dose auto-injectable d'adrénaline (substance augmentant le rythme cardiaque et la pression artérielle et dilatant les bronches).*

7 **(Doc 4)** Surligner les examens qui permettent de diagnostiquer une allergie.

DOC 5 La prévention : éviction des aliments allergènes

L'allergie alimentaire nécessite d'éviter les aliments allergènes, ce qui induit une vigilance constante. En effet, de très petites quantités d'aliments peuvent provoquer des réactions allergiques.

- **Informer l'entourage de la personne allergique** (pour un enfant : fiche Projet d'Accueil Individualisé (PAI) pour la cantine, l'école…).
- **Porter un bracelet informatif** (MedicAlert = bracelet qui indique la nature de l'allergie alimentaire. Il informe l'entourage et est fort utile en situation d'urgence).
- Lire attentivement la carte au restaurant et signaler l'allergie au personnel.
- Remplacer, à la maison, le produit allergène par un produit de substitution.
- Lire attentivement les étiquettes.

PRÉSENCE D'ALLERGÈNES
Règlement UE 1169/2011

Produit	*Date*
Gluten ☐	Fruits à coque ☐
Crustacés ☐	Céleri ☐
Œufs ☐	Moutarde ☐
Poissons ☐	Sésame ☐
Arachides ☐	Anh. sulfureux, sulfites ☐
Sojapin ☐	Lupin ☐
Lait ☐	Mollusques ☐

Sanipousse *www.sanipousse.com*

Les **étiquettes allergènes** sont conçues pour permettre aux exploitants de cuisine de respecter l'obligation réglementaire d'affichage de présence de produit, ingrédient ou auxiliaire technologique pouvant provoquer des allergies ou intolérances selon la liste des 14 familles (Annexe II du règlement UE 1169/2011).

Surveiller et décoder les listes d'ingrédients

La loi : pour les produits préemballés, la présence d'allergènes doit figurer sur la liste des ingrédients et être mise en exergue. L'allergène pourra être inscrit en gras, en italique ou souligné. Pour les produits dispensés de liste des allergènes, l'étiquette doit porter la mention « Contient » suivi du nom de l'allergène.

Étiquetage des allergènes

Ingrédients : Farine • Eau • Graines de sésame • Sucre • Œufs entiers liquides • Huile de canola • Farine d'orge maltée • Levure
Contient : Blé • Sésame • Œufs • Orge
Peut contenir : Lait.

8 **(Doc 5)** Citer deux conseils de prévention concernant un enfant souffrant d'une allergie alimentaire.

....

....

....

Activité 3 L'intolérance au gluten

DOC 6 Le gluten et la maladie cœliaque

Le **gluten** se forme lors de la fabrication de la pâte à partir de deux protéines présentes dans les céréales (blé, seigle, orge, froment, avoine et épeautre). Dans l'industrie agro-alimentaire, le gluten est utilisé comme épaississant dans de nombreux produits transformés : plats préparés (surtout ceux contenant de la sauce) potages industriels ou préparés en sachet, aliments frits ou panés, chips aux saveurs ajoutées barbecue, poulet grillé…, certaines charcuteries, saucisses, merguez, boudin et sauce soja qui contient de l'orge ou du blé.

La maladie cœliaque

La véritable intolérance au gluten, appelée **maladie cœliaque**, provoque diarrhées, vomissements, perte d'appétit et entraîne une destruction des cellules de la paroi de l'intestin, évoluant aussi vers des complications comme l'ostéoporose et l'anémie en l'absence de régime alimentaire adapté. Elle survient généralement à l'âge adulte.
Suivre un régime sans gluten est compliqué, car il faut supprimer tous les aliments qui en contiennent.

9 **(Doc 6)** Compléter le schéma ci-dessous en indiquant la cause et les conséquences de la maladie cœliaque.

MALADIE CŒLIAQUE

Origine

Prédisposition génétique

Définition

Pathologie d'origine immunologique

Cause

Conséquences

10 **(Doc 6)** Cocher dans la liste ci-dessous les produits alimentaires contenant du gluten.

- ☐ Poisson pané
- ☐ Orange, kiwi, pomme
- ☐ Sauce soja
- ☐ Sauce mayonnaise
- ☐ Pain et pâtes à base de farine de blé
- ☐ Plats préparés du commerce
- ☐ Potage de légumes en brique
- ☐ Haricots verts et petits pois
- ☐ Riz au curry
- ☐ Cookies

DOC 7 Les mesures à respecter en cas d'intolérance au gluten

La suppression ou l'évitement des aliments contenant la substance en cause dans l'intolérance est le meilleur moyen d'éviter les troubles digestifs. L'accompagnement d'un professionnel de santé (médecin, allergologue, nutritionniste) est primordial dans le suivi d'un régime exclusif, car une alimentation inadaptée peut provoquer des carences.

Les produits sans gluten sont à privilégier, de même que les farines de riz ou de soja.

11 **(Doc 7)** Justifier trois mesures à respecter en cas d'intolérance au gluten.

DOC 8 Des produits sans gluten

Ingrédients
- Œufs
- Farine de riz
- Fécule de pomme de terre
- Amidon de maïs
- Huile d'arachide
- Sucre

Ingrédients
- Farine de maïs blanc
- Farine de maïs jaune
- Farine de riz
- Eau

12 **(Doc 8)** Proposer un menu équilibré pour une personne intolérante au gluten et allergique aux arachides en incluant un des deux produits listés dans le document 8.

Se tester

Le + numérique
foucherconnect.fr/22en76
Quiz
Exercice interactif

Exercice 1 Identifier les différents régimes : cocher la réponse exacte et corriger la réponse fausse.

Les différents régimes prescrits

Régime		Vrai	Faux	Correction
Privilégier le groupe alimentaire viande, poisson, œuf, ou les compléments nutritionnels oraux riches en acides aminés.	**Régime hypoglucidique**			....
Supprimer le sel de cuisson et d'assaisonnement, limiter les charcuteries, les condiments.	**Régime hyperprotidique**			....
Supprimer les aliments riches en fibres : végétaux, viandes fibreuses, fruits et légumes secs, céréales complètes.	**Régime sans résidus**			....
Limiter les apports en acides gras saturés : graisses animales, charcuterie, beurre.	**Régime hyposodé**			....
Limiter les sources de glucides dans l'alimentation : pâtisseries, féculents, céréales, sucre, pâte à tartiner…	**Régime hypoglucidique**			....

Exercice 2 Cocher les textures adaptées aux situations.

Les textures adaptées

	Liquide	Mixée	Moulinée	Hachée
Absence de molaires et peu de mastication chez une personne âgée.				
Problème de déglutition et risque de fausse route alimentaire.				
Difficultés à déglutir, écœurement, les aliments restent collés au fond de la gorge.				

Exercice 3 Quiz : cocher la réponse exacte.

Les allergies sont dues à un dysfonctionnement :
- ☐ du système digestif
- ☐ du système nerveux
- ☐ du système immunitaire

On peut développer une allergie à n'importe quel âge. ☐ Vrai ☐ Faux

Une allergie alimentaire est aussi appelée intolérance alimentaire. ☐ Vrai ☐ Faux

Quand une personne allergique fait une réaction très grave pouvant entraîner la mort, elle fait :
- ☐ un choc hypoglycémique
- ☐ un choc anaphylactique
- ☐ un choc hémorragique

Une personne intolérante au gluten peut manger du pain à base de farine de : ☐ sarrazin ☐ blé ☐ multicéréales

Quel(s) aliment(s) une personne allergique au lait ne doit-elle pas consommer ? ☐ Le beurre ☐ La crème fraîche ☐ Les yaourts

À retenir

Le + numérique foucherconnect.fr/22en77

Synthèse rédigée et audio

Les différents régimes prescrits

C'est une modification de l'alimentation habituelle à des fins thérapeutiques

Sous contrôle médical

Hyposodé → Diminuer l'apport de sel → En cas d'œdèmes et d'insuffisance rénale

Hyperprotidique → Augmenter tous les aliments riches en protides → En cas de dénutrition

Sans résidus → Supprimer les fibres alimentaires de l'alimentation → En cas de diarrhées aigües, d'opération de l'appareil digestif

Hypoglucidique → Limiter les sources de glucides dans l'alimentation → En cas de surpoids, d'obésité, de diabète

Hypolipidique → Diminuer les matières grasses de l'alimentation → En cas d'obésité, hypertension artérielle, hypercholestérolémie

Les textures adaptées

de la purée lisse aux morceaux

Le choix des textures : consistance **hachée, moulinée, mixée lisse/molle ou mixée, lisse/semi-liquide** se fait en fonction du degré de difficulté à mâcher et à avaler, dû à des problèmes de mastication, de troubles de la déglutition (dysphagie), ou encore de troubles moteurs, dits « praxiques » liés, notamment, aux maladies d'Alzheimer.

En cas de fausses routes répétées, privilégier la texture mixée et les liquides épaissis ou gélifiés.

Les allergies alimentaires et l'intolérance au gluten

Une allergie alimentaire
C'est **l'ensemble de réactions immunitaires anormales** survenant après l'ingestion d'un aliment allergène.
Elle peut s'atténuer ou disparaître avec l'âge : allergie au lait de vache, aux œufs et au soja ou persister toute la vie : allergies aux arachides, aux noix, aux poissons, aux fruits de mer et au sésame.

L'intolérance au gluten
C'est une intolérance due à une protéine présente dans certaines céréales (blé, épeautre, avoine, seigle et orge) et qui provoque une inflammation chronique de l'intestin (maladie cœliaque).

Mesures à respecter
- Éviction des aliments allergènes
- Éviction des aliments contenants du gluten

Comment éviter l'exposition aux aliments allergènes ?
- Lire les étiquettes : ingrédients des produits alimentaires.
- Informer l'entourage.
- Prendre des précautions pour éviter une contamination croisée lors de la préparation et de la prise des repas.

Qualité organoleptique

TD 41

Bloc 2

OBJECTIFS **1.** Présenter les éléments intervenant dans l'appétit **2.** Indiquer les critères de qualités organoleptiques **3.** Présenter simplement la perception des saveurs et odeurs

Activité 1 Les éléments intervenant dans l'appétit

DOC 1 Qu'est-ce qui nous met en appétit ?

La **faim** est un ensemble de sensations plus ou moins intenses (digestives, métaboliques). Elle commence quand la glycémie diminue d'environ 10 à 12 %, aboutissant à la prise du repas. Elle est souvent combinée à **l'appétit**, l'envie de manger des aliments définis. En général, ce sont des aliments dont l'expérience sensorielle est positive parce que les facteurs sensoriels : couleur, goût, aspect, texture sont autant de signaux organoleptiques* qui stimulent le plaisir ou l'aversion de manger pour un individu.

La **faim** et l'**appétit** combinés caractérisent ce que l'on appelle la phase **pré-ingestive**. Après cette première phase, l'individu est rassasié. Il y a arrêt de la prise alimentaire. C'est ce qui caractérise la phase prandiale. La satiété, état d'inhibition de la sensation de faim, caractérise la troisième phase dite postprandiale.

* Organoleptique : caractéristique perceptible par les organes des sens : saveur, odeur, aspect et consistance de l'aliment, par exemple.

D'après https://sites.google.com/site/aphysionado/home/fonctionsup/alim

1 **(Doc 1)** Présenter sur le schéma ci-dessous, à l'aide des mots en caractère gras, les éléments intervenant dans l'appétit.

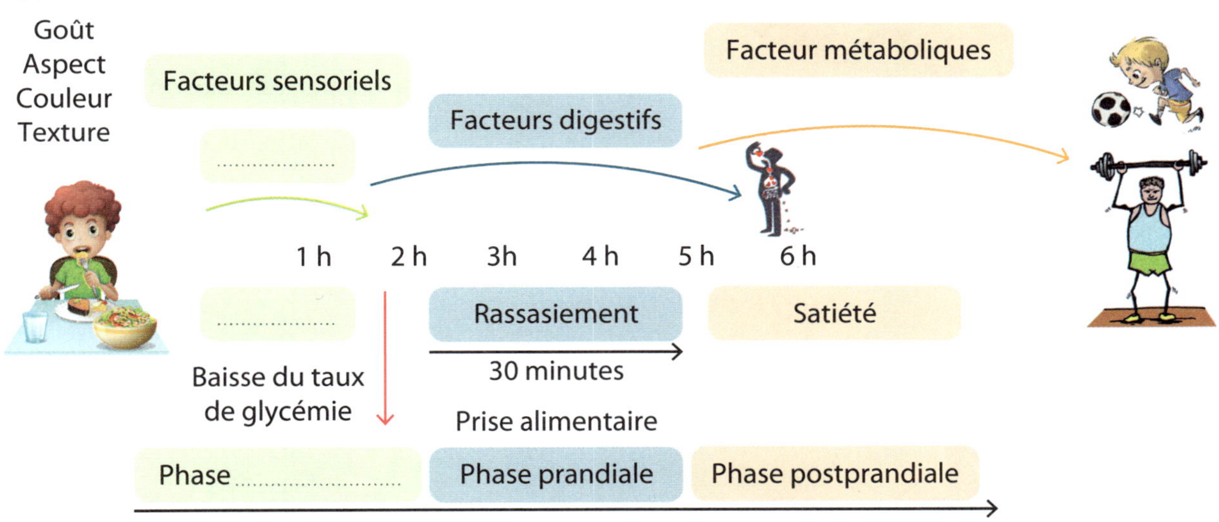

2 **(Doc 1)** Expliquer l'intérêt de la perception sensorielle des aliments.

....

....

DOC 2 Des stimuli qui conditionnent la prise alimentaire

Les stimuli métaboliques sont les signaux qui initient la prise alimentaire (sensation de faim) et ceux qui la terminent (sensation de satiété). **Les stimuli psychosensoriels** sont liés à différents facteurs : aspect goût, texture des aliments. Ils sont augmentés en fonction de la palabilité des aliments (c'est-à-dire si la texture est agréable au palais), par exemple onctueuse, douce ; cela s'arrête très vite si la texture est désagréable. **Les stimuli socioculturels** sont des déterminants de la prise alimentaire. Dès la naissance, ils évoluent pour s'enrichir avec des habitudes alimentaires qui varient en fonction de l'éducation, des traditions, des croyances et des religions.

3 **(Doc 2)** Souligner les différents groupes de stimuli puis les placer dans le tableau.

Stimuli	Stimuli	Stimuli ....
Mon estomac se contracte et je ressens la sensation de faim. J'ai terminé mon repas, je suis rassasié.	La présentation multicolore des bâtonnets de légumes attire l'œil. La tarte tropézienne est moelleuse, crémeuse et fondante en bouche.	Le goût de cette madeleine trempée dans mon thé me rappelle les saveurs de mon enfance. Le repas des noces d'or des arrière-grands-parents reste un très beau moment de partage, qui rappelle les saveurs d'antan.

DOC 3 Mettre en valeur les préparations pour stimuler l'appétit

Stimuler l'appétit des personnes : Mettre en valeur les plats, les espaces, les savoir-faire

Éléments en matière de mise en valeur des plats

- Surveiller la température des plats.
- Servir des aliments de qualité : frais, produits de saison.

Éléments pour des repas « plaisir » : mettre en éveil les sens

- Harmoniser les couleurs, la découpe des aliments préparés.
- Servir en quantité adaptée, suffisamment mais pas trop.
- Rendre l'assiette appétissante, en particulier lors de l'utilisation de textures modifiées chez les personnes édentées ou qui ont des problèmes de mastication.
- Décorer, napper les tables en fonction des occasions, des fêtes.

4 **(Doc 3)** Préciser les éléments contribuant à mettre en valeur les préparations culinaires pour stimuler l'appétit des personnes.

Éléments relatifs au service des plats :

- ....
....
- ....
....
- ....
....
- ....
....

Élément relatif à l'environnement du repas :

- ....
....

Activité 2 Les critères de qualités organoleptiques

DOC 4 Dégustation et analyse sensorielle

Lors d'une dégustation, nos sens sont mis en éveil ou stimulés par les **récepteurs**[1] des organes des sens et l'information remonte au cerveau : **l'analyse sensorielle** peut alors commencer.

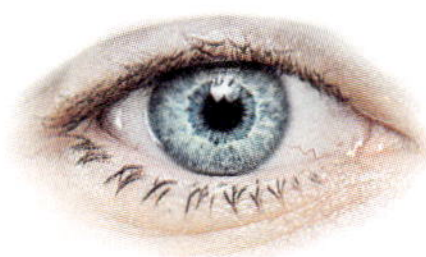

La vue : l'impression initiale d'un aliment est obtenue par la vue. Si un produit ne plaît pas à « première vue », le consommateur n'ira pas découvrir le goût. La vue fournit des informations sur l'aspect général, la couleur, la géométrie, le taillage, la disposition. La couleur joue un rôle important dans la première impression d'un produit et peut même influencer la perception du goût.

L'odorat : la perception olfactive s'opère de deux façons : directement par le nez (flairage) ou indirectement au cours du broyage et de la déglutition. Des vapeurs, odeurs chaudes dégagées remontent dans le nez, la bouche. Ce qui permet la perception des **arômes**[2] : vanillé, chocolaté, caramélisé, fumé.

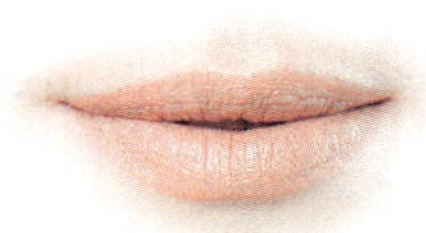

La gustation : les papilles gustatives localisées dans la bouche perçoivent 4 saveurs primaires distinctes : un goût salé, sucré, acide, amer. En réalité, on peut compléter ce tableau par des sensations telles que le métallique, l'astringence, ou la saveur umami (mot japonais qualifiant un exhausteur de goût : le glutamate de sodium, utilisé pour renforcer les saveurs des plats).

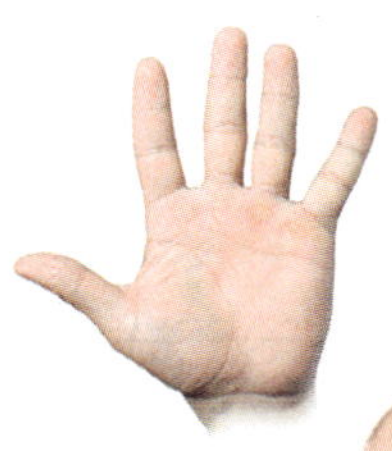

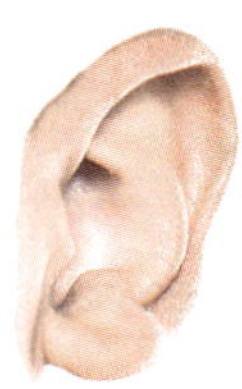

Le toucher et l'audition : c'est la texture qui provoque les sensations tactiles principales et la température du produit assure une fonction complémentaire.

Les caractéristiques du mets sont révélées grâce à des récepteurs tactiles des muqueuses de la langue qui apportent des indications sur l'onctuosité, le velouté, la rugosité. Les muscles masticateurs, mis en action informent sur la dureté, la tendreté, la consistance épaisse ou liquide, fluide, fondante. Les récepteurs auditifs de l'oreille interne vibrent lors de la perception d'une fréquence et signalent un bruit, un son croquant, le croustillant…

La température de l'aliment favorise les autres stimuli. L'optimum du contact des molécules alimentaires avec les récepteurs et la sécrétion de la salive est obtenu dans une zone proche de la température du corps. En dehors de cet espace, les saveurs ne sont que partiellement révélées.

1. **Récepteur** : organe permettant la transformation d'un stimulus auditif, gustatif, olfactif, tactile ou visuel en information nerveuse, celle-ci étant ensuite transmise au cerveau.
2. **Arôme** : propriété organoleptique perçue par l'organe olfactif par voie rétro-nasale, lors de la dégustation.

D'après https://studylibfr.com/doc/10084714/test-organoleptique-fiche

5 **(Doc 4)** Relier les propriétés organoleptiques aux sens mis en éveil puis aux éléments d'appréciation correspondants.

Propriétés organoleptiques

- Aspect
- Odeur
- Saveur
- Texture
- Bruit, son

Sens mis en éveil

- Odorat fleurage
- Toucher de la langue, des muscles masticateurs
- Vue
- Audition
- Gustation, goût

Éléments d'appréciation

- Couleur, géométrie, taillage, disposition.
- L'onctuosité, la tendreté, le velouté, l'épaisseur, la fluidité, le côté fondant, l'influence de la température.
- Croquant, croustillant.
- Sucré, salé, amer, acide, complété par des sensations telles que métallique, astringence ou saveur umami (mot japonais, exhausteur de goût).
- Arôme vanillé, chocolaté, caramélisé, fumé.

6 **(Doc 4)** Déduire une définition simple de la qualité organoleptique.

Activité 3 La perception des saveurs et des odeurs

DOC 5 Mécanisme de la perception sensorielle des aliments

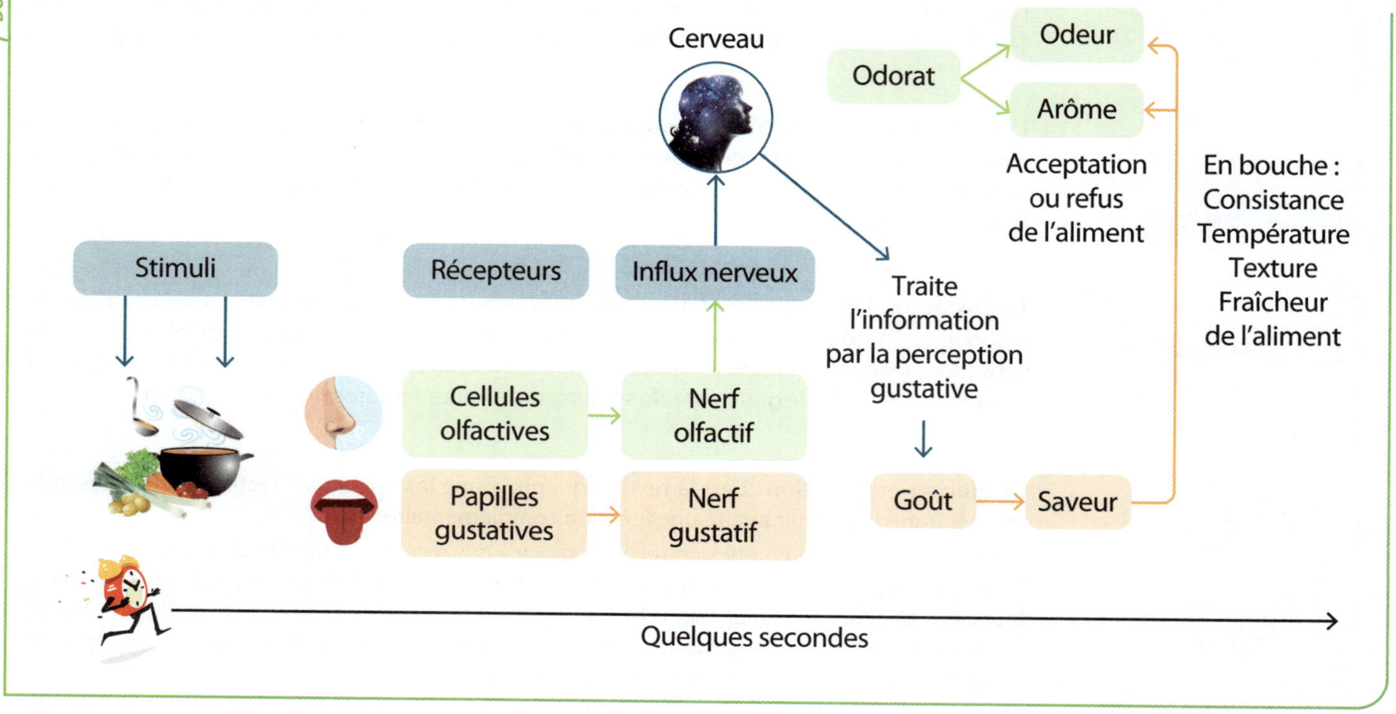

7 **(Doc 5)** Présenter simplement le mécanisme de la perception des saveurs et des odeurs en complétant le tableau ci-dessous.

Identifier les deux récepteurs des organes des sens et **dire** où ils sont situés.	
Expliquer comment agissent ces récepteurs et comment est véhiculée l'information jusqu'au cerveau.	
Expliquer ce que fait le cerveau et **énoncer** les deux sens mis en éveil.	
Expliquer ce que permet la stimulation des sens mis en éveil pour la personne et conclure.	

8 **(Doc 5)** Indiquer tous les éléments que les papilles gustatives nous permettent de détecter en consommant l'aliment.

Éducation alimentaire

TD 42
Bloc 4

OBJECTIFS 1. Justifier l'intérêt d'une éducation alimentaire 2. Différencier surpoids et obésité en se basant sur l'indice de masse corporelle et proposer des moyens de prévention dans une situation donnée

Activité 1 L'éducation alimentaire : des mises en œuvre

DOC 1 La diversification alimentaire menée par l'enfant

Une autre approche d'éducation alimentaire : la diversification alimentaire menée par l'enfant (DME)

L'enfant va seul à la découverte des aliments avec ses mains !
La DME peut être mise en place à partir de 6 mois.

Des conditions de mise en œuvre :
- L'enfant doit déglutir des morceaux.
(Il n'y a pas plus de risque d'étouffement qu'en alimentation classique.)
- Il est donc essentiel qu'il sache se tenir bien assis.
- On l'installe dans une chaise, le dos bien droit.

En DME, l'enfant goûte les aliments un à un :
→ il a une meilleure connaissance des aliments, les goûts sont précisés plus rapidement ainsi que les préférences culinaires ;
→ il découvre différentes textures : le granuleux, le lisse, le fondant, le croquant.
Il n'a plus d'aversion pour les textures ;
→ il se rationne seul. Il est habitué très tôt aux textures, ce qui permet de régler sa satiété plus facilement et il a donc moins de problèmes de surpoids à l'âge adulte.

D'après professionnels de la petite enfance, DME.

1 Souligner l'intérêt de la DME et surligner les avantages que procurent l'utilisation des différentes textures.

DOC 2 L'éducation alimentaire, actions et projets auprès des enfants et des adolescents

Structure petite enfance

Projet : « Produire et goûter » est axé sur la production : création d'un potager et des activités de cuisine.
Objectif : Sensibiliser à la production.

ACTIONS
- Parler aux enfants des plantes, fruits et légumes.
- Créer un potager pour découvrir le plaisir d'arroser, cueillir, déguster !
(Faire pousser tomates-cerise…)
- Cuisiner pour donner l'envie de goûter les légumes produits.

En école

Projet : « Manger et bouger » est axé sur les repas et la découverte de produits de qualité et leur intérêt nutritionnel.
Objectif : Élargir les répertoires alimentaires et promouvoir une approche santé positive intégrée à la cuisine, à l'alimentation du quotidien.

ACTIONS
Faire des courses au marché pour composer des menus variés, à partir d'un petit budget alloué (viser le « plaisir », l'implication des parents sur le sujet pour composer les menus sur la semaine, par exemple).

Collège et lycée

Projet : « Défi éco-marmiton » est axé sur la sensibilisation des élèves à l'adoption de pratiques alimentaires responsables.
Objectif : Valoriser le savoir-faire des cuisiniers qui travaillent avec les lycéens sur l'adoption de comportement responsables.

ACTIONS
- Produire des affiches d'information.
- Faire découvrir aux jeunes les métiers en lien avec l'alimentation pour contribuer à comprendre les interactions : alimentation, territoire et approvisionnement.

2 **(Doc 2)** Préciser 3 projets pour aborder l'éducation alimentaire et donner leur objectif et les actions réalisées.

Projet	Objectif	Action
....	....	....
....	....	....
....	....	....

DOC 3

Des textures adaptées en EHPAD

Le résident qui a des problèmes de mastication, de déglutition ou encore qui est atteint d'une maladie de type Alzheimer requiert des textures adaptées à ses capacités d'alimentation.

Ces textures doivent être en phase avec les besoins des personnes tout en y alliant la notion de « plaisir » afin d'assurer un apport alimentaire suffisant.

Il est important pour chaque soignant :

- de décrire les textures utilisées, (mixé, haché) ;
- de présenter des recettes mises au point par des établissements pour expliquer les contenus. Dans le « Finger Food », par exemple, l'aspect visuel, gustatif et olfactif doit évoquer les mets traditionnels (quatre critères incontournables sont retenus pour présenter les aliments : la forme, le goût, la sauce et l'homogénéité des bouchées) ;
- d'évaluer, après chaque repas, comment sont mangées les bouchées : avec les doigts, les couverts, tenue de la bouchée, aspect, fondant, la texture, les aliments retenus par la personne.

D'après https://www.soignantenehpad.fr/pages/nutrition/qualite-nutritionnelle-en-ehpad.html

3 **(Doc 3)** Justifier l'intérêt de proposer des textures adaptées.

....
....
....
....

4 **(Doc 3)** Souligner le rôle des soignants dans la mise en œuvre de ces pratiques alimentaires.

DOC 4

La diversification alimentaire menée par l'enfant

L'éducation alimentaire et nutritionnelle est un ensemble de stratégies éducatives et d'activités d'apprentissage qui, favorisées par un environnement alimentaire sain, aident les très jeunes enfants, les écoliers, les adolescents et leurs familles à améliorer leur alimentation et leurs choix alimentaires.

Quoi ? → Faire participer les enfants et les adolescents à des expériences instructives à l'école, à la maison et dans la collectivité pour choisir en conscience comment allier alimentation plaisir et santé.

Comment → Permettre aux établissements scolaires, et à ceux de la petite enfance d'établir des liens entre les programmes, les activités périscolaires, les projets et l'environnement.

Pourquoi ? → S'adapter au changement et devenir des acteurs du changement en aidant les enfants et adolescents à faire des choix alimentaires, bons pour la santé humaine et environnementale.

D'après https://www.fao.org/school-food/areas-work/based-food-nutrition-education/fr/

5 **(Doc 4)** Souligner l'intérêt de l'éducation alimentaire et le justifier.

....
....

Activité 2 Le surpoids et l'obésité

DOC 5 Surpoids, obésité, quelles différences ?

Le **surpoids et l'obésité** se définissent comme une accumulation anormale ou excessive de graisse corporelle qui peut nuire à la santé.

L'IMC est couramment utilisé pour estimer le surpoids et l'obésité chez l'adulte.

$$\textbf{IMC} = \textbf{Poids (kg)/Taille (m)}^2$$

Pour les enfants, la valeur obtenue est reportée sur les courbes de corpulence de référence pour permettre de situer la corpulence d'un enfant selon l'âge et le sexe.

OMS 20, août 2020

Statut pondéral :

Normal	Surpoids	Modérée	Sévère	Morbide
IMC entre 18,5 et 25	Entre 25 et 30	Entre 30 et 35	Entre 35 et 40	Plus de 40

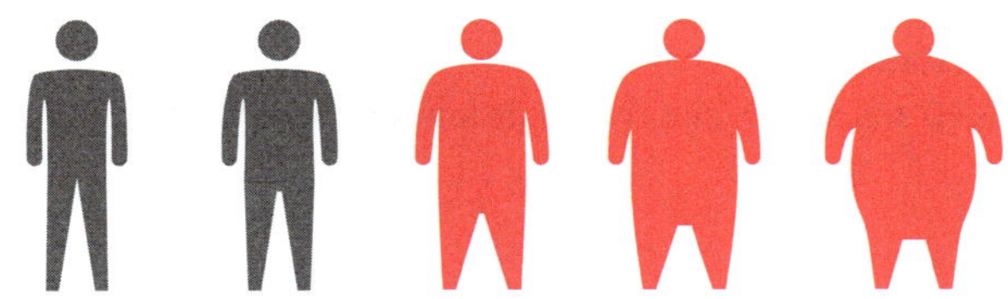

DOC 6 Les risques

Surpoids : des problèmes de santé apparaissent même en cas de surcharge pondérale légère et augmentant avec la prise de poids. Les personnes en surpoids ont une estime de soi parfois altérée.

Obésité : c'est une maladie chronique prédisposant à la survenue d'autres affections.

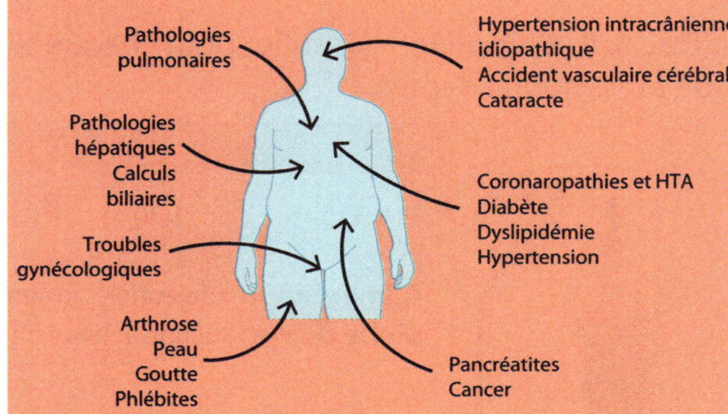

L'obésité et le surpoids peuvent être également la source de problèmes psychologiques.

6 **(Doc 5)** Souligner les informations qui expliquent comment contrôler l'IMC chez l'enfant.

7 **(Doc 5)** Expliquer comment établir la différence entre le surpoids et l'obésité.

....

....

....

8 **(Doc 6)** Indiquer les conséquences de l'obésité par rapport au surpoids.

....

....

....

DOC 7 Courbes de corpulence et rebond d'adiposité

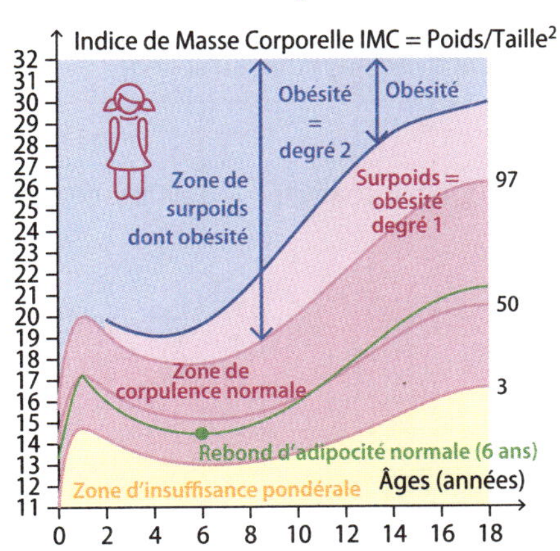

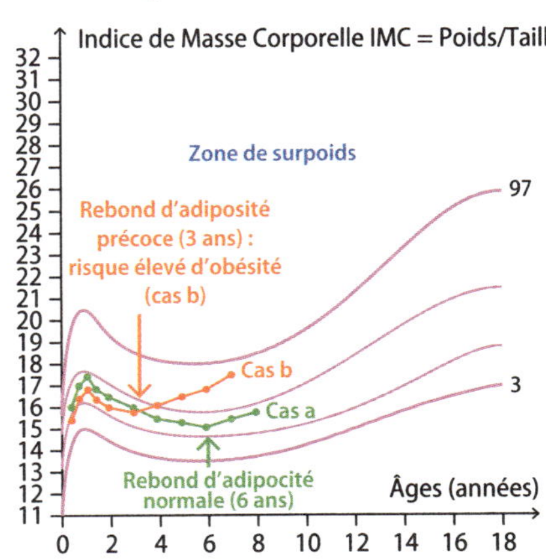

9 **(Doc 7)** Expliquer comment le statut pondéral est vérifié chez l'enfant.

....

....

....

....

....

....

....

....

DOC 8 Des recommandations pour prévenir le surpoids et l'obésité

Pour les enfants :

- Grandir sans prendre de poids mais en retrouvant progressivement une corpulence normale.

En général :

- Limiter l'apport énergétique provenant de la consommation des lipides totaux et de sucres.
- Consommer davantage de fruits et légumes, de légumineuses, de céréales complètes et de noix.
- Avoir une activité physique régulière (1 heure/jour pour l'enfant et 2 h 30/semaine pour l'adulte). Bouger toutes les 2 heures en cas d'activités sédentaires chez l'adulte et toutes les heures chez l'enfant.
- Éviter les plats ultra-transformés.

L'industrie agro-alimentaire peut jouer un rôle important de promotion des régimes alimentaires : en réduisant la teneur en graisse, en sucre et en sel des aliments préparés, notamment ceux qui sont destinés aux enfants et aux adolescents et en proposant à tous les consommateurs des produits sains et nutritifs à un prix abordable.

D'après https://www.who.int/fr/news-room/fact-sheets/detail/obesity-and-overweight

11 **(Doc 5, 7, 8)** Qualifier et justifier pour chaque situation le statut pondéral de la personne et proposer des moyens de prévention adaptés.

HOMME (50 ans)	Poids kg	Taille m	IMC	
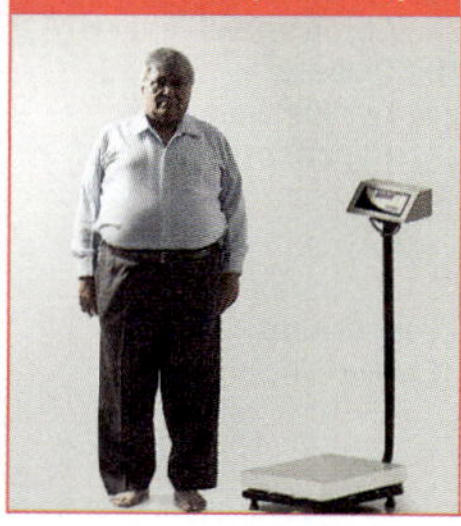	115	1,70	41,52	**Informations complémentaires :** masse graisseuse importante au niveau du ventre et tour de taille supérieur à 100 cm.
	Alimentation : déjeuners en semaine pris au restaurant. **Mode de vie :** aucune activité physique depuis 10 ans, sédentaire : passe de longues heures devant la télévision.			

Cocher le statut pondéral	☐ Poids normal	☐ Surpoids	☐ Obésité modérée	☐ Obésité sévère	☐ Obésité morbide
Justifications :	....				
Moyens de 	....				

ENFANT (11 ans)	Poids kg	Taille m	Calculer l'IMC	
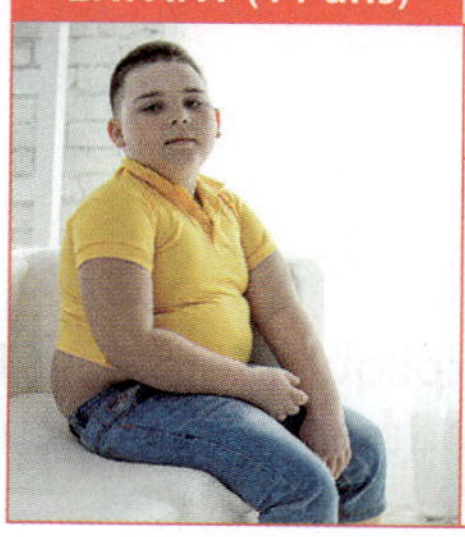	115	1,70	....	**Informations complémentaires :** le rebond d'adiposité a eu lieu avant 3 ans.
	Alimentation : Mange de manière boulimique, au self, du lundi au vendredi et consomme des paninis pizzas et boissons gazeuses sucrées. Grignote très souvent des sucreries, des gâteaux entre les repas. **Mode de vie :** très essoufflé, il a des difficultés à pratiquer 2 heures d'activité physique au collège.			

Cocher le statut pondéral	☐ Poids normal	☐ Surpoids	☐ Obésité modérée	☐ Obésité sévère	☐ Obésité morbide
Justifications :	....				
Moyens de 	....				

Se tester

Le + numérique
foucherconnect.fr/22en78
Quiz
Exercice interactif

Exercice 1 Compléter le « mots croisés » sur les qualités organoleptiques.

Qualité organoleptique

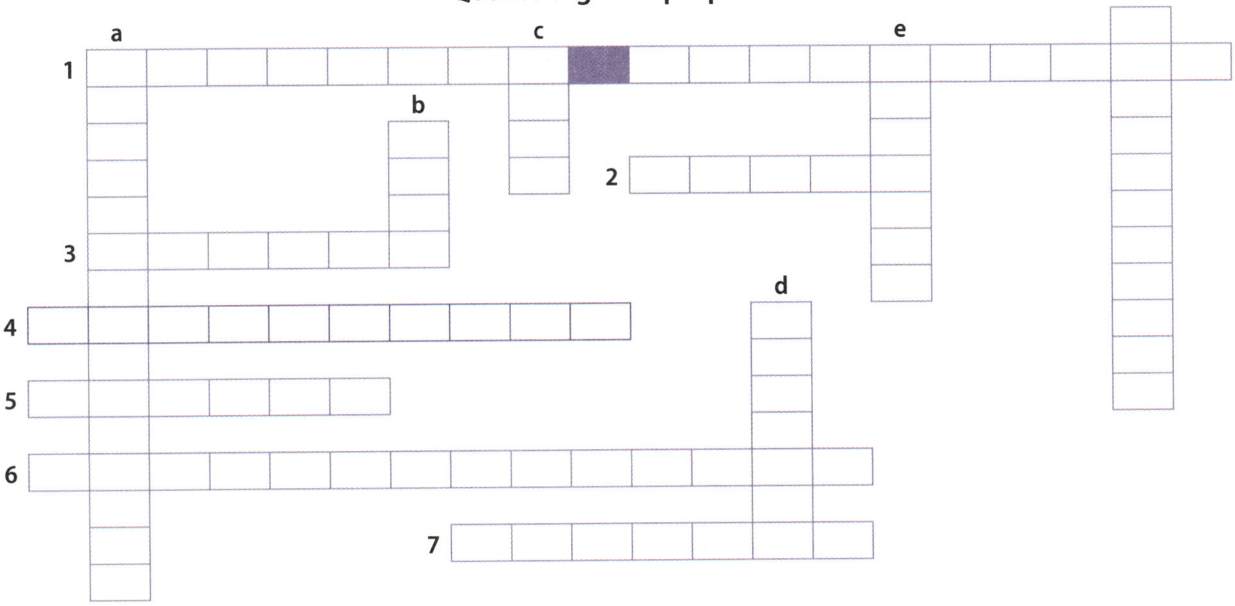

Horizontal

1 Elles sont réparties en différents points de la langue.
2 Principe odorant de certaines substances, odeur agréable.
3 Sens qui permet de percevoir les odeurs.
4 Organes permettant la transformation d'un stimulus, existent pour chacun des sens.
5 Apparence de l'aliment.
6 Qualité d'un aliment qui agit sur les organes des sens.
7 Sens qui permet de percevoir les propriétés d'un corps par contact ou palpation.

Vertical

a Relatif aux fonctions psychiques liées aux perceptions sensorielles.
b Sens par lequel l'homme perçoit les saveurs.
c Faculté par laquelle nous recevons les informations du monde extérieur (vue, ouïe, toucher, goût, odorat).
d Arrangement, disposition (d'une matière, d'un tout, sa constitution) d'un aliment.
e Désir de nourriture, plaisir que l'on trouve à manger.
f Ensemble de transformations chimiques et biologiques dans l'organisme.

Exercice 2 Cocher la bonne réponse.

Éducation alimentaire

Affirmation	Vrai	Faux
Proposer à un enfant de cultiver un potager ou préparer des légumes récoltés, voici des actions contribuant à l'éducation alimentaire.		
L'éducation alimentaire n'est efficace que travaillée en école maternelle.		
Apprendre aux seniors à s'alimenter en textures adaptées pour répondre à des problèmes de mastication est une action d'éducation alimentaire.		
La diversification menée par l'enfant est une méthode d'éducation alimentaire qui permet de limiter la survenue de problèmes de surpoids à l'âge adulte.		
L'IMC permet de calculer la masse corporelle chez l'enfant.		
Un rebond d'adiposité avant 4 ans peut être le signe d'un surpoids à venir.		
Un IMC compris entre 25 et 29 n'est pas un indicateur d'obésité potentielle.		
L'obésité peut entraîner des conséquences graves sur la santé : problèmes cardiaques, cancers, arthrose.		

CHAPITRE 23

À retenir

Le + numérique foucherconnect.fr/22en79

Synthèse rédigée et audio

Qualité organoleptique

La qualité organoleptique d'un aliment varie en fonction du vécu de chacun et de **stimuli** : métaboliques (**la faim**), psychosensoriels (**le goût**), socioculturels avec **l'éducation**.

L'analyse sensorielle peut se faire :

1. L'aliment est présenté : les papilles gustatives dans la bouche et olfactives dans le nez sont sollicités.

2. Ces récepteurs sensoriels du mangeur envoient un message au cerveau.

3. Le cerveau traduit les informations en sensation perçues pour apprécier l'aliment.

Olfaction : odeurs de fraise et de biscuits.

Gustation : le toucher rugueux, granuleux pour le biscuit et lisse pour la confiture de fraise.

Texture : la pâte sablée est croustillante, la confiture de fraise est collante.

Toucher : le biscuit ferme, cassant contraste avec l'aspect visqueux de la confiture de fraise.

Vision : la forme ronde, dentelée, le contraste des couleurs et des textures, la dominante rouge et l'aspect brillant attirent l'œil.

La mise en valeur des préparations est un atout complémentaire pour apprécier l'aliment : des présentations attractives, des décors de table, une ambiance conviviale, la qualité de l'aliment, la température de service sont autant d'éléments pour stimuler l'appétit.

Éducation alimentaire

Définition

Ensemble de stratégies éducatives et d'activités d'apprentissage qui favorisent un environnement alimentaire sain.

Objectifs

Participer à des expériences pour faire des choix éclairés, développer des habitudes alimentaires alliant alimentation, santé et plaisir (proposé à tous les enfants scolarisés).

Des exemples à destination des publics :

La diversification alimentaire menée par l'enfant (DME)
L'enfant va seul à la découverte des aliments avec ses mains, *s'habitue très tôt aux textures, ce qui lui permet de régler sa satiété facilement*. Il a moins de problèmes de surpoids à l'âge adulte.

Des textures adaptées en EHPAD
Elles permettent de répondre aux besoins des personnes tout en gardant la notion de repas plaisir. Des recettes mises au point par des établissements sont proposées en évaluées après les repas.

Calcul de l'IMC et évaluation du statut pondéral

Chez l'enfant : après le calcul de l'IMC, le professionnel reporte le résultat sur la courbe en fonction de l'âge de l'enfant. Selon la localisation du point, l'enfant est en insuffisance pondérale, de corpulence normale ou en surpoids.

Chez l'adulte : la personne est considérée en surpoids si son IMC est compris entre 25 et 30 et en obésité au-delà de 30.

Obésité et conséquences
L'obésité est une maladie chronique prédisposant à la survenue d'autres affections (pathologies pulmonaires, hépatiques, gynécologiques, cardiaques, cancers et arthrose).

Troubles de l'alimentation

TD 43
Bloc 4

OBJECTIFS 1. Expliquer les obstacles (physiologiques, socio-économiques, psycho-sociaux) à l'alimentation 2. Présenter les signes et les conséquences des états de dénutrition et de déshydratation 3. Caractériser les troubles du comportement alimentaire

Activité 1 L'origine des troubles du comportement alimentaire (TCA)

DOC 1 Les comportements alimentaires et déterminants

Le comportement alimentaire doit permettre de satisfaire les besoins nutritionnels d'un individu. L'acte de manger assure aussi une fonction hédonique (plaisir de manger) et une fonction symbolique. De la fonction alimentaire dépend la survie de l'individu, mais aussi sa construction, sa maturité ainsi que sa confiance. Les troubles du comportement alimentaire sont des maladies complexes et multifactorielles, dont les origines sont à la fois biologiques, psychologiques, sociales et environnementales. Plusieurs facteurs psychologiques, dont certains traits de personnalité comme le perfectionnisme, le besoin de contrôle ou d'attention, la faible estime de soi, sont fréquemment retrouvés chez les personnes souffrant de TCA. Les facteurs sociaux sont influencés par la pression culturelle de la minceur. Le milieu socio-économique influence également le niveau d'éducation et le style parental qui ont des conséquences sur les habitudes alimentaires. Il y a interaction des facteurs pouvant intervenir dans le comportement alimentaire de la personne : ces facteurs peuvent être d'ordre héréditaire, socio-culturel, psychologique, sociétal ou économique.

1 **(Doc 1)** Expliquer les obstacles (physiologiques, socio-économiques, psycho-sociaux) à l'alimentation.

....

....

Activité 2 L'état de dénutrition

#site
Qu'est-ce que la dénutrition ?
foucherconnect.fr/22en34

DOC 2 Qu'est-ce que la dénutrition ?

La dénutrition est un état pathologique se caractérisant par un déséquilibre nutritionnel, c'est-à-dire une insuffisance des apports au regard des besoins nutritionnels de l'organisme. Chez les personnes âgées, la dénutrition adopte une forme particulière : on parle de malnutrition protéino-énergétique. C'est une carence en protéines et en énergie le plus souvent accompagnée d'une carence en vitamines et en oligo-éléments. La dénutrition touche : 4 % à 10 % des personnes âgées vivant à domicile ; 15 % à 38 % des personnes vivant en institution ; jusqu'à 70 % des personnes âgées hospitalisées.

2 **(Doc 2 et 3)** Surligner la définition de la dénutrition, puis souligner les conséquences de la dénutrition.

DOC 3 Les conséquences de la dénutrition

La dénutrition entraîne ou aggrave un état de fébrilité. Elle se traduit par : un affaiblissement musculaire avec perte d'autonomie et difficulté à se déplacer, risque de chutes et de fractures ; une altération de l'état général avec amaigrissement, fatigue, anémie, asthénie ; retards de cicatrisation (apparition ou maintien d'escarres) ; une baisse des défenses immunitaires avec risques d'infections, diminution de l'efficacité des traitements. Elle peut entraîner une hospitalisation. La dénutrition peut avoir une incidence sur le pronostic vital.

DOC 4 La spirale de la dénutrition

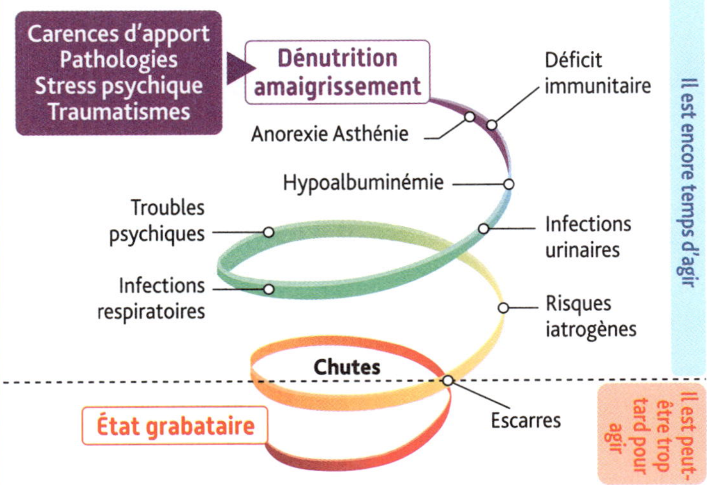

DOC 5 Les signes de la dénutrition

Certains signes peuvent alerter l'entourage sur le risque de dénutrition :

- Le manque d'appétit : ne plus finir ses repas, en supprimer un ou diminuer les quantités.
- Une perte de poids involontaire par rapport au poids habituel.
- Le repli sur soi : la fatigue et le manque d'énergie provoqués par la dénutrition peuvent entraîner un isolement, comme le fait de ne plus sortir de chez soi pour faire des courses.

La présence d'un seul des **12 signes d'alerte** suffit à évoquer le risque de dénutrition :

– Problèmes bucco-dentaires
– Régimes restrictifs
– Troubles de la déglutition
– Consommation de 2 repas par jour seulement
– Constipation
– Prise de plus de 3 médicaments par jour
– Toute maladie aiguë sévère
– Revenus financiers insuffisants
– Perte d'autonomie physique ou psychique
– Veuvage, solitude, état dépressif
– Perte de poids ≥ 5 % en 1 mois ou ≥ 10 % en 6 mois
– IMC < 21
– Albuminémie < 35 g/l ou cholestérolémie < 1,60 g/l

3 **(Doc 2 à 5)** Présenter les signes et les conséquences de l'état de dénutrition.

La dénutrition est ……………………………………

……………………………………………………

……………………………………………………

Elle se manifeste par ……………………………

……………………………………………………

……………………………………………………

……………………………………………………

La dénutrition entraîne …………………………

……………………………………………………

……………………………………………………

……………………………………………………

……………………………………………………

……………………………………………………

Les publics les plus concernés …………………

……………………………………………………

……………………………………………………

Activité 3 L'état de déshydratation

#site Déshydratation foucherconnect.fr/22en88

DOC 6 Qu'est-ce que la déshydratation ?

La déshydratation est un état physiologique avec des conséquences plus ou moins importantes. Elle correspond à un manque d'eau et de sels minéraux dans le corps, essentiels au bon fonctionnement de l'organisme.

La déshydratation est due à une augmentation des pertes en eau (par l'urine, la respiration, la transpiration) que la personne n'arrive pas à compenser suffisamment.
Certaines personnes sont plus à risque de déshydratation :

- nourrissons dont l'organisme est fait de 75 % d'eau ;
- personnes âgées, qui retiennent moins bien l'eau et sont peu sensibles à la sensation de soif ;
- personnes souffrant d'une maladie chronique.

Les causes de la déshydratation peuvent être multiples : diarrhée et vomissement, transpiration importante (canicule, effort physique intensif sous la chaleur…), fièvre prolongée, certaines maladies chroniques comme le diabète, consommation insuffisante d'eau, prise excessive d'alcool, de médicaments diurétiques ou laxatifs.

4 **(Doc 6)** Souligner les causes de la déshydratation.

5 **(Doc 6)** Définir la déshydratation.

……………………………………………………………………………………

DOC 7 Les signes de la déshydratation

Premiers signes	Sensation de bouche sèche, yeux plus enfoncés, fatigue anormale, agitation, perte d'un peu de poids.
Déshydratation grave	Peau sèche et froide, qui manque de souplesse Pli cutané (la peau tarde à retrouver son aspect initial lorsqu'elle est pincée) Maux de tête, vertiges, malaises, léthargie. Augmentation du rythme cardiaque. Faiblesse, apathie ou, à l'inverse, agitation
Chez les nourrissons	Gémissements Respiration rapide Moindre réactivité, un réveil difficile Pâleur, cernes sous les yeux ; perte de poids de plus de 5 % Dépression des fontanelles

DOC 8 Les conséquences de la déshydratation

Une déshydratation a de lourdes conséquences sur l'état de santé en général et peut, dans des cas sévères, entraîner la mort. Une déshydratation occasionnant une perte aussi faible que 1 % à 2 % du poids corporel peut déjà provoquer des symptômes. Une perte atteignant 15 % à 20 % du poids corporel peut provoquer le décès.

Déshydratation → Dégradation de l'état de santé → Augmentation du risque d'hospitalisation → Mortalité plus forte

Infections respiratoires, urinaires
Faiblesse musculaire, chutes
Troubles de la conscience

Selon la gravité de la déshydratation : prendre des mesures de réhydratation, notamment en compensant les pertes en faisant boire fréquemment des boissons (eau sucrée, bouillons de légumes salés…), voire appeler les urgences.

6 **(Doc 6, 7 et 8)** Présenter les signes et les conséquences de la déshydratation.

La déshydratation ....

....

Elle se manifeste ....

....

Les signes sont variables : ....

....

....

....

Les conséquences peuvent être graves : ....

....

Activité 4 L'anorexie, signes, symptômes et conséquences

#vidéo
C'est quoi l'anorexie ? (2'31")
foucherconnect.fr / 22en36

DOC 9 Reconnaître l'anorexie mentale, les symptômes

On parle d'anorexie mentale ou nerveuse. Ce trouble psychiatrique apparaît pendant l'adolescence. C'est une maladie grave qui se traduit par un régime alimentaire strict menant à une perte de poids importante avec l'obsession de maintenir ce poids faible. « L'anorexie mentale commence non pas quand la personne « veut maigrir », mais quand, sans s'en rendre compte, elle ne peut plus rien faire d'autre que maigrir ». Certains signes sont très spécifiques : restrictions volontaires des apports alimentaires et énergétiques (voire un refus de s'alimenter), tri des aliments, indifférence à la tentation, calcul draconien des calories et, souvent, prise des repas seul et à heures fixes. Avant toute chose, l'anorexique fait preuve d'un contrôle hors norme de son assiette. À l'inverse, sa consommation de liquide, potomanie (besoin irrépressible de boire de l'eau, jusqu'à plus de 3 litres d'eau/j), pour se purifier, éliminer, se remplir l'estomac afin d'écarter la sensation de faim. Pour « brûler des calories », la personne anorexique est hyperactive, elle bouge sans cesse. Son amaigrissement est rapide, fulgurant. L'indice de masse corporel devient trop bas par rapport à l'âge et au sexe.

7 **(Doc 9)** Surligner la définition de l'anorexie et le public concerné.

8 **(Doc 9)** Souligner le premier signe susceptible d'alerter, et encadrer les signes d'alerte de ce trouble alimentaire.

DOC 10 L'anorexie, signes caractéristiques

Pour ce qui concerne la jeune femme, elle modifie sans cesse l'objectif qu'elle s'est fixé d'atteindre, pour perdre toujours plus de poids. La vision qu'elle a de son propre corps n'est pas objective, elle ne se trouve jamais assez maigre. Chez le jeune homme, l'anorexie mentale (10 % des cas) est plus souvent associée à des phases de boulimie. Son comportement restrictif passe inaperçu parce qu'il compense en développant sa masse musculaire par du sport à outrance. Certains facteurs influencent les troubles du comportement alimentaire chez la personne anorexique : l'hérédité, le perfectionnisme, le manque d'estime de soi sont fréquents chez les personnes anorexiques.

9 **(Doc 10)** Souligner une caractéristique de l'anorexie chez la jeune femme et encadrer une caractéristique de l'anorexie chez le jeune homme.

DOC 11 Les conséquences de l'anorexie

Certaines conséquences de l'anorexie sont réversibles comme un état de dénutrition. En phase aiguë, une atteinte cardiovasculaire (baisse du rythme cardiaque, chutes de tension) peut toucher jusqu'à 87 % des patientes. L'aménorrhée (absence de règles) est quasi constante, provoquant généralement l'infertilité. L'anorexie entraîne des manifestations hématologiques, des perturbations neurologiques, des troubles métaboliques du cholestérol et du glucose, mais également une perte des cheveux, des problèmes rénaux, des constipations. À plus long terme, des séquelles avec une usure des dents due aux vomissements, un risque d'ostéoporose précoce et un retard de croissance staturo-pondéral, si l'anorexie débute à l'adolescence.

Sur le plan psychique, l'anorexie entraîne des ritualisations, une rigidité des attitudes et un appauvrissement de la vie relationnelle, affective et sexuelle, avec à terme un retentissement sur la vie scolaire ou professionnelle.

10 **(Doc 11)** Souligner les complications réversibles, et surligner les séquelles.

11 **(Doc 9, 10 et 11)** Caractériser l'anorexie en précisant la définition, le public concerné, les signes et conséquences physiques et mentales.

Activité 5 La boulimie, signes et conséquences

#vidéo
C'est quoi la boulimie ? (2'21")
foucherconnect.fr/ 22en35

DOC 12 Les signes, symptômes de la boulimie

La boulimie est un trouble du comportement alimentaire (TCA) qui se manifeste par une consommation excessive ou compulsive de nourriture (hyperphagie) associée à des comportements de purge (tentative d'éliminer la nourriture ingurgitée, le plus souvent par vomissements provoqués). La boulimie affecte principalement les femmes (environ 90 % des cas). Elle se caractérise par des épisodes récurrents d'hyperphagie (ingurgitation de quantités importantes de nourriture en moins de 2 heures, avec le sentiment de perdre le contrôle), des épisodes récurrents « compensatoires », destinés à éviter la prise de poids (purge). Ces épisodes surviennent au moins une fois par semaine pendant 3 mois. Les personnes souffrant de boulimie ont généralement un IMC normal en raison de la mise en place de comportements compensatoires, ce qui complique le repérage.

DOC 13 Les conséquences de la boulimie

Elle peut engendrer une malnutrition causée par la sous ou suralimentation, avec des infections respiratoires, des problèmes cardiaques. La déshydratation, causée par un manque d'ingestion de fluides dans le corps et par les vomissements répétitifs, provoque des étourdissements, un état de faiblesse, des urines foncées et des insuffisances rénales.

Au niveau de l'appareil digestif, l'émail des dents est mis à mal par les vomissements répétés. Il se fragilise et devient cassant. Les caries peuvent proliférer. À terme, on peut craindre des déchaussements des dents et une usure irréversible. En outre, des lésions digestives graves peuvent survenir avec des ulcères, des cancers de l'œsophage et du pharynx. Les perturbations métaboliques dues aux vomissements, et notamment la perte de potassium, peuvent conduire à une insuffisance rénale, voire à un arrêt cardiaque.

12 **(Doc 12 et 13)** Surligner la définition, le public concerné et souligner les conséquences de la boulimie.

13 **(Doc 12 et 13)** Caractériser la boulimie.

Se tester

Le + numérique
foucherconnect.fr/22en56
Quiz
Exercice interactif

Exercice 1 Compléter les mots croisés.

Les troubles de l'alimentation

Horizontal

6 État d'une personne caractérisé par une diminution du volume d'eau corporelle dans l'organisme.

7 Indice de masse corporelle.

8 D'ordre physiologique, psychologique ou social, ils influencent le comportement alimentaire.

9 Maladie caractérisée par le refus de s'alimenter.

10 Type d'obstacles pouvant être héréditaires ou biologiques.

11 Déséquilibre nutritionnel dû à l'insuffisance des apports au regard des besoins nutritionnels de l'organisme.

12 Sensation liée au besoin de boire due à un manque d'eau dans l'organisme.

Vertical

1 Trouble de l'alimentation caractérisé par des excès d'ingestion de nourriture suivie d'une purge ou de vomissements.

2 Absence ou insuffisance de nutriments indispensables à l'organisme due à un régime restrictif ou à un trouble alimentaire.

3 Type d'obstacles agissant sur la perception de la personne d'elle-même.

4 Phénomène physiologique correspondant au besoin de manger.

5 État de celui qui est maigre.

À retenir

Le + numérique foucherconnect.fr / 22en57

Synthèse rédigée et audio

Le comportement alimentaire est influencé par des obstacles physiologiques d'ordre héréditaire ou biologique, psychologique (image de soi), sociétal et économique.

La dénutrition

Les signes
Chez la personne, il faut être attentif :
- au manque d'appétit,
- à la perte involontaire de poids,
- à la fatigue et au manque d'énergie,
- au repli sur soi.

La dénutrition = état pathologique caractérisé par des apports nutritionnels insuffisants par rapport aux besoins de l'organisme.

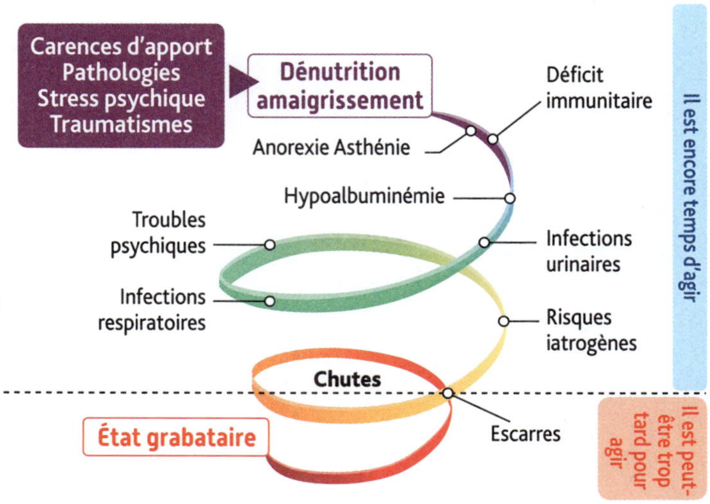

La déshydratation

Les signes
- Déshydratation bénigne : sensation de soif, de bouche sèche, yeux plus enfoncés, agitation.
- Déshydratation grave : peau sèche et froide, pli cutané, maux de tête, vertiges, malaises, léthargie, apathie augmentation du rythme cardiaque.

La déshydratation = état physiologique qui résulte d'une non-compensation des pertes hydriques.

Les conséquences de la déshydratation

Déshydratation
↓
Dégradation de l'état de santé : Infections respiratoires, Infections urinaires, Faiblesse musculaire, chutes, Troubles de la conscience
↓
Augmentation du risque d'hospitalisation
↓
Mortalité + forte

L'anorexie

Les signes
- Tri des aliments, indifférence à la tentation, calcul draconien des calories.
- Hyperactivité.

Les conséquences de l'anorexie
- État de dénutrition, perturbations neurologiques, troubles métaboliques, aménorrhée, constipation.
- Diminution des relations sociales et affectives.

L'anorexie = maladie grave caractérisée par le suivi d'un régime alimentaire strict menant à une perte de poids avec une obsession de devenir obèse.

La boulimie

Les signes
Épisodes récurrents d'ingurgitation de quantités importantes de nourriture en moins de 2 heures suivis d'épisodes compensatoires (vomissements) pour éviter la prise de poids.

Les conséquences de la boulimie
État de malnutrition, état de déshydratation, appareil digestif endommagé, sensation de mal-être.

La boulimie = consommation compulsive de nourriture suivie de vomissements provoqués volontairement pour compenser l'apport excessif de calories.

Infections d'origine alimentaire

TD 44
Bloc 2

OBJECTIFS **1.** Définir les infections d'origine alimentaire et les agents responsables **2.** Recenser les produits à l'origine de TIAC, leur mode d'action et les moyens de prévention à mettre en place **3.** Indiquer les mesures réglementaires à appliquer en cas de TIAC

Activité 1 Les infections d'origine alimentaire

DOC 1 L'infection alimentaire : définition et symptômes

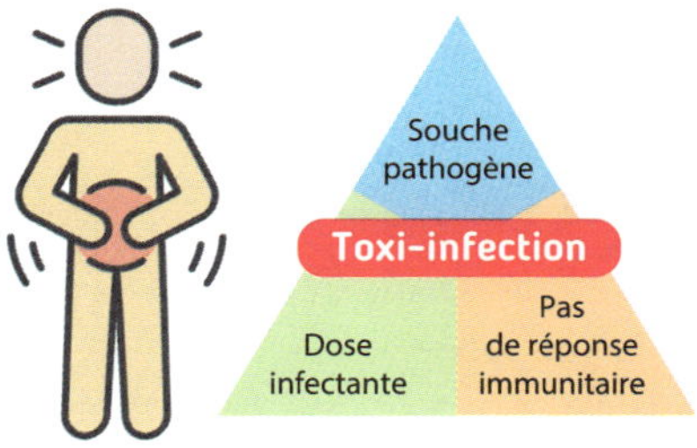

Une infection d'origine alimentaire est provoquée par l'ingestion d'un aliment contaminé par un micro-organisme pathogène : bactéries ou leurs toxines, virus ou parasites. La majorité de ces infections sont des zoonoses*, leurs agents ayant un réservoir animal, point de départ d'une potentielle transmission à l'homme.

* Maladie infectieuse ou parasitaire transmissible d'un animal vertébré (vache, poule, cochon…) à l'homme.

La toxi-infection alimentaire (TIA)
Infection d'origine alimentaire provoquée par des bactéries qui agissent par l'action d'une toxine.

Toxi-infection alimentaire collective TIAC
2 personnes ou plus ayant consommé le même aliment.

Les symptômes
Les intoxications alimentaires se manifestent chez l'individu, de quelques heures jusqu'à trois jours après l'ingestion de l'aliment. Les symptômes d'une intoxication alimentaire sont :
nausées, vomissements, maux de ventre, diarrhées, maux de tête, fièvre

Une intoxication alimentaire peut être mortelle, selon les sujets, chez les personnes fragiles (malades, enfants, femmes enceintes, personnes âgées) dont le système immunitaire est affaibli.

1. **(Doc 1)** Souligner, de deux couleurs différentes, les définitions des infections d'origine alimentaire : TIA, et TIAC.
2. **(Doc 1)** Citer les agents responsables des infections d'origine alimentaire.

....

Activité 2 Les toxi-infections alimentaires collectives (TIAC)

DOC 2 Une TIAC à la cantine de l'école

Menu
Carottes en salade
Poulet rôti – Frites
Pâtisserie : Éclair au chocolat

À la suite du repas, une dizaine d'enfants sont pris de vomissements, de douleurs abdominales, de diarrhées.

3. **(Doc 1 et 2)** Justifier le fait que ce soit une TIAC.

....
....
....
....
....

DOC 3 Les micro-organismes responsables d'une TIA

Mode d'action	Définition	Micro-organisme responsable	Aliments contaminés
Pouvoir invasif	Le micro-organisme pathogène se multiplie dans le corps humain.	**Salmonella**	• Viandes crues ou peu cuites, produits laitiers crus. • Préparation à base d'œuf cru (mousse au chocolat, œufs à la neige…). • Légumes, fruits contaminés par des selles animales.
Pouvoir toxique : exotoxine	Les toxines sont produites dans l'aliment avant son ingestion.	**Staphylocoque doré**	• Pâtisserie, glace, crème-dessert (lait/œufs). • Aliments manipulés par une personne infectée. • Salade. • Pâté.
		Chlostridium	• Viande en sauce. • Plats cuisinés. • Restes refroidis ou réchauffés de façon inadéquate.
Pouvoir invasif et pouvoir toxique : endotoxine	Les toxines sont libérées dans le tube digestif par la bactérie.	**Listeria**	• Lait et fromages au lait cru. • Coquillages crus. • Viandes crues ou peu cuites. • Légumes mal lavés. • Charcuterie.

4 **(Doc 3)** Préciser le mode d'action du staphylocoque doré détecté dans l'éclair au chocolat de la cantine et les origines possibles de la contamination.

....

....

....

....

Activité 3 Les moyens de prévention lors de la distribution des repas

DOC 4 La prévention des TIAC

Prévenir les TIAC nécessite **des mesures à tous les stades de la chaîne alimentaire**, depuis la production jusqu'à la transformation, la fabrication et la préparation des aliments :

- Vérifier les dates de péremption des aliments.
- Ne pas rompre la chaîne du froid (ex. : maintien à 3 °C pendant le transport et le stockage).
- Cuire les aliments à des températures adéquates (63 °C : cuisson et maintien en température).
- Respecter les règles élémentaires d'hygiène (lavage des mains, protection des plaies, tenue professionnelle propre, cheveux attachés, pas de bijoux, hygiène des locaux et des matériels).
- Conserver les aliments séparés les uns des autres pour éviter la contamination croisée et ainsi la prolifération des micro-organismes (filmer les plats préparés, stocker à l'écart les fruits et légumes frais non nettoyés).

5 **(Doc 4)** Souligner les moyens qui auraient pu éviter la contamination de la crème au chocolat.

DOC 5 Les mesures réglementaires à appliquer en cas de TIAC

Les TIAC sont des maladies à déclaration obligatoire. Elles sont déclarées au médecin de l'Agence régionale de santé (ARS). Le signalement permet de prendre des mesures rapides (retirer de la consommation les denrées susceptibles d'être dangereuses) et de mettre en place des actions de prévention : recensement des TIAC (nombre, type de micro-organismes et aliments mis en cause) ; mise en place de mesures correctives suite à d'éventuelles erreurs commises dans la préparation des aliments.

6 **(Doc 5)** Citer et justifier les mesures immédiates mises en place à la cantine après la contamination des enfants par la crème au chocolat.

....

....

....

....

....

....

Se tester

Le + numérique
foucherconnect.fr/22en80
Quiz
Exercice interactif

Exercice 1 Identifier les différents agents responsables : cocher la réponse exacte.

Les infections d'origine alimentaire

	Virus	Bactéries	Parasites
Infections d'origine alimentaire			
Toxi-infection alimentaire			
Toxi-infection alimentaire collective			

Exercice 2 Cocher les personnes les plus sensibles aux infections d'origine alimentaire.

Bébé ☐

Sportif ☐

Adulte ☐

Personne âgée ☐

Femme enceinte ☐

Travailleur de force ☐

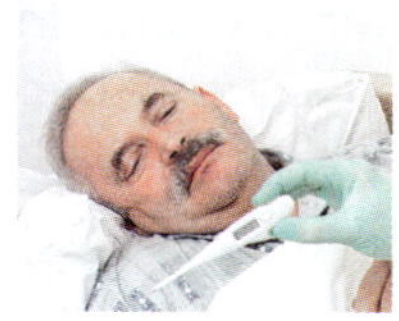
Malade ☐

Exercice 3 Quiz : cocher la réponse exacte.

Les toxi-infections alimentaires

Pour définir qu'il s'agit d'une toxi-infection alimentaire collective (TIAC) il faut :
- ☐ qu'au moins une personne présente des symptômes gastro-intestinaux identiques après avoir consommé la même préparation alimentaire.
- ☐ qu'au moins deux personnes présentent des symptômes gastro-intestinaux identiques après avoir consommé la même préparation alimentaire.
- ☐ qu'au moins deux personnes présentent des symptômes après avoir ingéré des aliments.

Les principaux aliments incriminés dans une TIAC sont :
- ☐ d'origine animale
- ☐ d'origine végétale

Les deux bactéries responsables de TIAC sont :
- ☐ Coronavirus
- ☐ Streptocoque
- ☐ Salmonella
- ☐ Listeria

Les deux symptômes de TIAC sont des :
- ☐ Diarrhées
- ☐ Douleurs lombaires
- ☐ Troubles de la vision
- ☐ Vomissements

Les produits alimentaires les plus fragiles sont :
- ☐ Le fromage
- ☐ Les boîtes de conserve
- ☐ La mayonnaise

Les TIAC sont-elles des maladies à déclaration obligatoire :
- ☐ Oui
- ☐ Non

Les aliments responsables de TIAC peuvent être :
- ☐ Sucre
- ☐ Pain
- ☐ Viande hachée crue
- ☐ Mousse au chocolat
- ☐ Charcuterie

Le délai (temps d'incubation) entre la contamination et l'apparition des premiers symptômes d'une TIA est de :
- ☐ 1 heure à 6 heures
- ☐ 4 jours à 5 jours
- ☐ 48 heures à 72 heures

CHAPITRE 25

À retenir

Le + numérique foucherconnect.fr/22en81

Synthèse rédigée et audio

Les infections d'origine alimentaire

Les infections d'origine alimentaire

Elles résultent de l'ingestion de denrées contaminées par des microorganismes pathogènes : bactéries, virus, parasites, protozoaires et champignons.

Causes

- Contamination croisée.
- Aliments non pasteurisés.
- Manipulation incorrecte des aliments : température de conservation, de cuisson, hygiène lors de la préparation.

Conséquences

- Elles sont graves chez les personnes dont le système immunitaire est immature ou affaibli : enfants, malades, femmes enceintes, personnes âgées.
- Risque de décès.

Symptômes

- Nausées, vomissements.
- Coliques.
- Maux de tête.
- Fièvre.

Les agents responsables des TIA

Micro organismes responsables → Salmonelle, Staphylocoque doré, Clostridium, Listeria, Bacillus → Bactéries qui agissent directement sur la muqueuse intestinale ou par l'intermédiaire de toxines qu'elles fabriquent. La rapidité d'action des toxines ne permet pas à l'organisme de produire des anticorps et de se défendre.

La durée d'incubation est courte. Les symptômes apparaissent très rapidement après la consommation de l'aliment (quelques heures).

Les toxi-infections alimentaires collectives (TIAC)

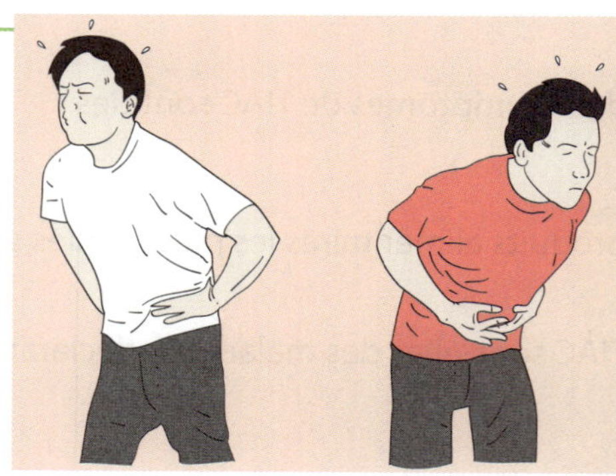

TIAC : au moins deux personnes présentent les mêmes symptômes gastro-intestinaux après avoir consommé le même aliment.

Principaux aliments responsables

Poissons ; crustacés ; viande en sauce, hachée ou crue ; préparations à base de lait et/ou d'œufs ; pâtisserie ; légumes mal lavés…

En cas de TIAC, une déclaration est obligatoire auprès de l'**Agence régionale de santé (ARS)**.
Le plat témoin est analysé.

Règles de prévention : respect des températures de maintien des préparations culinaires élaborées à l'avance (+ 63 °C), de la chaîne du froid, des DLC, des règles d'hygiène du personnel, des locaux, du matériel, de la marche en avant en cuisine (HACCP).

Annexe 1 Principaux matériaux : propriétés et entretien

Connaître les propriétés des matériaux permet de déterminer les produits ou matériel à utiliser pour leur entretien.

Matériaux	Propriétés d'usage	Produits et matériels d'entretien
Légende : « noir » → Matériau « *italique* » → Usages	« Bleu » → Propriétés physiques « Orange » → Réactions aux produits chimiques	« Violet » → Type de produits « Vert » → Matériel « Rose » → Alternative
Acier émaillé *(Lèche-frites)* 	– Lisse, imperméable, imputrescible – Sensible aux rayures – Résistant aux produits chimiques au pH neutre et alcalin	Détergents, désinfectants Lavettes
Acier inoxydable *(Chariot, plan de travail, évier…)* 	– Sensible aux rayures – Résistant au choc – Conserve les traces d'eau ou de produits d'entretien – Résiste à la corrosion (inoxydable = ne rouille pas en contact avec l'eau) – Supporte l'ensemble des produits d'entretien sauf les produits très acides (taches bleues)	Détergents, désinfectants, agglutinants, mais pas de produit au pH acide ni d'abrasif dur Lavettes Nettoyeur vapeur
Acier ou laiton chromé *(Robinetterie de salle de bains, accessoires de salle de bains)* 	– Sensible aux rayures – Brillant, peu d'adhérence aux salissures (lisse) – Conserve les traces d'eau de ou produits d'entretien – Inoxydable	Détergents, désinfectants, agglutinants, détartrant Vinaigre ménager (détartrage mousseur) Lavettes Nettoyeur vapeur
Acier laqué époxy *(Lit à barreaux)* 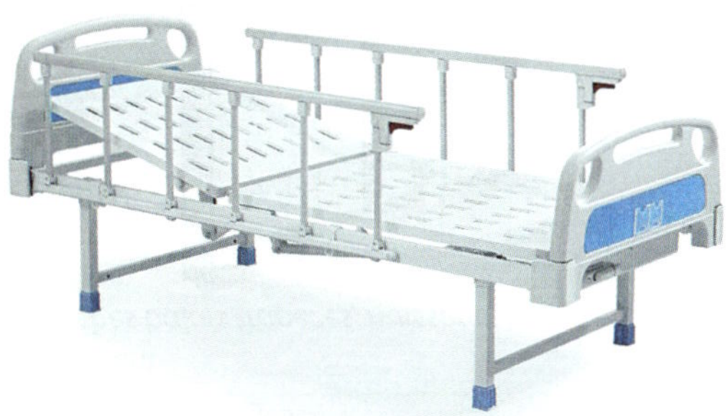	– Lisse, imperméable, imputrescible – Sensible aux rayures – Assure un bon confort thermique – Sensibles aux solvants	Détergents, désinfectants, agglutinants Lavettes Nettoyeur vapeur

Matériaux	Propriétés d'usage	Produits et matériels d'entretien
Légende : « noir » → Matériau « *italique* » → Usages	« Bleu » → Propriétés physiques « Orange » → Réactions aux produits chimiques	« Violet » → Type de produits « Vert » → Matériel « Rose » → Alternative
Aluminium *(Manches balais trapèzes, huisseries)* 	– Si anodisé : sensible aux abrasifs – S'oxyde si n'a pas subi de traitement (anodisation) – Sensible aux pH extrêmes et aux produits chlorés	Détergents non alcalins, désinfectants non chlorés Lavettes
Bois *(Jouets, meubles)* 	– Sensible aux rayures, poreux, putrescible – Sensible aux produits chimiques et à l'eau (gonflement déformation)	Détergents, désinfectants, agglutinants Gazes pré-imprégnées
Caoutchouc naturel *(Tétine de biberon)* ou **synthétique** *(Revêtement de sol, roulettes des chariots)* 	– Imperméable, imputrescible, souple – Résistant à l'usure, aux chocs, à la chaleur et aux rayures – Lumière et graisses accélère le vieillissement – Sensible aux solvants, aux produits basiques et à l'eau de javel fortement dosée	Détergents et désinfectants en essuyage Lavettes Pour les biberons : Écouvillon, Lave-vaisselle
Faïence ou terre cuite émaillée	– Imperméable, lisse, brillante – Sensible aux chocs et aux abrasifs durs – Résistant aux produits chimiques au pH neutre	Détergents à pH neutre, désinfectants à pH neutre, abrasifs sous forme de crème Lavettes Nettoyeur vapeur
Grès cérame *(Sols)*  **Céramique** *(Sanitaires)*	– Dur et non poreux – Insensible aux produits chimiques	Détergents, désinfectants, abrasifs, agglutinants Lavettes, tampons à récurer Bandeaux de lavage (sol) Nettoyeur vapeur

Matériaux	Propriétés d'usage	Produits et matériels d'entretien
Légende : « noir » → Matériau « *italique* » → Usages	« Bleu » → Propriétés physiques « Orange » → Réactions aux produits chimiques	« Violet » → Type de produits « Vert » → Matériel « Rose » → Alternative
Linoléum *(Toile de jute enduite de lin)* *(Sol)* 	– Forte résistance à l'usure, antistatique, antibactérien, imperméable imputrescible, poreux en vieillissant – Sensible aux bases fortes (pH > 10) et aux produits chlorés – Insensible aux solvants	Détergents, désinfectants, agglutinants, bouche-pores Bandeaux de lavage
Papier carton *(Livres, puzzle …)*	– Sensible à la déchirure, à la chaleur putrescible, poreux – Sensible à tous les produits chimiques	Dépoussiérant Gazes pré-imprégnées
Plaques d'acrylique (« Plexiglas ») *(Berceau,* *plateau de table, paroi)* 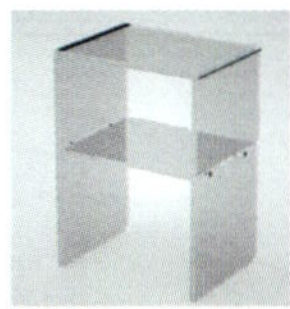	– Imperméable, transparent – Sensible aux rayures, à la chaleur et aux UV – Sensible à l'alcool	Détergents, désinfectants sans alcool, produits pour vitrage sans alcool Lavettes
Plastique coulé [Résine époxyde + granulats de charge] *(Sols)* 	– Bonne résistance à l'usure, lisse, imperméable, imputrescible – Sensible aux rayures – Assure un bon confort thermique – Sensible aux solvants et aux acides	Détergents, désinfectants, agglutinants Bandeaux de lavage Nettoyeur vapeur
Plastiques thermodurcissables *(Revêtements de meubles, parois, sols,)*	– Imperméable, imputrescible – Se raye facilement – Bonne résistance aux produits chimiques sauf aux solvants	Détergents, désinfectants, agglutinants Lavettes Nettoyeur vapeur si résistant à la chaleur

Matériaux	Propriétés d'usage	Produits et matériels d'entretien
Légende : « noir » ⟶ Matériau « *italique* » ⟶ Usages	« Bleu » ⟶ Propriétés physiques « Orange » ⟶ Réactions aux produits chimiques	« Violet » ⟶ Type de produits « Vert » ⟶ Matériel « Rose » ⟶ Alternative
Plastiques thermoplastiques (*Revêtements de siège, de sol, objets courants*) 	– Imperméable, imputrescible, bonne résistance à l'usure et à la chaleur – Sensible aux solvants.	Détergents, désinfectants, agglutinants ne contenant pas du trichloréthylène ou de l'acétone Lavettes Bandeaux de lavage (sol)
PVC (*Jouets, huisseries, sols*) 	– Imperméable, imputrescible, bonne résistance à l'usure – Résistance à la chaleur variable selon composition – Sensible aux solvants	Détergents, désinfectants mais pas de produits contenant du trichloréthylène ou de l'acétone Lavettes Lave-vaisselle, Nettoyeur vapeur si résistant à la chaleur
Résine de synthèse époxy ou époxyde *(Accessoires de salle de bains, vasques)*	– Bonne résistance à l'usure, lisse, imperméable, imputrescible – Sensible aux rayures – Assure un bon confort thermique – Insensible aux produits chimiques	Détergents, désinfectants, détartrants en gel, agglutinants Lavettes Nettoyeur vapeur
Silicone *(Tétines, joints autour des équipements sanitaires)* 	– Imperméable, imputrescible, transparent – Peu souple, résistance faible à l'usure, aux chocs et aux rayures – Résistant à la lumière et aux graisses – Sensible aux solvants, aux produits basiques et à l'eau de javel fortement dosée	Détergents, Désinfectants Lavettes Pour les biberons : Écouvillon, Lave-vaisselle
Textiles naturels ou synthétiques *(Jouets …)*	– Sensible à la déchirure, à la chaleur putrescible, poreux – Sensible aux acides et aux chlore	Détergents et désinfectants non acides et non chlorés Lave-linge
Verre *(Vitres, parois de douche, plateau de table, vaisselle)*	– Transparent (visibilité assurée), imperméable, imputrescible – Se raye – Conserve les traces d'eau ou produits d'entretien	Détergents, désinfectants, détartrants spécifiques Raclette + lames caoutchouc adaptées, Mouilleur + housse, lavettes Nettoyeur vapeur

Annexe 2 Pictogrammes de danger des produits chimiques

	Risque	Précautions
	**« J'EXPLOSE »** Produits pouvant exploser au contact d'une flamme, d'une étincelle, sous l'effet de la chaleur, d'un choc, d'électricité statique…	Manipuler loin des flammes, des étincelles, des sources de chaleur. Éviter les chocs, les frictions.
	**« JE FLAMBE »** Ces produits peuvent s'enflammer au contact d'une flamme, d'une étincelle, d'électricité statique, sous l'effet de la chaleur, de frottements, au contact de l'air, de l'eau.	Éviter tout contact avec des sources d'énergie. Ne pas s'approcher avec une flamme ou une cigarette. Manipuler loin des flammes, des étincelles et des sources de chaleur.
	**« JE FAIS FLAMBER »** Produits comburants, qui peuvent provoquer ou aggraver un incendie ou provoquer une explosion s'ils sont en présence de produits inflammables.	Tenir à l'écart des combustibles. Manipuler loin des flammes, des étincelles et des sources de chaleur.
	**« JE SUIS SOUS PRESSION »** Ces produits sont des gaz sous pression (gaz comprimés, gaz liquéfiés, gaz dissous, gaz liquéfiés réfrigérés).	Attacher les bouteilles, les stocker à l'extérieur ou dans un local ventilé. Utiliser toujours le détendeur et le raccord adaptés. Ne jamais utiliser un raccord intermédiaire. Ni graisse ni huile sur les raccords. Serrer les flexibles.
	**« JE RONGE »** Produits corrosifs, qui rongent la peau et/ou les yeux en cas de contact ou de projection ou qui peuvent attaquer ou détruire les métaux.	Ne pas respirer les vapeurs et éviter tout contact avec la peau et les vêtements. Prendre toutes les mesures de protection des yeux, de la peau, des vêtements.
	**« JE NUIS GRAVEMENT À LA SANTÉ »** Produits cancérogènes, mutagènes, toxiques pour la reproduction. Produits qui peuvent modifier le fonctionnement de certains organes comme le foie, le système nerveux… Produits qui peuvent entraîner de graves effets sur les poumons et qui peuvent être mortels en pénétrant dans les voies respiratoires. Produits qui peuvent provoquer des allergies respiratoires (asthme…).	Ne pas respirer les poussières. En cas de contact avec les yeux, laver à grande eau. Porter un vêtement de protection approprié et des gants, masque, lunettes. En cas d'accident ou de malaise, consulter immédiatement un médecin.
	**« JE TUE »** Ces produits empoisonnent rapidement, même à faible dose. Ils peuvent provoquer des effets très variés sur l'organisme : nausées, vomissements, maux de tête, perte de connaissance…	Proscrire soigneusement l'ingestion, l'inhalation, le contact avec la peau. A ne manipuler qu'avec des masques et des gants.
	**« J'ALTÈRE LA SANTÉ ou LA COUCHE D'OZONE »** Ces produits empoisonnent à forte dose, sont irritants pour les yeux, la peau ou les voies respiratoires, peuvent provoquer des allergies cutanées et peuvent provoquer une somnolence ou des vertiges.	Ne pas inhaler les vapeurs et éviter tout contact avec la peau et les yeux. En cas de projection, laver à grand eau. Ne pas avaler ni respirer ces produits nocifs ou irritants.
	**« JE POLLUE »** Ces produits provoquent des effets néfastes sur l'environnement, sur les organismes du milieu aquatique (poissons, crustacés, algues, autres plantes aquatiques…).	Éviter le rejet dans l'environnement. Éliminer ce produit et son récipient comme un déchet dangereux, dans un centre de collecte des déchets dangereux ou spéciaux.

Annexe 3 Groupes d'aliments

Selon les repères alimentaires du PNNS 4, le périmètre de certains des groupes d'aliments est redéfini car ils font l'objet de recommandations actualisées et de nouveaux repères.

GROUPES	SOUS GROUPES	Exemples d'aliments	Constituants alimentaires *
FRUITS ET LÉGUMES 	Fruits frais	Pommes, bananes, oranges	Eau, fibres Glucides, minéraux, vitamines hydrosolubles
	Fruits secs	Abricots secs, pruneaux	
	Fruits transformés	Compotes, fruits au sirop	
	Légumes	Courgettes, carottes, tomates, haricots verts	
FRUITS À COQUE SANS SEL AJOUTÉ 	Fruits à coque	Noix, amandes, noisettes, pistaches	Vitamines liposolubles
PRODUITS CÉRÉALIERS COMPLETS ET PEU RAFFINÉS 	Pain et produits de panification complets	Pain et biscottes complets	Glucides complexes (amidon) Fibres
	Pain et produits de panification raffinés	Pain et biscottes blancs	
	Produits à base d'amidon, transformés sucrés/gras	Céréales de petit-déjeuner	
	Produits à base d'amidon, transformés salés/gras	Frites, biscuits apéritifs	
	Autres féculents complets	Riz complet, blé complet	
	Autres féculents raffinés	Riz, pâtes, pommes de terre bouillies	
LÉGUMINEUSES	Légumineuses	Lentilles, pois chiche, fèves	Protéines végétales, glucides complexes
VIANDES ET VOLAILLES 	Œuf	Œufs	Protides animales Lipides et fer
	Volaille	Poulet, canard	
	Viande hors volaille	Bœuf, veau, porc, mouton, agneau, cheval, abats, gibier	
POISSONS ET FRUITS DE MER 	Poisson gras	Saumon, maquereau, sardine, hareng	
	Autres poissons, mollusques et crustacés	Cabillaud, bar, dorade, moules, crevettes	
CHARCUTERIES	Charcuterie	Saucisse, jambon, pâté	
PRODUITS LAITIERS 	Desserts sucrés lactés	Crèmes dessert, crèmes glacées	Calcium, vitamines liposolubles Lipides, protides
	Fromages	Fromages à pâte molle, pressée	
	Lait	Lait demi-écrémé, lait entier	
	Produits laitiers frais nature	Yaourts nature, fromages blancs	
	Produits laitiers frais sucrés	Yaourts sucrés	
MATIÈRES GRASSES AJOUTÉES 	Beurre	Beurre et beurres allégés	Lipides, vitamines liposolubles
	Huiles végétales riches en ALA (oméga 3)	Huile de colza, de noix	
	Huiles végétales pauvres en ALA et margarines	Huile de tournesol, huile d'olive	
	Sauces, crèmes fraîches et condiments	Mayonnaise, ketchup, crème fraîche	
PRODUITS SUCRÉS OU SUCRES ET GRAS ET ULTRA TRANSFORMÉS 	Produits sucrés ou sucrés et gras	Confiture, viennoiseries, biscuits, pâtisseries céréales du petit déjeuner	Glucides simples (glucose) ou diholoside (saccharose)
BOISSONS	Eau de boisson	Eau	Eau
	Boissons sucrées type soda	Sodas, limonades	Glucides simples
	Jus de fruits	Jus d'orange	
SEL	Chlorure de sodium	Sel d'ajout	

D'après Anses, 2016, https://www.anses.fr/fr/system/files/NUT2012SA0103Ra-1.pdf
PNNS 4 HSCP 2021 https://www.hcsp.fr/explore.cgi/avisrapportsdomaine?clefr=600
http://www.hcsp.fr/Explore.cgi/Telecharger?NomFichier=hcspa20170216_reperesalimentairesactua2017.pdf

* En rouge, ce sont les constituants principaux.

Annexe 4 Diversification alimentaire

	CONSEILS	À PARTIR DE 4 MOIS	ENTRE 4 MOIS ET 6 MOIS
		Donner uniquement du lait	– Débuter la diversification – Proposer toues les groupes d'aliments sous forme mixée lisse – Si allergies dans la famille, consulter le médecin avant de débuter
Lait maternel et/ou Préparations infantiles 		Lait maternel ou Préparation pour nourrissons (« lait » 1er âge)	Lait maternel Ou Transition « lait infantile » 1er âge au « lait infantile » 2e âge
Produits laitiers : yaourts, fromage blanc, petits-suisses, fromage 	– À alterner – Nature, non aromatisés – Ne pas donner de lait cru ni de fromages au lait cru (risque infectieux), sauf emmental ou comté – Les produits 0 %, écrémés et demi-écrémés ne conviennent pas au moins de 3 ans	Ne pas donner	Exemples : – quelques cuillères à café de yaourt au goûter – de temps en temps, faire fondre un peu de fromage râpé dans une purée
Fruits et légumes : tous 	– Plutôt de saison et produits localement – Bio si possible	Ne pas donner	– Tous les jours – Quelques cuillères à café, puis augmenter progressivement selon l'appétit de l'enfant – Légumes bien cuits et mixés lisses – Fruits bien cuits non sucrés et mixés en compotes
Légumes secs : lentille, haricots secs, pois chiches, etc. 	– Bio si possible – À proposer selon la façon dont l'enfant les digère	Ne pas donner	– De temps en temps – 1 cuillère à café – Bien cuits et mixés en purée lisse
Pommes de terre et autres féculents : pâtes, riz, semoule, pain, dont produits complets ou semi-complets 	– Bio si possible – Féculents complets : proposer selon la façon dont l'enfant les digère	Ne pas donner	– Le gluten peut être introduit même pour les enfants à risque d'allergie – Toujours mélangés avec des légumes : ¼ féculents mixés et ¾ légumes mixés en purée lisse
Volaille, autres viandes, poisson et œufs 	– Toujours très cuits – Privilégier la volaille – Poisson : 2 fois par semaine dont 1 poisson gras : sardine, maquereau, saumon… – Ne pas donner de coquillages crus ou de préparation à base d'œuf cru	Ne pas donner	– De temps en temps puis plus régulièrement – 5 g/jour = 1 cuillère à café d'aliments mixés ou d'œuf dur écrasé
Matières grasses ajoutées : huile (colza, noix, olive), beurre 	– À ajouter crues aux préparations maison ou du commerce si elles n'en contiennent pas – Privilégiez les huiles et variez-les	Ne pas donner	Par jour : 1 cuillère à café d'huile ou de temps en temps 1 noisette de beurre
Boissons 	La seule boisson recommandée est l'eau	Proposer de l'eau en cas de forte chaleur, de fièvre, de vomissements ou de diarrhée	– Eau à volonté, au verre – Éviter toutes les boissons sucrées, dont tous les types de jus de fruits, tous les sodas et les sirops
Charcuterie 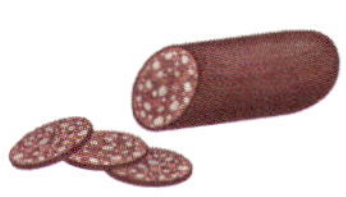	En dehors du jambon blanc, la charcuterie (saucisses, pâtés…) ne doit être donnée qu'exceptionnellement	Ne pas donner	Jambon blanc possible de temps en temps, mixé très lisse : 1 cuillère à café
Sel et produits salés 	À limiter	– Ne pas donner – Ne pas saler les préparations maison ni les petits pots du commerce – Ne pas donner de produits salés (produits apéritifs…)	
Produits sucrés : chocolat, confiseries, gâteaux, crèmes dessert, glaces, ketchup… 	– À limiter – À introduire à l'âge le plus tardif possible	Ne pas donner	Ne pas donner de miel avant 1 ans (risque infectieux)

MANGERBOUGER.FR Santé publique France

	CONSEILS	À PARTIR DE 6/8 MOIS	DE 1 AN À 3 ANS
		Faire découvrir progressivement toutes les textures : des aliments mixés lisses aux aliments hachés, écrasés, puis aux petits morceaux mous.	Donner une alimentation variée et équilibrée proche de celle recommandée pour les adultes, en quantités adaptées à l'âge de l'enfant Continuer à donner du lait
Lait maternel et/ou Préparations infantiles 		Lait maternel et/ou « Lait infantile » 2e âge : 500 ml/j	Lait maternel ou « Lait de croissance » ou alterner « lait de croissance » et lait de vache entier UHT 500 ml/j (sans dépasser 800 ml/j de lait + produits laitiers)
Produits laitiers : yaourts, fromage blanc, petits suisses, fromage 	– À alterner – Nature, non aromatisés – Ne pas donner de lait cru ni de fromages au lait cru (risque infectieux), sauf emmental ou comté – Les produits 0 %, écrémés et demi-écrémés ne conviennent pas au moins de 3 ans	– À partir de 8/10 mois, petit morceau de fromages mous – À partir de 10 mois, petit morceau de fromages de plus en plus durs	– 150 à 200 ml de lait = un yaourt = 20 g de formage – Toutes textures
Fruits et légumes : tous 	– Plutôt de saison et produits localement – Bio si possible	– À chaque repas et selon l'appétit de l'enfant – Légumes bien cuits – Fruits bien mûrs ou cuits	– À chaque repas et selon l'appétit de l'enfant – Crus et cuits, toutes textures, dont morceaux à croquer
Légumes secs : lentilles, haricots secs, pois chiches, etc. 	– Bio si possible – À proposer selon la façon dont l'enfant les digère	– Environ 1 fois par semaine – Quelques cuillères à café – purée écrasée à la fourchette – Puis progressivement, légumes secs non mixés, bien cuits et fondants	– Au moins 2 fois par semaine – Toutes les textures
Pommes de terre et autres féculents : pâtes, riz, semoule, pain, dont produits complets ou semi-complets 	– Bio si possible – Féculents complets : proposer selon la façon dont l'enfant les digère	– Toujours proposés avec des légumes : moitié féculents, moitié légumes – Riz, semoule, pâtes de moins en moins fines, pain, pommes de terre en petits morceaux fondants	– Tous les jours – Toutes textures – 3 à 4 cuillères à soupe par jour
Volaille, autres viandes, poisson et œufs 	– Toujours très cuits – Privilégier la volaille – Poisson : 2 fois par semaine dont 1 poisson gras : sardine, maquereau, saumon… – Ne pas donner de coquillages crus ou de préparation à base d'œuf cru	10 g/j = 2 cuillères à café ou ¼ d'œuf dur	Hachés, écrasés, puis progressivement en morceaux – **Entre 1 et 2 ans** : 20 g/j = 4 cuillères à café ou 1/3 d'œuf dur – **Entre 2 et 3 ans** : 30 g/j = 6 cuillères à café ou ½ œuf dur
Matières grasses ajoutées : huile (colza, noix, olive), beurre 	– À ajouter crues aux préparations maison ou du commerce si elles n'en contiennent pas – Privilégiez les huiles et variez-les	Par jour : 1 cuillère à café d'huile ou de temps en temps 1 noisette de beurre	Par jour : 2 cuillères à café d'huile ou de temps en temps 2 noisettes de beurre
Boissons 	La seule boisson recommandée est l'eau	– Eau à volonté, au verre – Éviter toutes les boissons sucrées, dont tous les types de jus de fruits, tous les sodas et les sirops – Ne pas donner de boissons « light », de café, thé, sodas caféinés ni de boissons dites « énergisantes »	
Charcuterie 	En dehors du jambon blanc, la charcuterie (saucisses, pâtés…) ne doit être donnée qu'exceptionnellement	Jambon blanc possible de temps en temps, mixé puis en petits morceaux : 2 cuillères à café	Jambon blanc possible de temps en temps : **Entre 1 et 2 ans** : 4 cuillères à café **Entre 2 et 3 ans** : 6 cuillères à café
Sel et produits salés 	À limiter	– Ne pas saler les préparations maison ni les petits pots du commerce – Ne pas donner de produits salés (produits apéritifs…)	– Ne pas saler les produits du commerce – Limiter la consommation de produits salés (produits apéritifs…)
Produits sucrés : chocolat, confiseries, gâteaux, crèmes dessert, glaces, ketchup… 	– À limiter – À introduire à l'âge le plus tardif possible	Ne pas donner de miel avant 1 an (risque infectieux)	Attention, les céréales du petit-déjeuner sont en général sucrées.

MANGERBOUGER.FR Santé publique France

Annexe 5 Apports nutritionnels

Apports énergétiques totaux (AET)

Tableau établi d'après EFSA 2020 et Anses 2016

Genre	Masculin		Féminin	
Âge (ans)	**VNR[1] en MJ/j[2]** Source EFSA	**Apport moyen en kJ/j** Source ANSES 2016	**VNR[1] en MJ/j[2]** Source EFSA	**Apport moyen en kJ/j** Source ANSES 2016
0-3	3,3-4,9		3-4,6	
4	5,3-6,8	5 430	4,9-5,6	5 010
5	5,6-7,2	5 850	5,2-6,7	5 850
6	5,9-7,6	7 100	5,5-7,1	6 680
7	6,3-7,6	7 940	5,8-7,5	7 100
8	6,7-8,6	8 360	6,2- 7,9	7 520
9	7-9,1	8 770	6,6-8,4	8 360
10	8,1-11,4	9 200	7,6-10,5	8 770
13	9,8-12,2	9 200	8,8-11	8 800
14	10,5-13,1	10 470	9,1-11,4	10 050
15	11,3-14,1	11 720	9,3-11,7	10 880
16	11,9-14,9*	12 980	9,5-11,8	11 300
17	12,3-15 ,4	14 235	9,5-11,9	12 140
18-29	9,8-14	11 704	7,9-11,2	9 196
30-39	9,5-13,5	11 286	7,6-10,8	8 987
40-49	9,3-13,4	10 868	7,5-10,7	8 736
50-59	9,2-13,3	10 450	7,5-10,7	8 360
60-69	8,4-12,1		6,8-9,7	
70-79	8,3-11,9		6,8-9,6	
> 18 Femme enceinte 1er trim			+ 0,29 MJ/j	+ 418
> 18 Femme enceinte 2 et 3e trim			+1,1 à 2,1 MJ/j	+ 1 045
> 18 Femme allaitante			+ 2,1 MJ/j	10 450

Les valeurs données **en 5.1** sont extraites des tableaux relatifs aux différentes populations cibles, téléchargés à https://multimedia.efsa.europa.eu/drvs/index.htm

[1] VNR = valeurs nutritionnelles de référence (EFSA) pour des individus en bonne santé générale.
Ce sont des références scientifiques utilisées pour définir les objectifs nutritionnels des populations ou des recommandations pour les individus, afin d'établir des valeurs de référence dans l'étiquetage des aliments.

[2] La valeur la plus élevée = niveau élevé d'activité physique (NAP).
Les valeurs varient en fonction de la croissance, du niveau de l'activité physique, de l'étape de la vie et du sexe. 1 MJ = 1 000 kJ

Intervalles de référence en % des apports énergétiques

Tableau établi d'après ANSES 2016

Population	PROTIDES	LIPIDES	GLUCIDES
0-1 an 1-3 ans	7-15 % 6-15 %	0-6 mois : 50-55 % 1-3 ans : 45-50 %	40-50 %
4– 5 ans 6-9 ans 10-13 ans 14-17 ans	6-16 % 7-17 % 9-19 % 10-20 %	Réduire progressivement	Évolution progressive À 40 à 55 % chez l'adolescent
> 18 ans	10-20 %*	35-40 %	40-55 %
> 70 ans	15-20 %	35-40 %	40-55 %

* 12 % minimum pour les personnes à très faible NAP, femmes + 50 ans, hommes + 60 ans, femmes enceintes 3e trim, allaitantes.

Apport moyen en protéines

Tableau établi d'après EFSA 2020

Âge F/M[3]		AR[4] g/kg poids corporel/j	
Genre		Masculin	Féminin
7-11 mois		1,12	1,12
12-17 mois		0,95	0,95
18-23		0,85	0,85
2 ans		0,79	0,79
3-4 ans		0,73-0,69	0,73-0,69
5-6 ans		0,69-0,72	0,69-0,72
7-8 ans		0,74-0,75	0,74-0,75
8-10 ans		0,75	0,75
11 ans		0,73	0,75 [3]
12 ans		0,72	0,74
13 ans		0,71	0,73
14 ans		0,7	0,72
15 ans		0,69	0,72
16 ans		0,68	0,71
17 ans		0,67	0,7
≥ 18 ans		0,66	0,66
Femme enceinte	1er trim.		(+) 1 g/j
	2e trim.		(+) 9 g/j
	3e trim.		(+) 28 g/j
Femme allaitante			(+) 19 g/j

Les valeurs données sont extraites des tableaux relatifs aux différentes populations cibles, téléchargés à https://multimedia.efsa.europa.eu/drvs/index.htm

[4] AR = Besoin moyen. Apport d'un nutriment qui répond aux besoins quotidiens de la moitié des personnes d'une population en bonne santé.

Apports en eau

Tableau établi d'après EFSA 2020

Genre	Masculin	Féminin
Âges	Litre/j	Litre/j
7-11 mois	0,8-1	0,8-1
1 an	1,1 à 1,2	1,1 à 1,2
2-3 ans	1,3	1,3
4-8 ans	1,6	1,6
9-13 ans	2,1	1,9
14-17 ans	2,5	2
> 18 ans		2,5
> 18 ans-Femme enceinte		2,3
> 18 ans-Femme allaitante		2,7

Apports nutritionnels pour quelques vitamines

Tableau établi d'après « apports nutritionnels conseillés en vitamines et minéraux » publiés par Anses en 2020 à https://www.anses.fr/fr/content/les-references-nutritionnelles-en-vitamines-et-mineraux

	Vitamines									
	A	B1	B2	B5	B6	B9	B12	C	D	E
Unité / Groupes de population	µg ER/j[1]	mg/MJ[2]	mg/j	mg/j	mg/j	µg EFA/j[3]	µg/j	mg/j	µg/j	mg/j
Nourrissons de moins de 6 mois	350	0,2 en mg/j	0.3	2	0,1	65	0,4	20	10	4
Nourrissons de 6 mois et plus	250	0,1	0.4	3	0,3	80	1,5	20	10	5
Enfants de 1 à 3 ans	250	0,1	0,6	4	0,6	120	1,5	20	15	7
Enfants de 4 à 6 ans	300	0,1	0,7	4,5	0,7	140	1,5	30	15	7
Enfants de 7 à 10 ans	400	0,1	1	5	1,0	200	1.5	45	15	9
Adolescents de 11 à 14 ans	600	0,1	1,4	6	1,4	270	2,5	70	15	10
Adolescents de 15 à 17 ans	750	0,1	1,6	6	1,7	330	2,5	100	15	10
Adolescentes de 15 à 17 ans	650	0,1	1,6	5	1,6	330	2,5	100	15	8
Hommes de 18 ans et plus	750	0,1	1,6	6	1,7	330	4	110	15	10
Femmes de 18 ans et plus	650	0,1	1,6	5	1,6	330	4	110	15	9
Femmes enceintes	700	0,1	1,9	5	1,8	600	4,5	120	15	9
Femmes allaitantes	1 300	0,1	2	7	1,7	500	5	170	15	9

Légendes

Les valeurs sont données :

– soit en RNP = Référence nutritionnelle pour la population = apport qui couvre en théorie le besoin de presque toute la population considérée ;

– soit en AS = apport satisfaisant = valeur retenue lorsque la RNP ne peut pas être estimée = apport moyen d'une population pour lequel le statut nutritionnel est jugé satisfaisant.

[1] ER : équivalent rétinol

[2] EFA équivalents folates alimentaires (notion utilisée car l'acide folique synthétique a une meilleure biodisponibilité que les folates des aliments).

Apports nutritionnels pour quelques minéraux

Tableau établi d'après « apports nutritionnels conseillés en vitamines et minéraux » publiés par Anses en 2020 à https://www.anses.fr/fr/content/les-references-nutritionnelles-en-vitamines-et-mineraux

	Minéraux				Phosphore	Sodium
	Calcium	Fer	Magnésium	Potassium		
Groupes de population / Unité	mg/j	mg/j	mg/j	mg/j	mg/j	
Nourrissons de moins de 6 mois	200	0,3	25	400	100	110
Nourrissons de 6 mois et plus	280	11	80	450	160	370
Enfants de 1 à 3 ans	450	5	180	800	250	800
Enfants de 4 à 6 ans	800	4	210	1 100	440	1 000 (4 à 8 ans) 1 200 (9 à 13 ans)
Enfants de 7 à 10 ans	1 150	6	240	1 800	440	
Adolescents de 11 à 14 ans	1 150	11	265	2 700	640	
Adolescents de 15 à 17 ans	1 150	11	295	3 500	640	1 500
Adolescentes de 15 à 17 ans	1 150	11 à 13[4]	225	3 500	640	1 500
Hommes de 18 ans et plus	1 000	11	380	3 500	550	1 500
Femmes de 18 ans et plus	1 000	11 à 16[4]	300	3 500	550	1 500
Femmes enceintes	950	16	300	3 500	550	1 500
Femmes allaitantes	950	16	300	4 000	550	1 500

Légendes

Les valeurs sont données :

– soit en RNP = Référence nutritionnelle pour la population = apport qui couvre en théorie le besoin de presque toute la population considérée ;

– soit en AS = apport satisfaisant = valeur retenue lorsque la RNP ne peut pas être estimée = apport moyen d'une population pour lequel le statut nutritionnel est jugé satisfaisant.

[4] 11 : femmes non menstruées ou pertes menstruelles faibles à modérées ou femmes ménopausées ; 16 : pertes menstruelles élevées.

Annexe 6 Tableau de composition nutritionnelle de quelques aliments (pour 100 g d'aliment)

D'après « Anses 2020 - Table de composition nutritionnelle des aliments **Ciqual** »
La composition nutritionnelle de l'ensemble des aliments est téléchargeable à https://ciqual.anses.fr/#/cms/telechargement/node/20

Fruits, légumes et oléagineux	Eau (g)	Biomolécules/100 g d'aliment				Minéraux/100 g d'aliment					Vitamines/100 g d'aliment						
		Protéines (g)	Glucides (g)	Lipides (g)	Fibres (g)	Calcium (mg)	Fer (mg)	Magnésium (mg)	Phosphore (mg)	Sodium (mg)	A (µg)	D (µg)	E (mg)	C (mg)	B1 (mg)	B2 (mg)	B3 ou PP (mg)
Abricot, dénoyauté, cru	87,1	0,81	9,01	< 0,5	1,7	15	0,19	8,4	22	< 5	0	0	0,7	2,55	0,03	0,013	< 0,1
Abricot, dénoyauté, sec	24,7	2,88	59,1	0,5	8,3	71	1,4	41	79	< 5	0	< 0,25	5,52	< 0,5	< 0,015	< 0,01	1,12
Amande, émondée ou blanchie	4,51	25,8	8,76	52,5	9,9	236	3,28	268	481	19	0	0	23,8	0	0,19	0,71	3,5
Aubergine, cuite	88,6	1,33	4,17	0,28	4,3	20,1	0,25	15	15	5,95	0	0	0,41	1,3	0,076	0,02	0,6
Avocat, pulpe, cru	70,3	1,56	0,83	20,6	3,6	9,4	0,34	21	38	6	0	0	2,23	< 0,5	0,052	0,037	1,56
Banane, pulpe, crue	75,8	1,06	19,7	< 0,5	2,7	5,1	0,2	28	29	< 5	0	0	< 0,08	7,16	0,054	< 0,01	0,39
Carotte, cuite	93	0,55	2,6	0,1	2,8	31,5	< 0,1	7,5	18	20,2	0	0	0,56	< 1	< 0,05	< 0,05	< 0,05
Champignon de Paris cru	93,9	2,62	3,15	0,36	1	6,03	0,31	10,5	96,6	39	0	0,3	0,02	3,09	0,073	0,29	5
Chou-fleur, cuit	93,7	1,6	1,6	0,46	2	19,2	0,31	12,9	34	< 39	0	0	0,07	9,7	< 0,05	< 0,05	0,21
Concombre, pulpe et peau, cru	96	0,64	2,54	0,11	0,6	19,2	0,13	13,6	24,7	4,8	0	0	0,09	8,25	0,022	0,025	0,15
Courgette, pulpe et peau, cuite	93,8	0,93	1,4	0,36	1,5	19,3	0,32	22,3	65	39	0	0	0,12	2,9	< 0,05	< 0,05	< 0,05
Épinard, cuit	92,8	3,2	0,5	0,14	2,7	140	2,14	54,4	40	27,6	0	0	2,4	2,1	< 0,05	0,1	0,24
Haricot vert, cuit	89,3	2	3	0,17	4	55,3	0,6	22,3	36	5,8	0	0	0,45	5	< 0,05	0,08	0,34
Pastèque, pulpe, crue	91	0,69	8,33	< 0,5	0,5	6	0,16	11	9,7	< 5	0	0	< 0,08	4,26	0,015	0,01	0,3
Poire, crue	83,5	0,49	10,9	0,27	2,9	6,46	0,072	8,23	15,4	1,8	0	0	0,41	4,62	0,015	0,021	0,23
Poireau, cuit	92	1,1	3	0,2	3,2	25,6	0,34	8,45	20	5,8	0	0	0,5	1,3	< 0,05	< 0,05	< 0,05
Pomme Canada, crue	84,4	0,4	11,6	0,1	1,6	3,59	0,14	3,76	8,61	3,69	0	0	0,27	4	0,03	0,02	0,1
Pomme Golden, crue	85,1	< 0,5	12,8	< 0,5	1,4	4	0,07	3,8	10	< 5	-	< 0,25	< 0,08	< 0,5	< 0,015	< 0,01	< 0,1
Prune, crue	87	0,66	9,92	0,29	1,5	7,29	0,16	6	17,8	3	0	0	0,33	7,25	0,024	0,026	0,41
Salade verte, crue	96,1	1,01	1,5	0,1	1,3	35,3	0,64	15,3	23,5	18,3	0	< 0,5	0,17	1,95	0,041	< 0,04	0,14
Tomate, crue	94,1	0,86	2,49	0,26	1,2	8,14	0,12	10,1	26,6	3,22	0	0	0,66	15,5	0,039	0,019	0,65

Féculents	Eau (g)	Biomolécules/100 g d'aliment				Minéraux/100 g d'aliment					Vitamines/100 g d'aliment						
		Protéines (g)	Glucides (g)	Lipides (g)	Fibres (g)	Calcium (mg)	Fer (mg)	Magnésium (mg)	Phosphore (mg)	Sodium (mg)	A (µg)	D (µg)	E (mg)	C (mg)	B1 (mg)	B2 (mg)	B3 ou PP (mg)
Biscuit apéritif, crackers, nature	0,89	10,5	59	23,9	3,14	28	2,75	30,5	89	919	–	–	3	0	0,42	0,05	1
Blé dur précuit, entier, cru	8,81	14,7	67,7	1,83	6,67	55	0	50	238	4	0	0	–	0	1,11	0	8,4
Flocons d'avoine, bouillis	–	2,72	11,9	1,52	1,7	9	0,9	27	77	4	0	0	0,08	0	0,076	0,016	0,23
Pain courant, 400 g ou boule	36,9	8,67	52	2	2,6	37	1	21,3	124	499	0	0	0,5	0	0,12	0,067	1
Pâtes standard, cuites	68,3	4,38	25	0,55	1,9	17	0,43	17	59	< 5	0	0	< 0,08	< 0,5	0,025	< 0,01	0,52
Riz blanc étuvé, cuit, non salé	63,5	3,1	31,7	0,56	1,1	11,1	< 0,1	10	35	2,35	0	0	0,01	0	0,07	0,019	0,4
Riz blanc, cuit, non salé	63,9	3,06	31,8	0,41	0,8	14	0,04	7,1	35	< 5	0	0	< 0,08	< 0,5	0,03	< 0,01	0,16
Semoule de blé dur, cuite, non salée	69,6	3,75	24	0,8	1,9	13	1	16	62	< 5	–	< 0,25	–	< 0,5	0,053	< 0,01	0,24
Pomme de terre, cuite	76,4	2,01	17,2	1,37	1,96	9,62	0,43	20,7	43,7	48,8			0,12	5,05	0,07	0,013	1,08

Légumineuses	Eau (g)	Biomolécules/100 g d'aliment				Minéraux/100 g d'aliment					Vitamines/100 g d'aliment						
		Protéines (g)	Glucides (g)	Lipides (g)	Fibres (g)	Calcium (mg)	Fer (mg)	Magnésium (mg)	Phosphore (mg)	Sodium (mg)	A (µg)	D (µg)	E (mg)	C (mg)	B1 (mg)	B2 (mg)	B3 ou PP (mg)
Pois chiche, bouilli/cuit à l'eau	62	8,31	17,7	3	8,2	72	1,3	44	140	10,9	0	< 0,25	1,22	< 0,5	0,06	0,027	0,21
Lentille, bouillie/cuite à l'eau	69,6	9,02	12,2	0,38	7,9	26,2	1,44	35,6	180	2	0	0	0,11	1,5	0,17	0,073	1,06
Haricot blanc, bouilli/cuit à l'eau	66,9	6,75	12	1,1	13,8	120	1,7	33	110	9,3	0	< 0,25	< 0,08	< 0,5	0,03	0,017	0,32

Viandes, œufs, poissons et assimilés	Eau (g)	Biomolécules/100 g d'aliment				Minéraux/100 g d'aliment					Vitamines/100 g d'aliment						
		Protéines (g)	Glucides (g)	Lipides (g)	Fibres (g)	Calcium (mg)	Fer (mg)	Magnésium (mg)	Phosphore (mg)	Sodium (mg)	A (µg)	D (µg)	E (mg)	C (mg)	B1 (mg)	B2 (mg)	B3 ou PP (mg)
Bœuf, steak haché, cuit	60	23,8	0,0018	15,1	0	14,3	2,62	28,6	195	82,2	3	0	0,12	0	0,046	0,18	5,27
Cabillaud, cuit, sans précision (aliment moyen)	75	23,1	0	0,73	0	15,2	0,22	26,2	193	80,8	5,73	0,75	0,62	0,62	0,046	0,055	2,08
Canard, magret, grillé/poêlé	61,7	26,7	traces	12,8	0	5	4,8	31,2	273	435	16	0,93	0,46	3,5	0,38	0,88	13,5
Chipolata, cuite	55,4	18,8	0,8	22,4	0	19	0,79	23	170	859	< 21	0,46	0,36	11	0,38	0,041	4,66
Foie, veau, cuit	67,7	19	4,47	3,02	0	6,5	4,5	21,5	302	81,5	10 500	2,52	0,64	13,2	0,15	1,72	18,8
Jambon cuit, découenné dégraissé	–	20	1,08	3,42	0	–	–	–	426	–	–	–	–	–	–	–	–
Lapin, viande cuite	68,2	20,5	0,5	9,2	0	13,5	2,27	21,8	200	63,2	0	–	1,22	0	0,1	0,21	9
Œuf, dur	76,5	13,5	0,52	8,62	0	41	1,72	14	172	123	61,5	1,12	1,03	0	0,066	0,51	0,064
Poisson pané, frit	62,2	11,9	13,4	10	0,9	15,1	0,44	32,4	164	338	16	traces	3,8	< 0,5	0,062	0,073	1,6
Porc côte grillée	58,9	29,6	0	10,3	0	7,3	0,7	29	260	57	<21	0,43	<0,08	< 0,5	0,76	0,046	7,78
Poulet, viande et peau, rôti/cuit	59,7	28,9	2,1	9,88	0	19,4	0,68	39,6	200	160	47,5	1,5	0,39	0	0,06	0,16	8,55
Sardine, grillée	64	25,1	traces	10,4	0	130	1,7	34	320	140	0	12,3	0,31	traces	traces	0,25	6,9
Saucisson sec	30	24,2	2,41	34,5	0,73	14,4	1,27	32	237	1 900	traces	0,5	0,16	5	0,62	0,37	8,55
Saumon, cuit à la vapeur	63,5	23	traces	11,5	0	9,23	0,4	21,4	270	51,5	5	8,7	2,05	0	0,22	0,11	7
Thon cuit rôti four	66.9	29,9	0	1,83	0	18,7	1,8	46	155 273	56	8	1,83	0 ,32	0	0,052	0,062	16,4
Veau, rôti, cuit	67	28,1	0	3,39	0	6	0,9	28	236	68	0	–	0,55	0	0,06	0,33	10,1

Produits laitiers et assimilés	Eau (g)	Biomolécules/100 g d'aliment				Minéraux/100 g d'aliment					Vitamines/100 g d'aliment						
		Protéines (g)	Glucides (g)	Lipides (g)	Fibres (g)	Calcium (mg)	Fer (mg)	Magnésium (mg)	Phosphore (mg)	Sodium (mg)	A (µg)	D (µg)	E (mg)	C (mg)	B1 (mg)	B2 (mg)	B3 ou PP (mg)
Brie	52,5	16,9	traces	25,5	0	424	0,36	20	282	599	204	0,39	0,47	0	0,06	0,43	0,38
Camembert	54,8	19,1	traces	22,5	0	449	0,18	19,3	370	579	190	0,24	0,57	0	0,045	0,45	1,8
Comté	33,2	26,7	traces	34,6	0	993	0,49	43,7	681	322	263	–	0,8	–	–	0,38	–
Crème de lait, 30 % MG épaisse	65,5	2,94	2,8	30,7	< 3	76,9	0,08	7,92	64	28	195	< 0,2	0,5	< 0,5	0,024	0,17	0,16
Fromage blanc nature ou aux fruits	81,5	6,95	5,68	4,31	0,0048	122	0,29	10,3	107	47,1	48,9	0,71	0,078	0,1	0,038	0,22	0,16
Fromage blanc nature, 0 % MG	86,5	7,78	3,89	0,044	traces	134	0,16	12,2	116	44,3	4	< 0,2	traces	traces	0,044	0,24	0,2
Fromage de chèvre frais, au lait pasteurisé (type bûchette fraîche)	60	15,8	2,08	20	0	96,7	0,22	11,2	161	387	146	< 0,5	0,32	–	< 0,04	0,34	0,6
Gruyère	32,5	27,9	traces	34,6	0	1 090	0,29	39,2	608	320	262	0,44	0,52	0	0,05	0,39	0,1
Lait concentré non sucré, entier	74,5	6,31	9,91	5,9	< 3	273	0,06	25,7	225	95	145	0,1	0,2	1,9	0,055	0,34	0,2
Lait demi-écrémé, pasteurisé	89,4	3	4,9	1,54	0	119	0,031	11,1	96	31	13,2	0,085	0,041	1,3	0,047	0,18	0,097
Lait demi-écrémé, UHT	89,4	3,31	4,83	1,55	0	117	0,045	12,1	89,1	36	19,2	< 0,5	0,13	1,5	0,06	0,18	0,093
Lait entier, UHT	87,5	3,25	4,85	3,63	0	120	0,01	9,8	97	44,2	31,4	< 0,25	0,089	< 0,5	0,041	0,17	< 0,1
Petit-suisse, nature, 4 % MG	81,6	9,75	2,84	4	0	103	0,14	40	126	33	0	0	0	0	0	0,24	0,26
Roquefort	41,9	19,1	traces	33,9	0	660	0,1	31,9	392	1 290	212	–	0,12	0	0,044	0,67	0,73
Yaourt, lait fermenté ou spécialité laitière, nature	88,6	3,88	2,65	1,5	< 3	128	0,25	12,5	98	43	11	0,8	0,076	< 0,5	0,04	0,26	0,19

Matières grasses	Eau (g)	Biomolécules/100 g d'aliment				Minéraux/100 g d'aliment					Vitamines/100 g d'aliment						
		Protéines (g)	Glucides (g)	Lipides (g)	Fibres (g)	Calcium (mg)	Fer (mg)	Magnésium (mg)	Phosphore (mg)	Sodium (mg)	A (µg)	D (µg)	E (mg)	C (mg)	B1 (mg)	B2 (mg)	B3 ou PP (mg)
Beurre à 82 % MG, doux	15,4	0,69	0,9	82,9	0	17,8	0,026	2,05	24	25	675	1,12	2,11	0	0,006	0,035	0,071
Huile de colza	0	0	0	100	0	< 2,57	0,023	< 0,58	0	< 1,11	0	0	27,7	0	0	0	0
Huile de noix	0	0	0	100	0	0	0	0	0	0	0	0	1,81	0	0	0	0
Huile de tournesol	–	< 0,5	0	100	0	< 0,2	< 0,05	< 0,05	< 0,3	10	0	< 0,25	57,3	0	0	0	0
Huile d'olive vierge extra	0,1	< 0,5	0	99,9	0	< 0,2	< 0,05	< 0,05	< 0,3	< 5	0	< 0,25	22,3	0	0	0	0
Matière grasse végétale ou margarine, 80 % MG, doux	16,3	0,39	0,3	80,4	0	11,1	0,098	4,19	10,8	174	780	0	8,5	0	0,01	0,025	0,013

Produits sucrés	Eau (g)	Biomolécules/100 g d'aliment				Minéraux/100 g d'aliment					Vitamines/100 g d'aliment						
		Protéines (g)	Glucides (g)	Lipides (g)	Fibres (g)	Calcium (mg)	Fer (mg)	Magnésium (mg)	Phosphore (mg)	Sodium (mg)	A (µg)	D (µg)	E (mg)	C (mg)	B1 (mg)	B2 (mg)	B3 ou PP (mg)
Barre chocolatée biscuitée	1,97	6,14	60,5	28,1	1,93	263	1,76	45	234	155	188	0,058	3,74	0,62	0,089	0,2	0,97
Bonbons, tout type	4,85	1,75	86,5	6,32	0,63	26,5	0,69	19,6	15	61,5	0	0	0	0	0	0	0
Céréales pour petit déjeuner chocolat, enrichies en vitamines et minéraux	3,3	7,5	73,9	5,9	7,1	361	7,75	60	169	274	0	traces	10,8	69,6	1,07	1,35	15,2
Chocolat au lait, tablette	0,7	7,5	55,6	30,8	2,9	220	3,6	59	230	78	40,1	1,5	0,45	1,58	0,071	0,26	0,18
Chocolat noir à 40 % cacao	0,9	6,39	51,4	33,1	8,76	46	4,35	130	186	5,36	0	0	1,44	0,28	0,07	0,07	0,6
Chocolat noir à 70 % cacao	0,9	10,4	26,9	46,3	12,8	62	11	200	280	8	< 21	2,16	0,67	< 0,5	0,13	0,11	0,49
Confiture d'abricot	39,2	< 0,5	59,7	0,3	1,1	8,7	0,14	4,4	7,7	5	0	< 0,25	0,7	6,42	< 0,015	< 0,01	< 0,1
Miel	17,6	0,56	81,7	0	0	7,93	0,18	4,26	5,6	4,11	0	0	0	0,8	0	0,069	0,11
Pâte à tartiner chocolat/noisette	0,38	5,02	57,9	32,4	3,23	99,5	3,85	97,1	183	49,5	0	0	6,6	1	0,1	0,2	1,6
Pâte de fruits	15	1,69	76,6	1,8	3,9	25	0,58	18	44	31	0	< 0,25	3,72	5,13	0,15	0,3	3,69
Sucre blanc	0,17	0	99,8	0	0	3,69	0,077	1,65	0	2,17	0	0	0	0	0	0,019	0
Sucre roux	1,31	0,12	97,3	0	0	83	1,91	18,5	3	41,5	0	0	0	0	0	0	0,11

Eaux et autres boissons	Eau (g)	Biomolécules/100 g d'aliment				Minéraux/100 g d'aliment					Vitamines/100 g d'aliment						
		Protéines (g)	Glucides (g)	Lipides (g)	Fibres (g)	Calcium (mg)	Fer (mg)	Magnésium (mg)	Phosphore (mg)	Sodium (mg)	A (µg)	D (µg)	E (mg)	C (mg)	B1 (mg)	B2 (mg)	B3 ou PP (mg)
Café, instantané, non sucré	99,2	0,1	0,3	0,004	0	4	0,04	4	3	4	0	0	0	0	0	0,001	0,24
Eau du robinet	100	0	0	0	0	7,13	0,03	0,99	0	2,4	0	0	0	0	0	0	0
Eau minérale	99,9	0	0	0	0	19,3	0,0017	4,01	0,0034	5,02	0	0	0	0	0	0	0
Eau minérale gazeuse Salvetat	99,9	0	0	0	0	21	< 0,001	0,95	< 0,003	0,7	0	0	0	0	0	0	0
Eau minérale Hépar	99,7	0	0	0	0	54,9	0,0023	11,9	0,003	1,42	0	0	0	0	0	0	0
Jus de fruits	88,5	0,52	9,58	0,14	0,29	5	0,12	9,22	14,3	5,18	0	0,0001	0,18	32,5	0,064	0,023	0,29
Thé infusé, non sucré	99,8	0	0	0,007	0	0,2	0,015	2	1	1,65	0	0	0	0	0	0,015	0,1
Boisson gazeuse, sucrée	90,6	0,14	8,67	0,078	0	11,5	0,12	1	3	36,4	0	0	0	0	0	0	0

Annexe 7 Programme national nutrition santé 2019-2023

D'après *https://solidarites-sante.gouv.fr/actualites/presse/communiques-de-presse/article/lancement-du-4eme-programme-national-nutrition-sante-2019-2023*

Le **4e Programme national nutrition santé (PNNS 4)** est un plan de santé publique visant à améliorer l'état de santé de la population en agissant sur la nutrition. Pour le PNNS, la nutrition s'entend comme l'équilibre entre les apports liés à l'alimentation et les dépenses occasionnées par l'activité physique.

Extraits des grands axes du PNNS 4

➜ Améliorer pour tous l'environnement alimentaire et physique pour le rendre plus favorable à la santé et pour réduire les inégalités sociales de santé :
- Déploiement de **Nutri-Score**, y compris en restauration collective.
- Réduction des teneurs en sel, en graisses et en sucre des aliments, tout en augmentant les quantités de fibres.

➜ Encourager les comportements favorables à la santé :
- Mise à jour du site manger-bouger.fr
- **Éducation à l'alimentation** étendue de la maternelle au lycée

➜ Mieux prendre en charge les personnes en surpoids, dénutries ou atteintes de maladies chroniques :
- Prescription d'activité physique adaptée par les médecins.
- « Semaine nationale de la dénutrition ».

➜ Impulser une dynamique territoriale.

➜ Développer la recherche, l'expertise et la surveillance en appui de la politique nutritionnelle.

Sitographie

https://ireps.gp.fnes.fr/documentation/consulter-les-ressources-en-ligne-veille/dossiers-thematiques/alimentation-nutrition/programme-national-nutrition-sante-2019-2023-pnns-4

https://solidarites-sante.gouv.fr/prevention-en-sante/preserver-sa-sante/le-programme-national-nutrition-sante/

https://www.mangerbouger.fr/l-essentiel/les-recommandations-sur-l-alimentation-l-activite-physique-et-la-sedentarite

https://www.luttecontreladenutrition.fr/

Recommandations

D'après *https://www.mangerbouger.fr/l-essentiel/les-recommandations-sur-l-alimentation-l-activite-physique-et-la-sedentarite*

Augmenter ↗

Les fruits et légumes	Les légumes secs	L'activité physique

Au moins 5 fruits et légumes par jour (par exemple, 3 portions de légumes et 2 fruits ou 4 de légumes et 1 fruit).	Il est recommandé de consommer des légumes secs (lentilles, haricots, pois chiches…) au moins 2 fois par semaine, car ils sont naturellement riches en fibres.	Au moins 30 minutes d'activités physiques dynamiques par jour.

Aller vers ➡

Les féculents complets	Le poisson	L'huile de colza, de noix et d'olive	Les produits laitiers : lait, yaourts, fromage et fromage blanc

Au moins un féculent complet par jour, car ils sont naturellement riches en fibres.	2 fois par semaine, dont un poisson gras (sardines, maquereau, hareng, saumon).	Privilégier l'huile de colza, de noix et d'olive. Les matières grasses ajoutées – huile, beurre et margarine – peuvent être consommées tous les jours en petites quantités.	2 par jour pour les adultes.

Réduire ↘

L'alcool	Les boissons sucrées, les produits sucrés et ultra-transformés	Les produits salés et le sel	La charcuterie	La viande	Le temps passé assis
				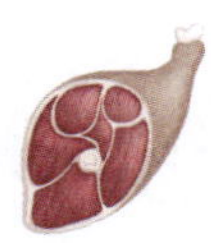	
Maximum 2 verres par jour et pas tous les jours.	Limiter les boissons sucrées, les aliments gras, sucrés, salés et ultra-transformés.	Limiter les produits salés et le sel.	Limiter la charcuterie à 150 g par semaine.	Privilégier la volaille Limiter les autres viandes (porc, bœuf, veau, mouton, agneau, abats) à 500 g par semaine.	

ÉPREUVES DU BACCALAURÉAT PROFESSIONNEL ASSP

(Accompagnement, soins et services à la personne)

Pour les candidats évalués par CCF
(contrôle en cours de formation)

Un bloc ► une épreuve

4 épreuves professionnelles

Épreuve E2	Sous-épreuve E31	Sous-épreuve E32	Sous-épreuve E33
Unité 2	**Unité 31**	**Unité 32**	**Unité 33**
Conception d'action(s) d'éducation à la santé	**Accompagnement de la personne dans une approche globale et individualisée**	**Soins d'hygiène, de confort et de sécurité**	**Travail et communication en équipe pluriprofessionnelle**
Une épreuve écrite ponctuelle	Une évaluation orale CCF	Une évaluation pratique (PFMP) et orale CCF	Une évaluation pratique (PFMP) et écrite CCF
Durée 4 heures	**Durée** 45 minutes	**Durée** épreuve portant sur une PFMP d'au moins 4 semaines + partie orale de 20 minutes	**Durée** épreuve portant sur une PFMP d'au moins 4 semaines + partie écrite de 30 minutes maximum
Coefficient 4	Coefficient 4	Coefficient 4	Coefficient 4
Bloc 4	**Bloc 1**	**Bloc 2**	**Bloc 3**

Les savoirs de « Entretien de l'environnement, service des repas, nutrition » sont évalués dans tous les blocs. Les questions posées sont toujours en lien avec les activités que vous avez menées, les thématiques développées dans vos dossiers, les lieux de vos PFMP.

DÉROULÉ DES ÉPREUVES

E2

Conception d'actions d'éducation à la santé

- C'est une épreuve écrite, d'une durée de 4 heures, notée sur 80 points.
- Cette épreuve est ponctuelle : tous les candidats sont convoqués, le même jour à la même heure, par le service des examens, dans un établissement. Le sujet est identique pour tous les candidats.
- Le sujet qui vous est donné comporte un dossier technique de 20 pages maximum, vous devez répondre, par écrit, à toutes les questions posées.

E31

Accompagnement de la personne dans une approche globale individualisée

- Cette sous-épreuve se déroule durant l'année de terminale.
- À partir d'une PFMP d'au moins quatre semaines, vous devez rédiger un dossier de 10 à 15 pages présentant un projet individualisé pour une personne donnée.
- Puis, devant une commission d'évaluation de deux personnes, vous devrez présenter oralement votre dossier (15 minutes maximum). Cette présentation est suivie d'un entretien avec la commission d'évaluation (30 minutes maximum). L'écrit du dossier est noté sur 20 points, la présentation orale sur 20 points, l'entretien sur 40 points.

E32

Soins d'hygiène, de confort et de sécurité

- Cette épreuve se déroule sur le lieu d'une PFMP d'au moins quatre semaines auprès d'adultes non autonomes, au cours de l'année de terminale.
- L'évaluation porte sur l'ensemble des activités relevant du bloc 2 et réalisées durant la période de formation en milieu professionnel, la présentation du raisonnement clinique concernant une personne dont vous aurez pris soin durant cette PFMP (10 minutes) et une interrogation sur les savoirs associés (10 minutes). Cette épreuve est notée sur 80 points.

E33

Travail et communication en équipe pluriprofessionnelle

- Cette épreuve comporte deux situations d'évaluation :
  – une évaluation d'une PFMP sur les compétences du bloc 3 (travail en équipe, prévention des infections associées aux soins…) notée sur 40 points ;
  – une évaluation au lycée. Vous rédigez, à partir de votre PFMP, un dossier de 6 à 8 pages sur la démarche qualité et la coordination d'une équipe de bionettoyage. À partir de ce dossier (écrit noté sur 25 points), le professeur vous demande de répondre par écrit, dans un temps limité (30 minutes maximum selon les questions) à des questions des savoirs associés (15 points).

Se préparer à la rédaction des écrits

- Tous les écrits qui vous sont demandés dans le cadre des épreuves doivent être rédigés sans erreur d'orthographe, sans faute grammaticale, sans faute de syntaxe, en utilisant un vocabulaire professionnel. Il s'agit d'une production personnelle : pas de reprise d'autres dossiers, pas de plagiat de documents puisés sur Internet.

Se préparer aux entretiens oraux

- Pour une présentation orale de votre dossier, de votre raisonnement clinique : rédigez en amont votre exposé, veillez au respect du temps imparti.

AYEZ UNE POSTURE ADAPTÉE

Soyez à l'heure, ayez une tenue correcte (évitez le chewing-gum, les mains dans les poches, etc.).

MAÎTRISEZ-VOUS

Ne coupez pas la parole aux évaluateurs ; regardez-les, laissez-les finir leurs questions ; faites preuve d'écoute ; gardez votre calme.

UTILISEZ UN VOCABULAIRE ET UN LANGAGE PROFESSIONNELS

Évitez les « euh », « ben », etc. ; soyez précis et synthétique dans vos réponses ; faites reformuler les questions si vous ne les avez pas comprises.

E2

Conception d'actions d'éducation à la santé

Les contenus de « Entretien de l'environnement, service des repas, nutrition » évalués dans cette épreuve sont repérés par la couleur rouge dans l'ouvrage : vous devez donc maîtriser tous ces savoirs. Ils peuvent porter sur :
– L'agencement et équipement des locaux pour l'accessibilité, la sécurité.
– Les sources nutritionnelles, l'alimentation rationnelle, l'équilibre alimentaire et l'éducation alimentaire.

Les questions vont dépendre de la thématique du sujet.

1	2	3
L'action se déroule en multiaccueil	L'action se déroule auprès d'adolescents.	L'action se déroule en EHPAD.
Thématique : L'éducation alimentaire du jeune enfant	**Thématique : L'alimentation équilibrée**	**Thématique : la prévention des chutes**
Questions possibles sur l'alimentation de l'enfant	Questions possibles sur l'alimentation de l'adolescent, les troubles de l'alimentation, les sources nutritionnelles	Questions possibles sur l'alimentation de la personne âgée, l'agencement des locaux
Exemples de questions • Justifier l'intérêt d'une éducation alimentaire. • Indiquer et justifier les principales étapes de la diversification alimentaire. • Expliquer l'intérêt la diversification alimentaire menée par l'enfant. • Indiquer et justifier les besoins et apports nutritionnels de l'enfant selon l'âge. • Indiquer la ration lactée à répartir sur la journée en fonction de l'âge. • Énoncer les caractéristiques nutritionnelles des différents types de laits et justifier leur choix selon l'enfant. …	Exemples de questions • Présenter les besoins nutritionnels de l'adolescent. • Justifier les modifications de ses besoins nutritionnels. • Proposer une adaptation quantitative et qualitative aux besoins. • Expliquer les obstacles (physiologiques, socio-économiques, psychosociaux) à l'alimentation. • Caractériser les troubles du comportement alimentaire (anorexie, boulimie). • Indiquer, pour chaque groupe d'aliments, les constituants caractéristiques et leurs rôles majeurs. …	Exemples de questions **1. Alimentation de la personne âgée** *Le plan national antichute 2022 préconise une activité physique adaptée aux capacités des personnes, elle est coordonnée par un intervenant en activité physique adaptée, un ergothérapeute et diététicien :* • Justifier l'importance de l'apport en vitamine D, calcium et protéines chez la personne âgée. • Indiquer les conséquences des états de dénutrition et de déshydratation. **2. Aménagement des locaux** • Répertorier les risques d'accidents à domicile. • Expliquer l'intérêt d'aménager le logement de la personne âgée, et indiquer comment le faire. • Justifier le choix des solutions présentées pour éviter les chutes. Préciser les recommandations en matière de circulation et d'accessibilité…

⚠ **Attention : les situations et exemples donnés ci-dessus ne sont pas exhaustifs.**

E31

Accompagnement de la personne dans une approche globale individualisée

Les contenus de « Entretien de l'environnement, service des repas, nutrition » évalués dans cette épreuve sont repérés par la couleur violette dans l'ouvrage : vous devez donc maîtriser tous ces savoirs.

Les questions vont dépendre du contenu du dossier que vous avez élaboré pour cette épreuve.

1	2	3
Votre dossier porte sur un projet individualisé d'une personne en EHPAD	Votre dossier porte sur un projet de vie d'une personne en situation de handicap (30 ans) vivant en MAS	Votre dossier porte sur un projet personnalisé d'une personne âgée dans le cadre d'un maintien à domicile
Questions possibles sur – les allergies alimentaires – l'intolérance au gluten	Questions possibles sur – les allergies alimentaires – l'intolérance au gluten	Questions possibles sur – les allergies alimentaires – l'intolérance au gluten
Exemples de questions • Définir une allergie alimentaire. • Lister les principaux allergènes alimentaires. • Indiquer les mesures à respecter en cas d'allergies aux composants alimentaires (arachides, protéines du lait de vache…). …	**Exemples de questions** • Définir une allergie alimentaire. • Lister les principaux allergènes alimentaires. • Indiquer les mesures à respecter en cas d'allergies aux composants alimentaires (arachides, protéines du lait de vache…). …	**Exemples de questions** • Définir une allergie alimentaire. • Lister les principaux allergènes alimentaires. • Indiquer les mesures à respecter en cas d'allergies aux composants alimentaires (arachides, protéines du lait de vache…). …

⚠ **Attention : les situations et exemples donnés ci-dessus ne sont pas exhaustifs.**

E32

Soins d'hygiène, de confort et de sécurité

Les contenus de « Entretien de l'environnement, service des repas, nutrition » évalués dans cette épreuve sont repérés par une couleur orange dans l'ouvrage : vous devez donc maîtriser tous ces savoirs.

Les questions vont dépendre :
– du lieu et des activités menées sur l'ensemble de la période de formation en milieu professionnel concernée par l'épreuve ;
– des personnes (leurs besoins, pathologies…) prises en charge ;
– de la personne retenue pour la présentation du raisonnement clinique.

1 — PFMP dans un établissement de santé

Questions possibles en :

Nutrition :
– Régimes alimentaires, qualité organoleptique, qualité sanitaire des aliments…

Entretien :
– Circuits dans les locaux.
– Techniques de bionettoyage, de stérilisation.
– Tri du linge, matériels et appareils d'entretien des locaux et des équipements…

Service :
– Techniques de services des repas et collations…

Exemples de questions

Selon le contexte et la situation de la personne suivie

Nutrition :
- Caractériser et justifier les principaux types de régimes (hyposodés, hypoglucidiques, hypolipidiques, sans résidu, hyper protidiques).
- Justifier l'utilisation de compléments alimentaires.

Service des repas :
- Préciser les moyens de prévention pour éviter la survenue d'une TIAC.
- Indiquer les paramètres à contrôler au moment de la réception des repas et lors du maintien et la remise en température.
- Définir les différentes formes de distribution des repas, préciser les contraintes réglementaires.
- Justifier la technique et les précautions à prendre lors de l'aide à la prise des repas.

Entretien :
- Pour la technique de bionettoyage en vigueur dans l'établissement de santé, expliquer et justifier le principe, les différentes étapes, les critères de qualité du résultat, les règles d'hygiène, de sécurité et les principes d'ergonomie, d'économie et d'écoresponsabilité.
- Définir décontamination, prédésinfection, désinfection, stérilisation
- Présenter et justifier le protocole de tri du linge…

2 — PFMP dans un EHPAD

Questions possibles en :

Nutrition :
– Textures d'aliments, qualité organoleptique, qualité sanitaire des aliments…

Entretien :
– Techniques d'entretien et de bionettoyage.
– Tri du linge, matériels et appareils d'entretien des locaux et des équipements…

Service :
– Techniques de services des repas et collations…

Exemples de questions

Selon le contexte et la situation de la personne suivie

Nutrition :
- Justifier la texture des aliments selon les besoins de la personne.
- Justifier l'utilisation de compléments alimentaires…

Service des repas :
- Préciser les moyens de prévention pour éviter la survenue d'une TIAC.
- Indiquer les paramètres à contrôler au moment de la réception des repas et lors du maintien et la remise en température.
- Expliquer la fonction globale des matériels utilisés et citer les consignes d'utilisation, de nettoyage, de sécurité à respecter…
- Justifier la technique et les précautions à prendre lors de l'aide à la prise des repas.
- Définir une fausse route et indiquer les moyens de prévention à mettre en œuvre au moment des repas.
- Préciser les modalités de surveillance de la prise alimentaire et des apports hydriques.

Entretien :
- Pour la technique de bionettoyage en vigueur dans l'établissement, expliquer et justifier le principe, les différentes étapes, les critères de qualité du résultat, les règles d'hygiène, de sécurité et les principes d'ergonomie, d'économie et d'écoresponsabilité.

…

⚠ **Attention : les situations et exemples donnés ci-dessus ne sont pas exhaustifs.**

E33

Travail et communication en équipe pluriprofessionnelle

Les contenus de « Entretien de l'environnement, service des repas, nutrition » évalués dans cette épreuve sont repérés par la couleur bleue dans l'ouvrage : vous devez donc maîtriser tous ces savoirs.

Les questions vont dépendre du contenu du dossier que vous avez élaboré pour cette épreuve.

1 — PFMP réalisée en Service d'aide à domicile

Questions possibles sur
– l'entretien de l'environnement de la personne ;
– les facteurs d'hygiène et de confort.

Exemples de questions

Techniques d'entretien :
- Définir « propreté ».
- Différencier dégradations, salissures et déchets.
- Citer les actions mises en œuvre dans la technique utilisée.
- Expliquer l'interdépendance des facteurs intervenant dans le nettoyage réalisé.
- Citer les précautions à prendre pour respecter les matériaux et l'environnement.

Organisation des entretiens :
- Justifier l'importance de l'organisation du travail.
- Énoncer les critères de contrôle.

Produits et matériels d'entretien :
- Justifier le choix et le dosage des produits, les précautions d'utilisation…
- Identifier les pictogrammes des risques chimiques.
- Définir la notion de stock.
- Énoncer les règles de rangement des produits et matériels.

Facteurs d'hygiène et de confort :
- Indiquer les facteurs d'hygiène et de confort des locaux.
- Proposer des mesures simples permettant d'assurer le confort et le bien-être de la personne.

2 — PFMP réalisée en Établissement de santé

Questions possibles sur
– l'entretien de l'environnement de la personne ;
– les facteurs d'hygiène et de confort.

Exemples de questions

Techniques d'entretien :
- Définir « hygiène » et justifier les objectifs.
- Différencier dégradations, salissures et déchets et indiquer la classification des salissures.
- Différencier nettoyage/bionettoyage.
- Expliquer l'interdépendance des facteurs intervenant dans les opérations de nettoyage.
- Citer les précautions à prendre pour respecter les matériaux et l'environnement.
- Identifier les matériels et équipements à entretenir…

EPI :
- Justifier l'usage des équipements de protection individuelle.

Organisation des entretiens :
- Définir les différentes zones à risques infectieux.
- Définir un protocole et justifier l'application.
- Justifier la fréquence des opérations et les contraintes.
- Indiquer et justifier les différents contrôles à effectuer.
- Justifier la procédure mise en œuvre dans l'entretien d'une chambre suite à isolement.
- Justifier les étapes des plans de bionettoyage.

Produits et matériels d'entretien :
- Justifier le choix des produits, les précautions d'utilisation…
- Énumérer les risques toxicologiques ou chimiques.
- Identifier les pictogrammes des risques chimiques
- Énoncer les règles de stockage des produits et matériels.

Facteurs d'hygiène et de confort :
- Proposer des mesures simples permettant d'assurer le confort et le bien-être de la personne.

3 — PFMP réalisée en Structure d'accueil d'adultes en situation de handicap

Questions possibles sur
– l'entretien de l'environnement de la personne ;
– les facteurs d'hygiène et de confort.

Exemples de questions

Techniques d'entretien :
- Définir « propreté ».
- Différencier dégradations, salissures et déchets.
- Préciser les critères de choix d'une technique.
- Expliquer l'interdépendance des facteurs intervenant dans le nettoyage réalisé.
- Citer les précautions à prendre pour respecter les matériaux et l'environnement.

Organisation des entretiens :
- Identifier le protocole adapté.
- Justifier la fréquence des opérations et les contraintes.
- Indiquer et justifier les différents contrôles à effectuer.
- Justifier les étapes des plans de bionettoyage.

Produits et matériels d'entretien :
- Énumérer les risques toxicologiques ou chimiques.
- Identifier les pictogrammes des risques chimiques.
- Justifier le choix et le dosage des produits, les précautions d'utilisation, les conditions de conservation et les règles de sécurité à respecter.
- Définir la notion de stock.
- Énoncer les règles de stockage des produits et matériels.

Facteurs d'hygiène et de confort :
- Proposer des mesures simples permettant d'assurer le confort et le bien-être de la personne.

⚠ **Attention : les situations et exemples donnés ci-dessus ne sont pas exhaustifs.**

NOTES

NOTES

NOTES

Crédit photographique : ph © stock.adobe.com

PAPIER À BASE DE FIBRES CERTIFIÉES

FOUCHER s'engage pour l'environnement en réduisant l'empreinte carbone de ses livres. Celle de cet exemplaire est de :
1.5 kg éq. CO_2
Rendez-vous sur www.editions-foucher-durable.fr

NB – BA/VO

Achevé d'imprimer par Grafica Veneta à Trebaseleghe - Italie
Dépôt légal : 16588-9/03 - Juin 2024